基于复杂系统理论的
城市物流系统运行机制研究

杨浩雄　著

科学出版社

北　京

内 容 简 介

作为满足城市内部物流需求的重要手段，城市物流系统是城市系统的重要组成部分。本书共分 9 章，包括城市物流相关研究综述、我国超大城市物流发展现状、城市产业发展对城市物流系统的影响、城市物流对城市交通的影响、货运管理政策对城市物流的影响、城市配送车型的选择、城市配送车辆动态配置、结论与展望等主要内容。本书运用复杂系统理论及相关方法对城市物流与城市产业发展、城市交通的关系，以及与城市物流密切相关的政策、车型选择、车辆动态配置等问题进行深入研究，具有较强的系统性和实践性。

本书可供高等院校物流管理、交通运输等相关专业的研究生和教师阅读，也可供物流领域及运输行业管理人员和技术人员参考。

图书在版编目(CIP)数据

基于复杂系统理论的城市物流系统运行机制研究/杨浩雄著. —北京：科学出版社，2021.10

ISBN 978-7-03-056582-2

Ⅰ. ①基… Ⅱ. ①杨… Ⅲ. ①城市-物流-研究-中国 Ⅳ. ①F259.22

中国版本图书馆 CIP 数据核字（2018）第 030246 号

责任编辑：童安齐 / 责任校对：赵丽杰

责任印制：吕春珉 / 封面设计：东方人华平面设计部

科学出版社 出版

北京东黄城根北街 16 号

邮政编码：100717

http://www.sciencep.com

北京九州迅驰传媒文化有限公司 印刷

科学出版社发行 各地新华书店经销

*

2021 年 10 月第 一 版 开本：B5（720×1000）

2021 年 10 月第一次印刷 印张：13 1/4

字数：250 000

定价：110.00 元

（如有印装质量问题，我社负责调换〈九州迅驰〉）

销售部电话 010-62136230 编辑部电话 010-62135120-2005

前　言

城市物流的发展带动了我国城市化的发展，有利于保障和改善民生。作为满足城市内部物流需求的重要手段，城市物流系统是城市物流的重要组成部分，但是其在发展过程中存在很多问题。本书选取国内超大城市——北京、上海、广州和深圳作为研究对象，基于大量文献和对城市物流系统性的把握，同时考虑到我国城市物流面临的主要问题，结合当前研究热点话题，研究了城市物流与城市产业发展的相互关系、货运限行政策和城市物流运营政策，以及车型的选择和车辆动态配置对城市物流运营的影响，为城市物流发展提供理论依据。

复杂性科学的主要目的是揭示复杂系统的一些难以用现有科学方法解释的动力学行为，复杂系统理论强调用整体论和还原论相结合的方法分析系统。城市物流系统具有复杂系统的一些特点。本书运用系统理论和复杂系统理论与方法，对城市物流系统进行研究，采用基于智能技术的复杂系统建模及定性建模，具体方法包括神经网络建模、基于 Agent 的建模方法、遗传算法、系统动力学建模。

本书的主要内容如下：

第 1 章，绪论。本章介绍了本书的研究背景、研究目的和意义、研究内容和研究方法。

第 2 章，城市物流相关研究综述。本章从城市物流与城市发展的相互影响相关研究、城市物流相关政策研究与城市物流系统运营体系相关研究三个方面进行阐述。

第 3 章，我国超大城市物流发展现状。本章以北京、上海、广州、深圳为例，结合当地经济发展状况，对城市物流发展现状进行全面分析和评价，指出城市物流发展存在的问题。

第 4 章，城市产业发展对城市物流系统的影响。本章以北京为例，从产业结构的角度出发，通过分析城市产业发展对城市物流系统的影响来研究城市物流系统与城市产业之间的相互关系；同时对产业结构的变化对北京城市配送总量、城市配送商品结构的影响进行 Pearson 相关分析，并加以定性分析；介绍了产业结构变化对北京城市配送网络流向的影响及对城市配送发展的建议。

第 5 章，城市物流对城市交通的影响。本章从城市物流与居民出行两个角度，分析了城市交通拥堵问题的现状、原因、影响及其根源，并且将城市物流的运行和城市交通拥堵现象相联系，考虑城市物流与城市交通拥堵之间的相互作用和影响，主要从城市交通方面总结了城市物流治堵措施。在对治堵措施进行总结的基础上，本章结合我国实际情况，指出城市交通系统内影响城市交通运行状况的因素及各因素之间的相互作用和反馈机制，并用系统动力学方法建立了治理城市交通拥堵的系统动力学模型。

第 6 章，货运管理政策对城市物流的影响。本章从货运限行类政策的实施影响出发，运用复杂系统理论方法，对城市配送系统的影响因素、货运限行类政策现状及各类群体的行为特征进行系统、客观、全面的研究。本章在对城市配送系统中货运企业的出行行为进行分析之后，进而研究货运限行类政策对货运企业出行行为产生的影响，然后应用 Agent 建模方法建立城市配送系统模型，并运用 AnyLogic 软件对模型进行仿真。

第 7 章，城市配送车型的选择。本章对北京、上海、东京、伦敦、巴黎等城市配送车型管理政策进行了归纳和总结，并在此基础上提炼出三种较为典型的城市配送车型策略。同时，本章首先构建基于利益相关者关注指标的配送车型选择指标体系，其次根据配送车型选择指标体系建立相应的数学模型，最后利用建立的数学模型对三种车型策略进行实例仿真研究。通过仿真研究，本章提出了允许重型车辆进入城市中心区配送货物、放宽对城市配送车辆总量或比例的控制、激励配送公司进一步研究城市配送车辆的动态配置等发展建议。

第 8 章，城市配送车辆动态配置。本章从配送需求分析和配送车辆动态配置两个方面构建需求驱动下的城市配送车辆动态配置模型，其中配送需求分析是配送车辆动态配置的基础和运算依据。本章提出了城市配送需求分析模型，即需求订单筛选、需求订单分类和客户服务优先级的确定。同时，本章以对城市配送需求进行全面分析为前提，构建更加贴合实际的多目标城市配送车辆动态配置模型，并采用了分派-节约启发式算法作为模型的求解方法。

第 9 章，结论与展望。

本书所反映的研究内容主要得到国家自然科学基金项目“基于群体行为的交通拥堵治理政策效用研究”（项目编号：71673016）、国家社会科学基金项目“基于复杂系统理论的城市物流系统运行机制研究”（项目编号：11CGL105）和北京市自然科学基金项目“群体行为视角下的北京交通治理政策效用研究”（项目编号：9152006）的资助，在此一并表示衷心的感谢。

本书由杨浩雄撰写，同时参与本书部分工作和资料整理的有研究生李金丹、刘彤、王丹、王雯、魏彬、孔丹、孙丽君、马家骥、黄飞等，在此一并表示感谢。

著　者

2020 年 7 月 19 日

目　录

第1章　绪　　论*

1.1　研究背景

随着经济全球化进程的加快和信息化水平的提高，城市物流已从单纯提供传统仓储和运输服务的狭小空间中解放出来，并逐步向节约化、集成化、增值化的专业领域发展。经济发展带动了我国城市物流的发展，货运量不断增加。自改革开放以来，我国国内生产总值（GDP）实现了快速增长。1991～2006 年，GDP 从 2 万亿元增长到近 22 万亿元，增长近 20 万亿元，用时 15 年；到 2010 年，GDP 为 40 多万亿元，增长约 20 万亿元，仅用时 4 年；到 2013 年，GDP 增长到近 60 万亿元，增长近 20 万亿元，仅用时 3 年；到 2017 年，我国 GDP 超 80 万亿元，增长约 20 万亿元，仅用时 2 年；到 2019 年，GDP 为近 99 万亿元，增长约 20 万亿元，仅用时两年（图 1.1）。与此同时，我国货运总量也随之增长。1992～2006 年，货运总量由 100 多亿 t 增长到 200 多亿 t，平均每年货运增长率为 5%左右；2006～2010 年，货运总量由 200 多亿 t 增长到 320 多亿 t，平均每年货运总量增长率为 12%左右；2010～2016 年，货运总量由 320 多亿 t 增长到 430 多亿 t，平均每年货运总量增长率为 5%左右；2016～2019 年，货运总量由 430 多亿 t 增长到 530 多亿 t，平均每年货运增长率为 7%左右（图 1.2）。

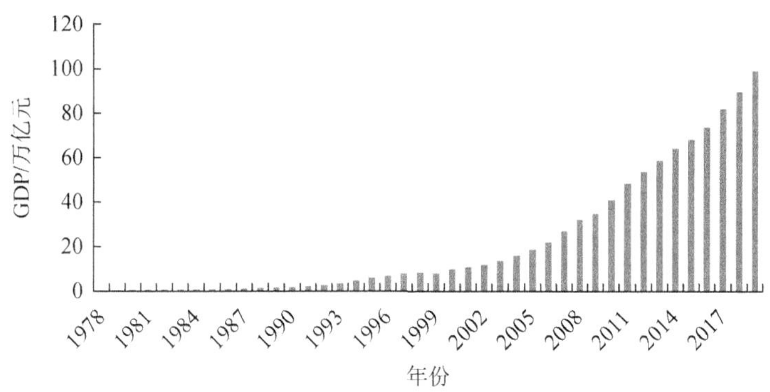

图 1.1　1978～2019 年我国 GDP

（资料来源：中华人民共和国国家统计局. 中国统计年鉴 2019[M]. 北京：中国统计出版社，2020.）

---

* 杨浩雄. 城市环境中虚拟共同配送系统构建研究[M]. 北京：中国物资出版社，2012.

我国城市化进程在不断加快，特别是在改革开放以后，伴随大量农村人口向城市转移，1996年农村人口首次出现连续负增长；与此同时，城市化率开始大幅提高，1981年城市化率首次突破20%，到1996年其上升到30%，增长10%，用时15年；进入21世纪以来，城市人口每年以3%～4%的速度递增，到2003年我国城市化率达到 40%，增长 10%，仅用时 7 年；到 2010 年我国城市化率达到49.95%，增长近10%，仅用时7年；到2019年，我国城市化率达到60.60%，增长超10%，用时9年（图1.3）。

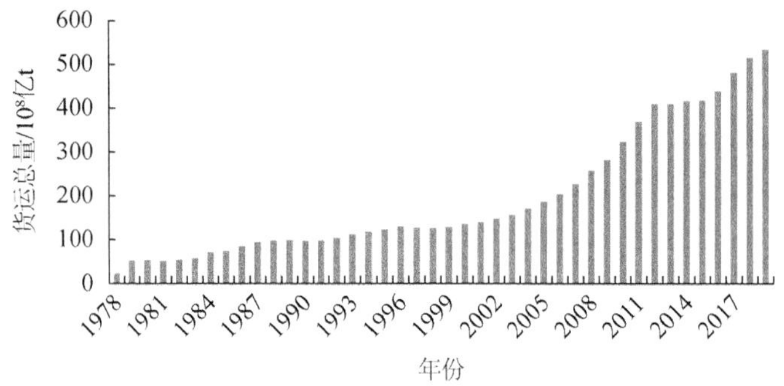

图1.2 1978～2019年我国货运总量

（资料来源：中华人民共和国国家统计局. 中国统计年鉴2019[M]. 北京：中国统计出版社，2020.）

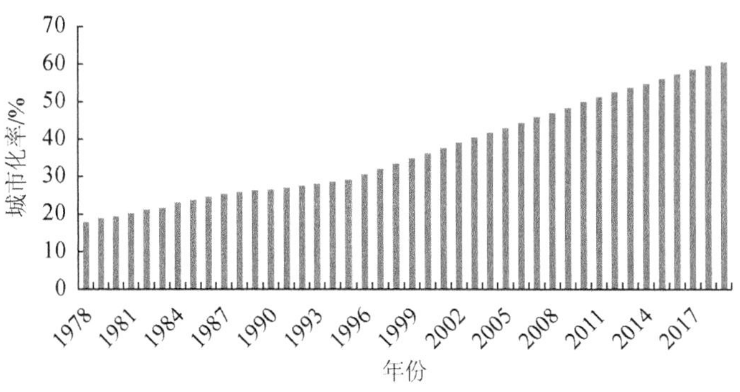

图1.3 1978～2019年我国城市化率

（资料来源：中华人民共和国国家统计局. 中国统计年鉴2019[M]. 北京：中国统计出版社，2020.）

以上这些数据表明，经济发展水平、城市化进程与城市物流发展密切相关。城市物流包括生产领域、流通领域、消费领域，涉及社会生产过程的各个环节，关系到城市经济发展的方方面面，是一项巨大的系统工程，需要各行各业、各部门及社会各个方面共同配合。城市物流是城市经济的基础，也是城市经济的命脉，是联系消费、集散和生产的枢纽，也是加快经济循环、提高流通效率的重要环节。

解决城市物流与城市经济发展间的矛盾，可以优化城市物流发展环境、带动产业升级、降低流通成本、提高经济运行的质量和效益、增强城市综合服务保障能力，同时可以有效地改善货运限行政策、缓解城市交通拥堵、改善空气质量。

城市物流的迅速发展有着深刻的社会背景。

一是商业商务的拓展。目前，经营业态正朝着多元化的方向发展，在传统百货商店、综合超市发展的基础上，涌现了一批大型商品卖场、购物中心、便利店、专业超市（食品超市、建材超市、家电超市）、折扣店等新兴业态。为了使商业企业能够迅速、灵活地满足瞬息万变、日益扩张的市场需求，规避传统货运分散、低效的状况，就必须拥有强大的城市物流作为支撑。同时，伴随金融、信息咨询等商务服务业的迅速壮大，票据、包裹、文件等需要在跨区域、跨城市，乃至跨国界的各个企业、办事机构之间实现即时传递，从而诞生了一批以快件运输为主的城市物流企业。

二是生产观念的转变。随着现代科学技术的迅猛发展，全球经济一体化趋势日益加强，生产和流通都面临着前所未有的机遇和挑战。产品生命周期越来越短，利润越来越少，在经济活动中降低成本、提高效率，成为生产和流通企业不懈追求的目标。例如，准时制生产方式（just in time，JIT）和“零库存”思想起源于美国，20 世纪 70 年代日本企业因成功运用此模式而闻名于世，其核心思想是零库存和快速应对市场变化，这一管理思想对企业经营产生了巨大的影响。

三是信息技术的发展。信息技术是城市物流的基础和灵魂，信息技术的迅猛发展，才使城市物流运行成为一种可能。编制配送计划，进行订货、进货、存货、配货等信息的收集和处理都需要通过计算机信息系统来实现。电子计算机、互联网和条形码技术的普遍应用，不仅提供了更多的需求信息和库存信息，提高了信息管理的科学水平，而且降低了物流成本，大大提高了物流的运作效率。

四是交通环保的压力。近几年来，交通环保方面的压力也是催生城市物流兴起的重要原因之一。传统的城市货运是指各个零售商分别直接从工厂接收货物，其运输混乱、效率低下，而且占用大量的道路资源，引发严重的交通问题；同时，无序运行的货运车辆带来了大气污染、交通噪声等一系列环保问题。因而，优化货运车辆的调度，降低运输成本，成为缓解城市交通和环保压力的必然选择。要解决这些问题，就必须优化城市物流资源，于是实践中便出现了车货匹配、车辆调度和路线规划这些新的内容，这些内容和送货有机结合在一起，便成为现代社会中的城市物流。

1.1.1 国内外城市物流的发展概况

1. 国外城市物流发展概况

发达国家从 20 世纪 60 年代着手开展城市物流规划和建设，尽管那时候还未提出“物流”这个概念。日本是最早开始发展城市物流的国家。早在 1964 年，日本政府就开始对物流产业发展进行调控，到 1969 年日本形成了全国范围物流体系的宏观规划。1965 年至今，日本已经建成 20 多个大规模的以城市为依托的物流园区。日本以修建物流园区为切入点，建立并完善物流设施，提高物流效率，推动物流资源合理优化，以低廉的成本、高效的运送效率、优质的服务，使日本企业的竞争力大大增强。美国、德国和英国等西方国家也较早实施物流规划。从发展过程来看，各个国家均有各自的特点。美国政府侧重于通过法规和部门规划来规范和促进城市物流的发展；德国政府 1990 年在几个大城市规划了 30 个不同形式的物流基地，形成了规模化的全国物流园区网络；英国政府的政策制定者认识到城市物流规划的重要性，为克服物流低效率和不可持续性的缺点，在运输部门成立了货运分拨与物流组织，并于 1998 年发布了运输白皮书，表明了政府对认识和解决城市配送活动中出现的问题的决心。

2. 国内城市物流发展概况

随着城市化进程加快，我国城市物流发展很快，城市物流需求越来越旺盛。各地政府非常重视城市物流的建设，引导和规范货运代理、无车承运人、邮政和快递企业、零担快运等运输组织主体的发展；鼓励货运枢纽经营企业拓展仓储、分拨配送、流通加工、保税等功能，促进货运枢纽站场加快向现代综合物流园区转型。

北京市把城市物流确定为发展经济的重点项目，由原来仓储集中于三环路以内的空间格局，变为将 70%的仓储逐步转移到四环路以外的区域；同时配合“疏解非首都功能”的政策，依托“三环、五带、多中心”的发展目标，逐步建立起以物流基地、物流中心为载体，专业物流为特色的多层次节点布局，以实现“广覆盖、高效率”的物流服务目标；不断加强物流“信息化、智能化”发展，已建立“北京物流金融平台”等多个物流相关服务的电子化交易平台，日均交易信息量超 30 万单。

天津市为了推动城市物流的发展，2001 年颁布了《天津市现代城市物流发展纲要》，确定了城市物流在天津城市发展中的重要地位；在全国率先颁布了《天津市发展现代物流业的综合政策意见》，为建立城市物流的发展模式和人才培训体系，改善天津物流管理，提出了许多措施。各项政策措施的实施使得天津物流基础设施迅速发展，物流运行效率有了明显提高。

深圳市是全国率先发展城市物流的“排头兵”和典型代表。伴随着深圳经济特区范围扩大至全市，经济特区一体化深入实施，城市物流对节约城市能源、缓解交通压力、改善居民生活等作用日益重要。深圳以建设罗湖国际消费中心城区为重点，努力打造辐射全国、亚太知名的国际消费中心，商品流通和商贸集散的需求不断增大；同时深圳已经建成六大物流园区。深圳城市物流的科学规划和建设既合理配置了物流资源，又促进了产业结构的优化升级，城市综合竞争力得到极大提高。

南京市立足南京经济圈，努力建设面向国际、具有扩张能力和充满经济活力的长江流域物流城市。为此，2003 年南京提出重点建设龙潭、禄口、江北、丁家庄 4 个枢纽型物流园区；同时南京考虑以城市圈商贸流通为依托，以公路运输为主要运输方式，建设和完善配送型物流体系和物流信息平台。

此外，广州、宁波等城市的物流也有较快发展，有力地推动了当地经济发展。

近些年，国内外城市物流发展都取得了一定的成果。国外城市物流起步较早，可以为我国城市物流发展规划提供有益借鉴；国内城市物流发展较快，在推动区域经济发展、加快城市化进程、保障人民生活等方面做出了巨大贡献。

1.1.2 城市物流的作用

1. 城市物流的发展有利于加快我国城市化进程

城市物流的发展促进了城市化发展。如果城市内部没有原材料的运输物流、产品的销售物流，那么城市工业无法发展，劳动生产率无法提高；如果没有城市配送的发展，那么城市商场、购物中心、超市、连锁店等难以发展。同时，城市的信息技术、金融市场、外贸经济及招商引资也需要城市物流的支撑。只有当城市物流成为城市经济发展的新的增长点，企业交货才能更加及时、准确、可靠，商品流程才能缩短，才会大大降低物流成本。此外，城市物流的发展为其他产业的发展提供有力支持。只有建立高效运作的物流系统，理顺各种供应链的关系，才能实现城市经济的可持续发展。只有提高城市物流发展水平，才能更好地解决城市积聚的货物，商品才能快捷、高效、安全地配送到目的地。

2. 城市物流的发展有利于推动城市经济的发展

城市物流的发展直接推动了城市经济的发展。首先，城市物流增强了城市竞争力。物流的畅通与否和成本的高低会直接影响企业的综合竞争力，对城市物流系统进行优化必将提高企业的综合竞争力，从而提高城市综合竞争力。在我国城市物流发展的过程中，北京、上海、深圳、厦门和宁波等各个城市在发展物流的过程中通过基础设施投资，拉动了当地经济的发展。其中，上海城市物流以每年21.3%的速度增长，城市物流发展为当地经济发展做出了巨大贡献。其次，城市物流系统对城市经济发展起到集约作用。城市物流系统的完善实现了物流量集约、物流技术集约、物流管理集约及物流信息集约。城市物流系统具有衔接不同运输形式的作用，它实现了不同节点、不同用户终端运输的有效衔接。最后，城市物流系统提高了物流水平，主要表现在它缩短了物流时间、提高了物流速度、减少了中间环节（搬运、装卸和存储），从而提高了服务水平，减少了物流损失，降低了物流费用。

3. 城市物流的发展有利于保障和改善民生

随着经济的发展和人口的流动，我国城市居民迅速增加，其生活水平也日益提高。人们越来越追求现代化的生活方式，需求日益向个性化、精品化方向发展，因此现代城市物流需要满足人们日益增长的物流需求，包括改善交通秩序、缓解交通拥挤、有效地供给和配送众多门店和家庭所需产品等。通过信息共享平台，在快速消费品、鲜活农产品等领域率先开展城市共同配送示范工程，有利于便利城市居民生活；通过不断深化完善城市配送网络的衔接和管理功能，有利于快速响应城市居民消费需求。

1.2 研究目的和意义

1.2.1 研究目的

城市物流系统作为满足城市内部的物流需求的重要手段，是城市物流的重要组成部分，其在发展过程中存在很多问题。本书的研究希望达到以下目的：

一是在分析城市物流系统现状的基础上，找出城市物流系统存在的问题。用动态、系统、综合的观点来研究城市物流系统，对城市物流系统的运行机制进行理论和实践探讨，通过调查研究，挖掘我国城市物流面临的主要问题。

二是从不同角度了解城市物流与城市经济发展之间的关系，用定量的方法研究产业结构与城市配送总量、城市配送商品结构之间的关系；对货运限行政策进行效用分析，提出较为完整的货运现行政策效用评价方法；以城市经济和社会发展为基础，考虑城市的产业结构特征、基础设施布局、需求预测及空间结构布局等各方面的因素，为城市物流规划提供政策建议；解决城市配送与城市交通之间的矛盾，解决交通拥堵等资源配置问题，促进货运与城市经济协调发展。

三是从城市物流运营角度，对城市车辆车型的选择和城市车辆动态配置进行定量研究，了解如何完善运营管理方法，提高城市物流效率和效益，改善物流服务质量。

总之，本书的研究将为政府制定有针对性的、切实可行的城市物流运营、调控政策，为企业物流运营管理提供客观和科学的决策依据。

1.2.2 研究意义

城市物流活动的目的是实现城市经济社会的可持续发展，其通过对城市范围内的各类商品的流动，特别是货运，进行统筹协调、合理规划、整体控制，来实现城市经济社会的可持续发展。本书的研究对城市物流和城市经济的发展具有重要的理论意义和现实意义。

1. 理论意义

本书的研究有利于拓展复杂系统理论在城市物流领域中的研究与应用。城市物流系统是复杂自适应性系统，各个事件的产生都是微观要素相互作用而表现出来的宏观现象。本书的研究采用复杂系统理论及方法探讨城市物流系统的运行机制，对复杂系统理论进行拓展，同时也为城市物流的研究提供了一个新的视角，因此本书的研究具有较强的理论研究价值。

2. 现实意义

1）本书的研究有利于深层次地认识城市物流系统的运行规律，有效地管理城市物流系统，在我国城市化背景下，对于预防和治理“城市病”，保持经济平稳较快发展、保障民生、建设环境友好型社会具有重要的现实意义。

2）本书的研究有利于使城市物流更好地发展，有利于优化货运政策，解决交通阻塞、能源浪费、环境污染等一系列问题。我国城市经济处于快速发展阶段，产业结构也在不断优化，而且其物流服务需求主要是指满足城市内部的内生型物流需求。这些需求刺激城市物流的发展，同时为城市物流提供了良好的物质基础。城市物流是为城市各个产业服务的，涉及三大产业的各种产品，不同产业的产品有不同的物流需求、物流数量，而城市物流系统需要在正确的时间、正确的地点，将正确的产品交给客户，在发展城市物流的过程中，实现物流资源的最大化。

3）本书的研究有利于降低城市物流运营成本，解决城市配送需求量增加与现有服务水平低下之间的矛盾，改善城市配送服务提供商的服务质量，促进我国城市配送的发展。

1.3 研究内容

1.3.1 基本概念

城市物流是指在城市范围内进行的运输、搬运、储存、保管、包装、装卸、流通加工和物流信息处理等活动，是实现物流活动成本效益最优并降低其所带来的环境、能耗等负面影响的优化活动。本书的研究是在分析城市物流系统现状的基础上，找出城市物流系统存在的问题，并用动态、系统、综合的观点来研究城市物流系统运行问题，为政府制定城市物流政策提供理论依据。

1.3.2 研究边界

1. 城市的选择

本书选取国内超大城市——北京、上海、广州和深圳作为研究对象。我国超大城市（北京、上海、广州和深圳）的城市物流政策实施对其他城市的物流发展有标杆性和指导性作用；另外，超大城市的物流管理系统较为完善，能够为本书的研究提供较为充分和全面的数据支持。因此，对超大城市的城市物流规模、物流基础设施、物流产业发展现状及城市物流问题进行深入研究，对促进全国其他城市经济可持续性发展、环境质量提升、物流需求调节，精细化物流管理，建立现代化城市物流管理体系具有较强的现实意义。

2. 研究内容边界

本书的研究基于大量文献和对城市物流系统性的把握，考虑我国城市物流面临的主要问题，结合当前研究热点话题，确定研究内容边界，具体内容如下。

1）研究城市物流与城市经济发展的相互关系，对货运限行政策和城市物流运营政策进行效用仿真，为城市物流发展提供理论依据。应该将城市物流作为一个有机的系统来研究，即在研究城市物流系统运行机制时，以城市经济和社会发展为基础，考虑城市的产业结构特征、货运政策对城市物流的影响、配送车型的选择、车辆动态配置等各方面的因素。

2）研究城市物流与城市发展之间的相互关系。随着城市经济的不断发展及城市范围内产业结构的不断调整，城市物流与城市发展相互联系、相互影响。本书的研究一方面，从经济发展拉动城市物流发展的角度，结合经济发展规模、产业结构、基础设施及管理政策等方面分析城市发展对城市物流的影响；另一方面，从城市物流对城市经济发展的推动作用角度，阐述城市物流对经济发展的重要作用。

3）研究货运政策。节点属于静态的物资中转、集散和储运点，而且受宏观政策、环境的影响大，不是研究热点，因此不对节点进行研究；我国缺乏物流信息公共平台，物流信息化建设不健全，工商企业与物流、货运企业之间的物流信息、资源设备和信息管理得不到良好的沟通，并且大部分物流信息由企业提供，准确性、真实性数据难以获取和验证，因此不从信息化的角度对城市物流进行研究。

4）研究车型的选择和车辆动态配置对城市物流运营的影响。城市配送作为城市物流系统运营体系的基本功能，在城市物流系统运营体系中占有重要的地位。城市经济的发展和城市化进程加快，更加需要在满足客户需求的前提下，寻求提高车辆利用率、减少车辆运作时间的方法。因此，有必要对国内外城市采取的城市配送车辆车型组合情况和车辆动态配置进行研究，同时对不同车型组合策略下的运营效果进行对比分析。

1.3.3 研究思路

本书从以下几个方面展开研究，具体研究思路如图 1.4 所示。

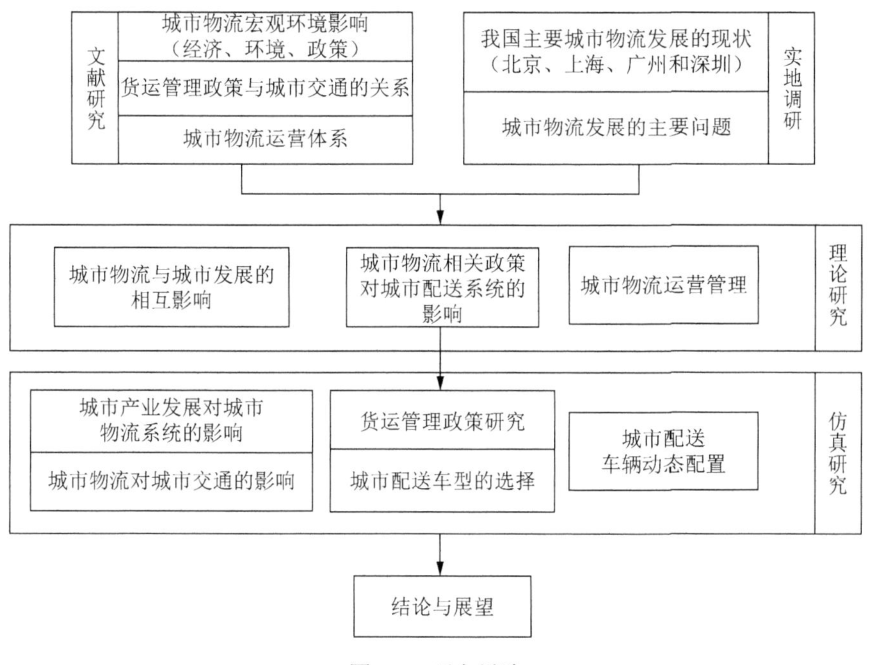

图 1.4 研究思路

1）研究我国超大城市物流系统现状，讨论了北京、上海、广州、深圳等超大城市物流系统的城市物流规模、物流基础设施、物流产业发展等情况，并分析了城市物流发展中存在的主要问题。

2）研究城市经济与城市物流之间的相互影响。首先，研究城市的产业发展对城市物流系统产生的影响。分析城市产业发展规律和城市配送体系发展规律，对产业结构的变化对城市配送总量、城市配送商品结构之间的关系进行建模分析，并加以定性分析，为提升城市物流配送服务水平和推进城市配送信息系统的应用提供政策建议。其次，研究城市物流对城市交通产生的影响。从城市居民出行和城市物流两个角度分析城市交通内部结构，找出城市居民的出行和城市物流的运行与城市交通状况之间相互影响和作用的反馈机制，分析不同治堵政策的实施效果，从而为交通结构优化提出合理的目标和可行的政策建议。

3）研究政策对城市配送系统的影响。首先，在研究城市货运管理政策现状、产生影响的基础上，分析城市配送系统中各类群体的行为，构建货运限行政策下的城市配送系统运行模型，进行系统仿真，并对货运限行政策实施效果进行评价。其次，研究城市配送车型的选择，用定量的方法研究城市车型的选择对货运物流的影响，从而缩短城市物流运作时间，提升运作水平。

4）从企业运营角度研究车辆动态配置，优化资源。用定量方法研究不同情境下运营管理效应，从而使城市配送活动在服务能力和服务形式上更加高效率、低成本、准时化地满足日益多样化的物流需求。

1.4 研究方法

本书运用系统理论和复杂系统理论与方法进行研究，复杂系统理论是系统科学中的一个前沿方向。复杂性科学的主要目的是揭示复杂系统的一些难以用现有科学方法解释的动力学行为，复杂系统理论强调用整体论和还原论相结合的方法去分析系统。复杂系统理论强调数学理论与计算机科学的结合，元胞自动机、人工生命、神经网络（neural networks）、遗传算法（genetic algorithm，GA）等都可看作它的虚拟实验手段。

城市物流系统具有复杂系统的一些特点：第一，城市物流系统是一个自组织系统，城市物流系统中的每个企业自主决策，不必接受其他企业的指挥或命令，同时其决策又受到其他企业及宏观环境、政策和制度的约束；第二，城市物流系统中的主体是（半）经济实体，彼此具有竞争、合作等多种性质的供需关系；第三，城市物流系统运行过程中几乎每一个环节都是非线性的关系；第四，城市物流系统中需要负反馈与正反馈达到平衡，即控制体制与适应体制之间达到均衡，才能保证城市物流系统的生命力。

根据城市物流系统的这些特点，本书采用基于智能技术的复杂系统建模及定性建模，具体方法如下。

1.4.1 神经网络

神经网络方面的研究很早就已出现，当下神经网络已是一个多学科交叉的领域。各相关学科对神经网络的定义多种多样，本书采用目前使用最广泛的一种，即神经网络是由具有适应性的简单单元组成的广泛并行互连的网络，它的组织能够模拟生物神经系统对真实世界物体所做出的交互反应。一般而言，机器学习中的神经网络指的是神经网络学习，即机器学习与神经网络这两个领域的交叉部分。

1. 神经元模型

神经网络中的最小单位是神经元（neuron）模型，即定义中的简单单元。在生物的神经网络中，神经元之间相互连接。当一个神经元“兴奋”时，它就会向相邻神经元输送化学物质，改变这些神经元内的电位；如果某神经元的电位超过了一个阈值（threshold），它就会被激活，即“兴奋”起来，继续向其他神经元输送化学物质。

1943 年，McCulloch 和 Pitts 将以上过程抽象为图 1.5 所示的简单模型，也就是一直沿用至今的 M-P 神经元模型。在这个模型中，神经元会接收到来自 m 个其他神经元传递过来的输入信号（x_1，x_2，…，x_m），这些输入信号通过带权重的连接（connection）进行传递，神经元将接收到的总输入值与神经元的阈值进行比较，然后通过激活函数（activation function）产生输出信号。

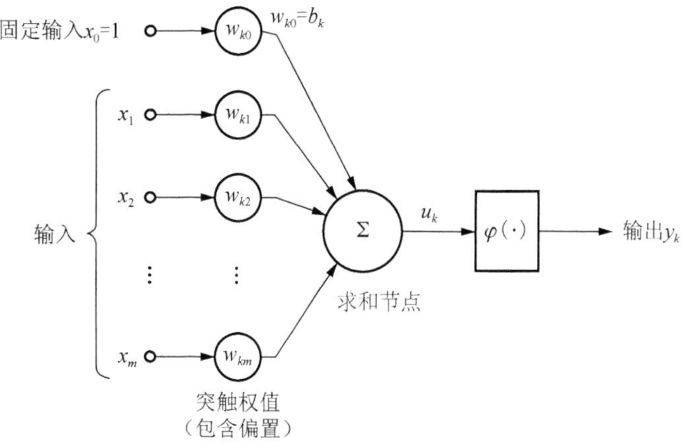

图 1.5 M-P 神经元模型

最理想的激活函数是图 1.6 中的阶跃函数，它将输入值映射为 0 或 1，代表抑制或兴奋。然而阶跃函数具有不连续、不光滑等性质，不适宜求导计算。因此在改进中将 Sigmoid 函数作为激活函数，如图 1.7 所示。它能将较大范围内的输入值“挤压”到(0，1)的范围内作为输出值，故也被称为挤压函数（squashing function）。

把多个这样的神经元按一定的层次结构连接起来，即可得到神经网络。

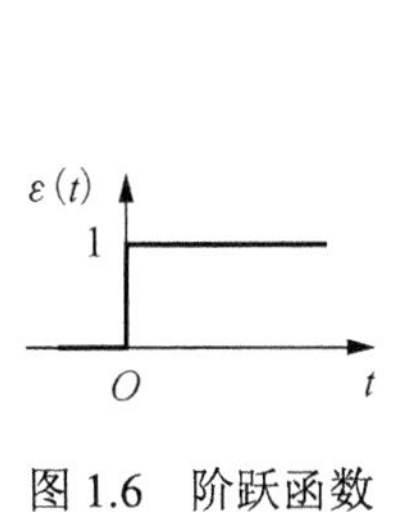

图 1.6　阶跃函数

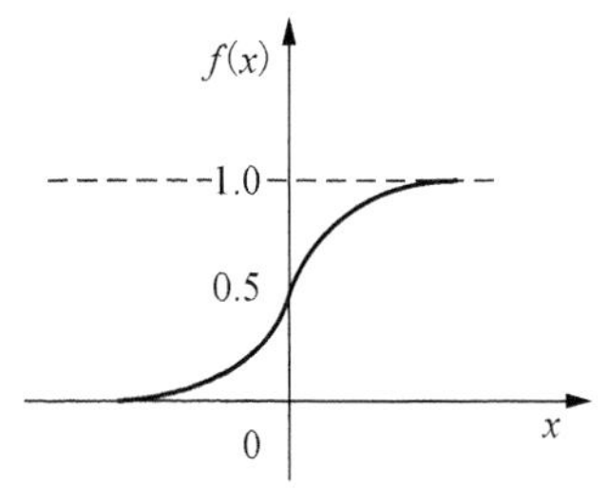

图 1.7　Sigmoid 函数

2. 感知机与多层神经网络

感知机（perceptron）由两层神经网络构成，如图 1.8 所示。输入层接收到输入信号后传递给输出层，输出层是 M-P 神经元，也称为阈值逻辑单元（threshold logic unit）。感知机能够很容易地实现逻辑与、或、非运算。在给定训练数据集中，权重 w_i 及阈值 θ 可通过学习得到。阈值 θ 可看作一个固定输入为-1.0 的“哑节点”（dummy node）所对应的连接权重 w_{n+1}，因此权重和阈值的学习就统一为权重的学习。感知机的学习规则非常简单，对于训练样例(x,y)，若当前感知机的输出为 y^*，则感知机权重的调整为

$$w_i \leftarrow w_i + \Delta w_i$$

$$\Delta w_i = \eta(y - y^*)x_i$$

式中，$\eta \in (0,1)$为学习率（learning rate）。若感知机对训练样例(x,y)预测正确，即 $y = y^*$，则感知机不发生变化，否则将根据错误的程度调整权重。

感知机只有输出层神经元能进行激活函数处理，即只拥有一层功能神经元（functional neuron），其学习能力非常有限。事实上，感知机只能解决与、或、非这类线性可分问题，而不能解决异或这类简单的非线性可分问题。

要解决非线性可分问题，需要使用多层功能神经元，如图 1.8 所示的两层神经网络构成的感知机网络结构就能解决异或问题。其中输入层与输出层之间的一层神经元称为隐含层（hidden layer），隐含层和输出层神经元都是拥有激活函数的功能神经元。

常见的神经网络是形如图 1.9 中的层级结构，每层神经元与下一层神经元全互联，神经元之间不存在同层连接，也不存在跨层连接。这样的神经网络结构通常称为多层前馈神经网络（multi-layer feedforward neural networks），其中，输入层仅接收输入值，不进行函数处理，隐含层与输出层包含功能神经元。神经网络

的学习体现在神经元之间连接权重和每个神经元的阈值的改变中。

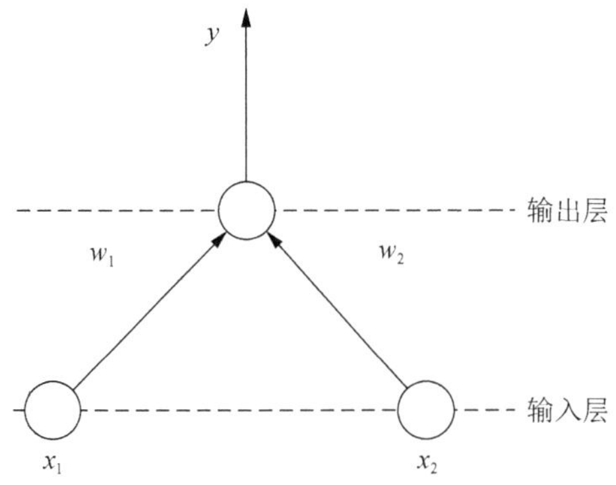

图 1.8　两层神经网络构成的感知机网络结构

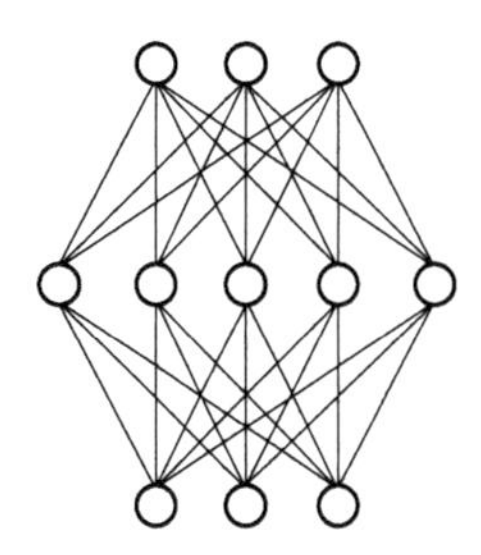

图 1.9　多层前馈神经网络

3. 神经网络的应用

运用神经网络模型可实现函数逼近、数据聚类、模式分类、优化计算等功能。因此，神经网络广泛应用于人工智能、自动控制、机器人、统计学等领域的信息处理中。虽然神经网络的应用很广，但是在具体的使用过程中应根据具体问题选择合适的网络结构。

1.4.2　基于 Agent 的建模方法

1. 多智能体系统概述

自 1956 年约翰·麦卡锡在达特茅斯研讨会上提出“人工智能”这一概念后，“智能体”的概念便开始兴起。智能体是指驻留在某一环境下，能持续自主地发挥作用，具备驻留性、反应性、社会性、主动性等特征的计算实体。智能体的定义分为狭义和广义两种，广义上的智能体是基于网络的、协作的、自控制的实体。狭义上的智能体是具有类似人类的智能、感觉、理解和情感的能力，有意识认知能力的实体。

20 世纪 90 年代初期，多智能体系统研究快速发展。多智能体系统是由多个可计算的物理实体或抽象智能体组成的集合，每个智能体能作用于自身和环境，并与其他智能体通信。多智能体的出现促进了许多软件技术的发展，是人工智能的最新发展方向。首先，多智能体通过智能体之间的通信，可以开发新的规划或求解方法，用以处理不完全、不确定的知识；其次，通过智能体之间的协作，不仅改善了每个智能体的基本能力，而且可从智能体的交互中进一步理解社会行为；最后，可以用模块化风格来组织系统。模拟人只是单智能体的目标，而模拟人类社会则是多智能体系统的最终目标。

多智能体技术具有自主性、分布性、协调性，并具有自组织能力、学习能力和推理能力。对于复杂系统而言，多智能体技术具有无可比拟的表达力，这是由于在同一个多智能体系统中每个智能体可以异构，因此，它为各种实际系统提供了一种统一的模型，从而为各种实际系统的研究提供了一种统一的框架，其应用领域十分广阔。适用性、智能性和交互性、分布性和移动性这三个方面是多智能体仿真相比其他仿真方法具有的显著优势。多智能体系统模拟技术是对传统的基于模块和面向对象的模拟技术的继承与发展，可使多智能体仿真系统具有广泛适用性；多智能体系统通过适当的体系结构把智能体组织起来，可弥补单个智能体的不足，因此整个系统的能力超过任何单个智能体的能力，并具有智能性和交互性；基于分布式计算的智能体，具有分布性和移动性，更适合群体决策的需要。

2. 多智能体建模

多智能体建模主要包括智能体、智能、交互三大要素。智能体是一个自治的计算实体，它可以通过感应器（物理的或软件的）来感知环境，并通过效应器作用于环境。可以根据研究的需要，使智能体具有智能特性（如理性、诚实性等）。交互是通过智能体之间的环境或语言来实现的，智能体可以为其他智能体（或人）所影响，从而导致行为发生改变。

多智能体建模采用自下而上的研究方法，通过对系统个体特征和行为的研究，建立个体特征和行为的模型，通过将个体映射为智能体，将个体特征映射为智能体的属性，将个体行为映射为智能体的行为的方法，模拟个体间独立又交叉的行为，分析从微观个体到宏观群体的涌现性，从而研究系统的结构和功能。

（1）智能体体系结构的选择

根据研究内容的特点选择智能体系统结构，智能体的体系结构主要包括以下三种。

1）分层体系结构。分层体系结构是集中式的系统，遵循传统制造企业的分层组织。智能体系统中常用的多智能体分层体系结构如图 1.10 所示。

2）联邦体系结构。由于中央集权的特性，分层体系结构集中存储共享的领域信息，为系统构建带来很多的问题，人们逐渐意识到联邦体系结构更适合基于智能体的应用系统，尤其是大型应用系统。联邦智能体系统没有共享数据的集中存储，所有数据都存储在分布式智能体的本地数据库中，并通过智能体的消息传送来更新这些分布的数据。

Facilitator 方法是联邦体系结构中一种被广泛接受的方法。Facilitator 将若干个智能体组合为一个小组，如图 1.11 所示，智能体之间（组内和组间）的通信总是通过一个称为 Facilitator 的接口进行。Facilitator 提供了可靠的网络通信层，并根据消息内容在智能体之间发送消息，负责协调控制多智能体活动。

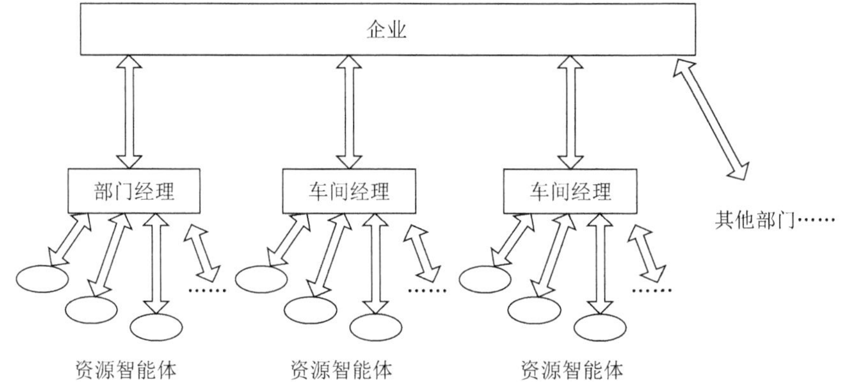

图 1.10 多智能体分层体系结构

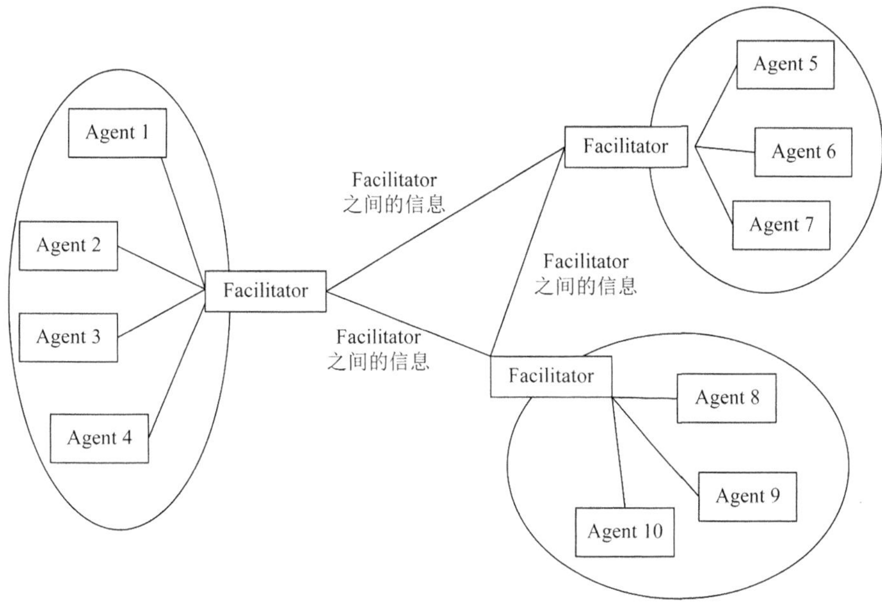

图 1.11 Facilitator 方法的联邦多智能体体系结构

3）自治智能体系统体系结构。自治智能体方法也称为智能体网络方法，其通信和状态都不是统一的，在自治智能体系统中，每一个智能体都必须知道什么时候把消息发送到什么地方，其他智能体是否可用，它们具备哪些能力。自治智能体方法适用于大粒度的多智能体应用系统，其结构简单，管理控制较容易。

对于个人以学习为目的的智能体系统的开发，建议使用自治智能体系统，因为其包含智能体数量较少，具有典型、纯粹的系统结构。大型应用开发中常常使用联邦体系结构，可以针对不同的需求选择不同类型、不同数量的智能体，设计智能体系统。

（2）智能体的通信、协调与合作

通信、协调与合作是多智能体系统中关键的三项技术。

1）通信为信息交换和活动协调提供支持，是智能体之间合作和协调最重要的方法和途径。智能体通过发送消息进行彼此间的通信。在多智能体系统中，智能体可以向共享数据库写消息或张贴部分结果，也可以从中获取信息，进行数据交换，达成通信的目的。

2）协调的目的是确保整个问题的所有必要组成部分都至少包含在一个智能体的活动中，从而使智能体用交互方式把所有活动纳入一个集成的总体解决方案中，同时也保证团队成员以有目标的、协调一致的方式工作，最后确保所有这些目标都可以在有限的计算能力和资源内实现。

3）合作常常作为多智能体系统区别于分布式系统、面向对象系统和专家系统的主要特征之一。典型的合作层次包括充分合作、部分合作、敌对。充分合作的智能体能够解决非独立问题，但通信成本很高。为了保证一致与合作，这种智能体可以改变其目标以适应其他智能体的需要。敌对智能体则与此相反，其根本不合作甚至互相阻碍对方目标的实现。部分合作的智能体通常位于两者之间，没有明确的敌对目标，且至少部分智能体会合作。

协调可能需要合作，但一组智能体之间的合作不一定导致协调，实际上还可能导致不一致行为。因为智能体若想合作成功，必须维护彼此的模型，并且需要开发和维护用于未来交互的模型；若加入智能体对彼此的信念是错误的，就很有可能产生不一致行为。协调也可能发生在没有合作的情况下。同样，智能体之间的不合作也不一定导致不一致。竞争则是敌对智能体协调的一种形式。为了便于协调或合作，智能体通常需要互相通信，通过通信方式来促进协调的关键在于一个智能体必须让其他智能体了解它的目标、意图、结果和状态。

（3）多智能体的建模步骤

多智能体系统的建模步骤一般分为以下四步。

1）智能体的划分。将系统的总任务或总目标分解成若干个子任务或子目标，同时，将系统的功能也进行分解，并分配给相应的智能体。不同的功能需要不同的智能体类型。根据子任务和子目标的情况，以及系统功能的分解情况，就可以确定所需要智能体的种类、数量及其功能。

2）智能体静态结构建模。根据系统情况设计各智能体的基本结构，可以设计为反应型、慎思型或混合型。同时，根据系统的功能和功能的分解情况，确定各智能体需要实现的功能，并抽象出应具有的目标、知识和能力。

3）确定智能体的动态行为。智能体的动态行为通常包括内部的思维状态和外部的交互行为。内部的思维状态一般用推理机制来描述，外部的交互行为则包括通信、冲突消解和协作等。这两个方面的动态行为在本质上是统一的。

4）多智能体系统的集成。整个多系统的建模过程采用自下向上的设计方法。首先定义各智能体，其次研究如何完成对一个或多个实体的任务求解。

3. 遗传算法

遗传算法起源于对生物系统所进行的计算机模拟研究。美国密歇根大学的Holland教授及其学生受到生物模拟技术的启发，创造出了一种基于生物遗传和进化机制的适于复杂系统优化的自适应概率优化技术——遗传算法。

遗传算法是模拟生物在自然环境中优胜劣汰、适者生存的遗传和进化过程而形成的一种具有自适应能力的、全局性的概率搜索算法。它是从代表问题可能潜在解集的一个种群开始，首先将表现型映射到基因型即编码，从而将解空间映射到编码空间，每个编码对应问题的一个解，称为染色体或个体。初始种群产生之后，按照适者生存和优胜劣汰的原理，逐代演化产生出越来越好的近似解。在每一代，根据问题域中个体的适应度大小选择个体，并借助自然遗传学的遗传算子进行组合交叉和变异，产生出代表新的解集的种群。这个过程使种群像自然进化一样，后代种群比前代更加适应于环境，末代种群中的最优个体经过解码可以作为问题近似最优解。利用遗传算法求解问题的流程，即遗传算法运算规则具体如图1.12所示。

1）建立数学模型。

2）编码，即用设计好的算法将表现型映射到基因型。

3）解码，遗传算子只对编码后的染色体起作用，由个体表现型计算目标函数值后就可以判断染色体的优劣。

4）确定适应度转换规则，染色体所对应的解空间的值可能相差很大，需要一定的转换使其适合定量评估个体的优劣。

5）设计遗传算子，即设计选择、变异和交叉算子等。遗传算子与待优化问题、染色体的编码方案有很大的关系。

6）确定运行参数，运行参数包括交叉概率、变异概率和种群数目等。遗传算法本身的参数还缺乏定量的标准，目前采用的多是经验数值，并且遗传参数的选取与编码和遗传算子的设计有很大关系。

遗传算法的特点具体包括：①可行解具有广泛性；②群体搜索；③不需要辅助信息；④内在启发式随机搜索；⑤搜索过程不容易陷入局部最优；⑥能够快速求解困难的问题；⑦效率低于其他传统优化算法；⑧容易过早出现收敛。

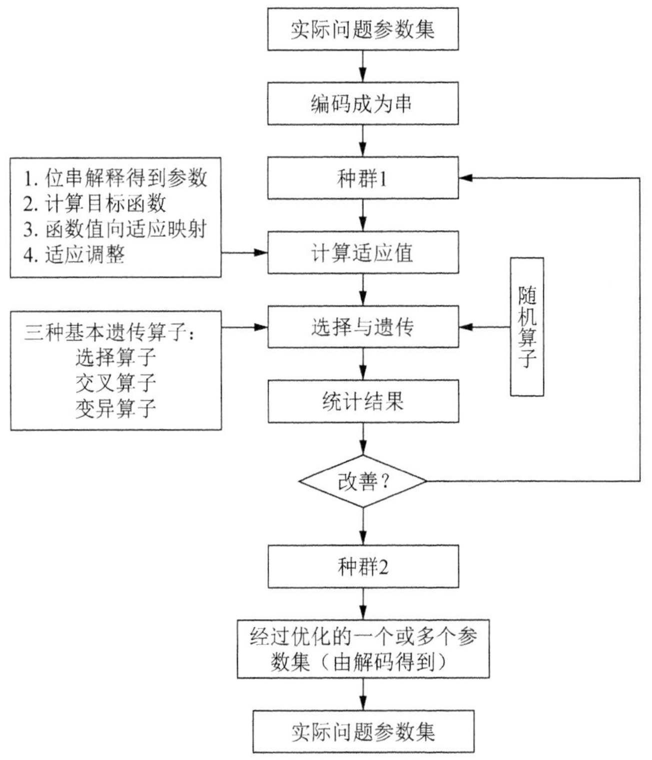

图 1.12 遗传算法运算规则

遗传算法与传统算法运算步骤之间的区别如图 1.13 和图 1.14 所示。

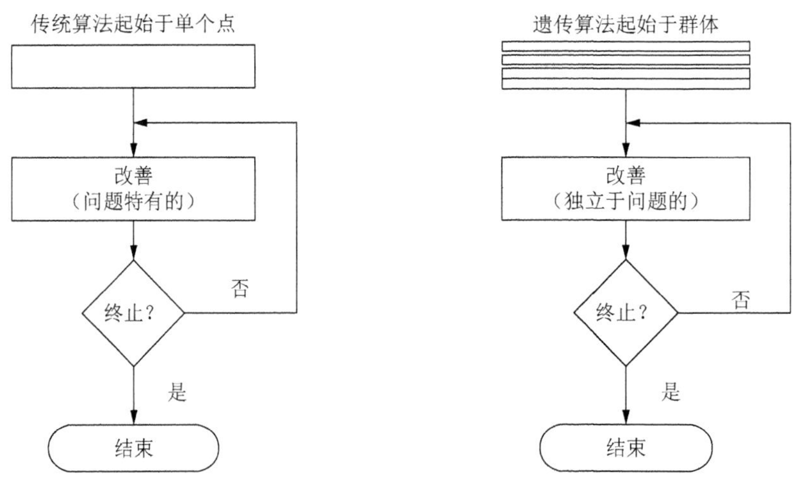

图 1.13 传统算法运算步骤

图 1.14 遗传算法运算步骤

遗传算法已成为现代有关智能计算中的关键技术之一。本书的研究利用遗传算法对中小型车型策略、大中型车型策略、混合型车型策略的选择模型进行求解，遗传算法利用 MATLAB 语言在 MATLAB 7.13 平台上来实现，其采用的基本术语如表 1.1 所示。

表 1.1 遗传算法中的基本术语

自然遗传算法	人工遗传算法
染色体	解的编码
基因	解中每一个分量的特征
等位基因	特征值
基因座	串中位置
基因型	结构
表现型	参数集、解码结构、候选解
个体	解
适应性	适应度函数值
群体	选定的一组解
复制	根据适应度函数选取的一组解
交配	通过交配原则产生一组新解的过程
变异	编码的某一分量产生变化的过程

4. 系统动力学建模

系统动力学（system dynamics，SD）是系统科学理论与计算机仿真紧密结合、研究系统反馈结构与行为的一门科学，也是系统科学与管理科学的一个重要分支。

系统动力学认为，系统的行为模式与特性主要取决于其内部的结构。反馈是指 X 影响 Y，反之 Y 通过一系列的因果链来影响 X；我们不能仅通过孤立分析 X 与 Y 或 Y 与 X 的联系来分析系统的行为，只有把整个系统作为一个反馈系统才能得出正确的结论。

由于非线性因素的作用，高阶次复杂时变系统往往表现出反直观的、千姿百态的动态特性。系统动力学模型可作为实际系统，特别是社会、经济、生态复杂大系统的“实验室”。系统动力学研究处理复杂系统问题的方法是定性与定量结合、系统综合推理的方法，其建模过程就是一个学习、调查、研究的过程。模型的主要功能在于向人们提供一个进行学习与政策分析的工具，并使决策群体或整个组织逐步成为学习型组织。

系统动力学的基本概念如下。

1）系统：一个由相互区别、相互作用的各部分（即单元或要素）有机地联结在一起，为同一目的完成某种功能的集合体。

2）反馈：系统内同一单元或同一字模块的输出与输入之间的关系。对于一个完整的系统而言，反馈的输出与输入则对应着系统自身输出与外界环境的输入。

3）反馈系统：包含有反馈环节与各个反馈环节间相互作用的系统。

4）反馈回路：由一系列因果关系和相互作用的链而组成的闭合路径。

5）因果回路图（causal loop diagram，CLD）：包含多个变量，各个变量之间的连接用箭头表示，库存订货因果回路如图 1.15 所示。因果回路图是表示系统反馈结构的重要工具。

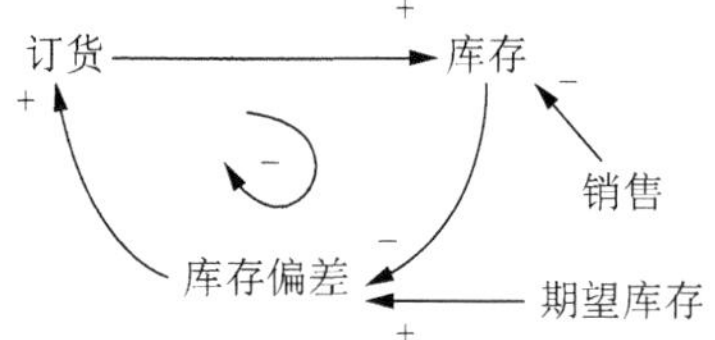

图 1.15 库存订货因果回路

6）因果链极性：在因果回路图中，每条因果链都可以用正（+）或者负（−）来表示其极性。极性是指当箭尾端变量改变时，相应的箭头端变量也会随之发生变化。当箭尾端与箭头端变量的变化趋势相同时，极性为正；当箭尾端与箭头端变量的变化趋势相反时，极性为负。如图 1.15 所示，当“订货”增加时，“库存”就随着增加，此时这条因果链极性为正。

7）反馈回路的极性：反馈回路极性也分为正反馈和负反馈，当使回路中变量的偏离增强时为正反馈；当力图控制回路的变量趋于稳定时为负反馈。若反馈回路中包含偶数个负的因果链，则反馈回路为正反馈；若反馈回路中包含奇数个负的因果链，则反馈回路为负反馈。

8）存量流量图：是表示反馈回路中的各水平变量和各速率变量相互联系形式及反馈系统中各回路之间相互关系的图示模型。存量流量图中至少包括一个水平变量和一个速率变量，其中库存系统的存量流量图如图 1.16 所示。

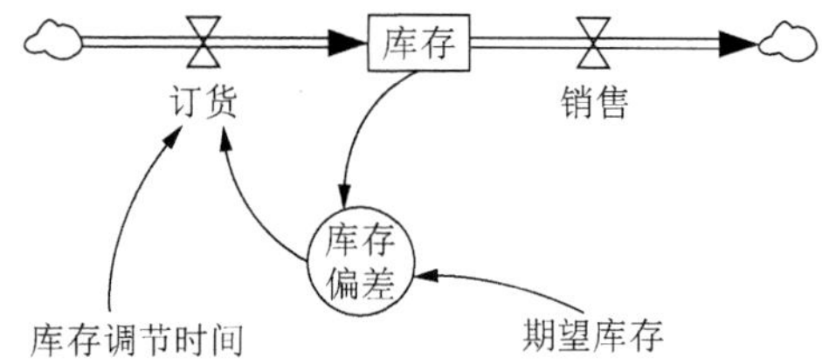

图 1.16 库存系统的存量流量图

9）水平变量：也称为状态变量或流量，是一种累计变量，其数值大小表示某一系统变量在某一特定时刻的状况，等于流入率与流出率的净差额。

10）速率变量：又称变化率，即随着时间的推移水平变量增加或减小，速率变量表示某个水平变量变化的快慢。水平变量用矩形表示，具体符号中应包括有描述输入与输出速率的流线、变量名称等。速率变量用阀门符号表示，应包括变量名称、速率变量控制的流的流线和其所依赖的信息输入量。

11）辅助变量：设置在状态变量和速率变量之间的信息通道之中的变量。

系统动力学的具体应用步骤如下。

1）识别问题。系统的策略总是和系统目标密切相关，因此用系统动力学方法分析问题时，首先应该掌握系统的目标，即建模和仿真的目的，这样才能根据目标确定系统的边界、变量之间的关系及系统运行所需的参数。

2）确定系统边界。系统动力学中确定系统边界指要明确内部的变量。系统边界应尽可能准确。对系统状态不产生影响或者与研究目的无关的因素应该排除在系统外，不放入系统边界内。

确定系统边界的一般原则：首先选择有关的状态变量并将状态确定的载体进行归类、排列，然后确定所要研究的变量是受哪些状态变量控制的。

3）确定因果关系。系统因果关系的确定，是系统动力学仿真中比较重要的一个环节。确定因果关系就是要分析系统内部各个变量之间的相互作用和相互反馈，再用反馈回路的形式表示这种因果关系，从而对系统的结构有一个整体的把握，掌握系统变量的相互作用以及系统和外部环境的作用。

4）建立系统动力学模型。在对系统要素进行因果关系分析后，就可以用系统动力学专用软件做出系统的因果关系图和存量流量图，系统动力学专用软件中包括各种变量的表示方法和表示符号。Vensim 和 Anylogic 是系统动力学中比较常用的仿真软件，因果关系图和存量流量图确定以后，可以在软件中输入变量之间的函数关系式，从而对系统进行仿真。

5）优化仿真。优化仿真是指模拟系统的运行状态，找到与系统运行密切相关的影响因素，分析改善系统运行的措施，从而找到比较满意的策略。在优化仿真过程中，可以通过改变某个或某些指标的值，观察其对仿真结果产生的影响，进而寻求系统的最优状态。

第 2 章　城市物流相关研究综述

2.1　城市物流与城市发展的相互影响相关研究

随着城市经济的不断发展、社会的不断进步、产业结构的不断调整，人们对生活质量的要求越来越高，城市物流就是在这种现代环境下孕育而生的。它与城市发展相互联系、相互影响。一方面，城市物流的发展既离不开整个城市经济规模、产业结构的影响，也离不开基础设施、管理政策等方面的影响；另一方面，城市物流是现代城市赖以存在和发展的重要基础，并保证城市居民生活、工作的正常开展，是城市发展中不可缺少的一部分[1]。近年来，国内外学者主要从城市物流与经济发展的相互影响、城市物流对环境的影响以及城市物流对交通的影响三个方面来研究城市物流与城市发展的关系。

2.1.1　城市物流与经济发展相关研究

1. 城市物流对经济发展的影响

城市物流对于经济发展是把双刃剑。一方面，城市物流的发展可促进城市经济的发展。国内外学者研究发现，发展现代城市物流能够影响城市经济的增长方式，加快新产业形态的形成，同时也能优化城市的产业结构。另一方面，城市物流对经济发展具有消极阻碍作用。国内外学者认为当城市物流发展滞后于城市范围内经济发展时，往往会出现库存量大、物流成本高、服务质量差、准时性差等问题。

部分国内学者认为，城市物流可以优化产业结构。例如，刘学林等[2]认为城市物流是发展城市经济的重要助推力，有利于形成更加优化的产业结构，从而提升企业竞争力。谷永芬等[3]认为通过发展现代城市物流业，形成了更多的新型产业，产业结构得到了提升，同时也出现了更多的就业机会，企业营运成本更低、资源配置效率更高。刘晓岚等[4]基于江苏省物流发展情况，提出城市要结合自身产业发展的实际情况，推进建设不同功能侧重的物流配套设施，以达成协同发展目标。刘玉国等[5]对现代城市物流业和产业结构的关系进行分析，研究发现产业结构与城市物流业具有正相关关系，产业结构通过影响服务、流通、运输需求来影响城市物流业，给现代城市物流业创造出更多的发展空间。同时，现代城市物流业通过促进相关第三产业的发展来提高第三产业比重，从而优化产业结构，使经济的发展更加全面、健康。李金辉等[6]认为高效的城市物流运作系统不仅能促进产业的优化升级，而且能为产业结构的演变提供更多的发展空间，是产业结构演进发展、提升优化不可缺少的重要加速器。也有学者从城市物流与城市各产业的关系入手，研究城市物流对经济发展的影响。例如，田源等[7]认为城市物流与经济发展之间的关系十分密切，并指出物流经济效率和物流投入系数是衡量物流投入量和经济产出量之间关系的指标，物流投入弹性系数是衡量物流投入量增长速度和经济产出量增长速度之间关系的指标。季小立等[8]认为低物流成本在推动经济结构优化变迁中具有杠杆效应，城市物流的发展有利于推进城市化、平衡地区差距、促进国际贸易和投资。中国亟须加快物流立法、完善物流市场环境、提高物流管理能力和发挥政府作用来控制城市物流成本，以低物流成本的杠杆效应优化经济结构、改进增长绩效，推动国民经济可持续发展。张可明等[9]以北京市为例，对城市第一产业、第二产业和第三产业与物流业的相关性进行了研究，发现工业与城市物流的相关性最大，并就工业结构演变对物流需求数量等方面的影响进行了探讨。王潇等[10]基于重庆市情况，建立可适用于不同城市情况的关于城市经济与物流业相关指标间的回归模型，佐证了物流业发展对第二产业影响最为明显的结论，并提出在发展前应充分测算投入产出比，以科学安排物流业投入规模，打造适应经济增长的物流产业体系。苗青等[11]以“经济空间”增长极理论和生长轴理论为切入点，以吉林省的城市范围内经济增长模式为例，研究现代城市物流业与经济增长之间的关系，发现发展现代物流业对促进经济增长意义重大。

然而，卢胜[12]认为当城市物流发展滞后于城市范围内经济发展时，往往会出现仓库存储量大、运送成本高、物品不能及时送达等问题。这种水平的物流运作系统不仅不利于产品在城市范围内的流通，影响城市间的合作与分工；而且也不利于社会生产分工与专业化生产，从而影响城市范围内经济竞争力的提升。谭传龙[13]基于山东半岛内物流产业水平不均衡所导致的经济发展不平衡的情况，提出了各城市间物流产业协调能力不高，“单核结构”的发展并不能带动同一区域内其他城市的经济发展的观点，发现城市物流对城市经济的正向作用需建立在区域协调发展的基础上。但并不是城市物流发展水平越高越好。苏开拓等[14]研究发现当城市物流发展超越城市范围内经济发展时，会由于设施利用率不高而造成大量资金及资源浪费等问题。此时城市物流不利于当地经济的发展。

2. 经济发展对城市物流的影响

经济的全球化、城市范围内经济的一体化以及城市范围内中的企业对利润和核心竞争能力的追求等都会促进现代城市物流的发展。目前国内外学者从经济政策环境、城市物流规划、城市物流建模复杂性等方面讨论了经济发展对城市物流的影响。例如，张文松[15]指出现代城市物流发展离不开经济政策环境的支撑，良好的经济政策环境能促进城市物流快速发展。王平平等[16]于 2003 年研究指出，一个好的城市物流规划应该与城市整体规划相匹配，才能使各种资源得到有效整合，实现优势互补。王仕首[17]指出工业城市物流经济发展对城市物流基础建设的影响尤为明显，强调了合理利用资源在城市物流经济发展中的重要性。Zimmer[18]回顾了当今城市物流发展中的多样性，从相关利益者的角度分析了城市物流建模复杂性与城市物流发展中的问题，特别指出，在城市货运物流中，城市交通状况得到很大的关注，并认为城市货运物流很大程度上依赖于贸易和供需活动。

2.1.2 城市物流对环境的影响相关研究

城市物流在促进经济发展的同时也会不可避免地带来尾气污染、噪声等环境问题。近年来，城市环境问题日益受到重视，环境也日渐成为城市物流规划设计着重考虑的因素。

部分国内外学者提出将城市现有公共基础设施纳入城市物流运营之中，在提高基础设施利用率的同时达到节能环保的目标。例如，史毅飞[19]对地铁兼具载客、物流功能进行了可行性分析。他认为，在不影响地铁正常载客功能的前提下，地铁也可以承担运输物资的功能。这样不仅能降低资源消耗、减少环境污染、提高物流运作效率，还能为物流业的标准化运作打下基础。在此研究基础上，赵娆等[20]基于太原地铁的建设情况，从定性和定量的角度，分析其城市地下物流系统的可行性，提出合理整合资源，以实现客货同运或客货错峰运输等建议。Motraghi 等[21]对城市货运过程中使用火车进行了仿真分析，并通过仿真结果研究，提出了可供政府参考，用于加强铁路基础设施利用率的建议。van Duina 等[22]在论述阿姆斯特丹交通和物流特征的基础上，提出利用市内现有运河系统进行城市商品物流配送的设想，并利用计算机仿真方法得出了在特定物流绩效指标要求下的最佳船只数量，他们认为，利用运河进行配送既可以满足客户需求，又可以降低传统方式带来的拥堵问题。

也有国内外学者认为，城市物流的“最后一公里”所产生的交通拥堵以及尾气污染等问题也能够通过设立“微型物流作业区”或“微型中转站”等方式加以解决。例如，de Oliveira 等[23]认为“微型物流作业区”能够提高程城市物流的运作效率，降低物流成本，同时可以减少大气污染物、噪声，缓解拥堵。Muñuzuri 等[24]提出城市配送车辆应该先进入“微型中转站”，“最后一公里”采用步行或自行车等低碳环保的方式完成配送，并利用遗传算法和计算机仿真对“微型中转站”进行选址。随着互联网购物的快速发展，逐步提高了对“最后一公里”配送的要求，应运而生的“微型中转站”逐步分化成两种类型，其一是物流企业末端所建立的小型配送中心，承担主要的配送任务；其二是接近于消费者的“自提柜”等更为便捷的网点。李亚东[25]分析了快递企业“最后一公里”的配送模式，提出了应充分利用现代技术和大数据技术等，充分融合“驿站”与“自提柜”两种形式，以达成效率最高的目标。

还有国内外学者运用了计算机仿真技术对城市物流对环境的影响进行了实证研究。例如，王飞跃等[26]认为应该站在复杂系统理论的角度综合考虑城市交通、物流和生态系统，利用人工系统、计算实验、平行系统等新方法和理论，建立更为高效的城市物流系统。Taniguchi 等[27]通过文献研究总结了考虑城市物流运营车辆尾气排放的数学模型和仿真方法。Browne 等[28]于 2012 年认为互联网购物使市内到门配送的需求大幅增加，从而会造成城市配送工具发生变化，并且在环保的基础上提出了新的配送工具选择方案。例如，郭兴海等[29]基于无人机承担“最后一公里”的运输任务的情况，将“区块链”引入拍卖算法中，优化无人机编队任务计划，提出任务分配策略和路径规划方法，有效提升无人机“最后一公里”配送效率。

在以往研究的基础之上，一些国内外学者定量分析了城市物流对环境的影响。例如，Martensson[30]研究发现，城市货车在运输货物的过程中经常停车，导致城市货车造成的污染比长途货车造成的污染更大，而且由城市货车的经常性停车造成的能源消耗量也更多。Schoemaker 等[31]指出，虽然因城市而异，但是总体来说，城市货车在运输途中排放的 CO_2 量大约占到整个城市交通排放 CO_2 量的 20%～30%。在欧洲，一些城市货车的运输路程只占城市车辆行驶总里程的 14%，却消耗了 19%的能源，排放了 21%的 CO_2。Quak 等[32]指出城市货运车辆选择通过影响货运的次数、总路程、消耗的费用三个方面来影响 CO_2 的排放量，从而影响社会环境。徐文瑞[33]指出物流企业为降低运输成本，容易出现货车超载超限等情况，这会损害公路基础设施，破坏人民生活环境，威胁国家及人民的财产安全，应加强对公路超载超限运输的控制。Browne 等[34]研究发现，虽然在城市范围内运输物资会导致交通阻塞、噪声、环境污染，但是也提高了各类行业经济活动的活力和竞争力，增加了城市居民的就业空间。

2.1.3 城市物流对交通的影响相关研究

随着电子商务的迅速发展和企业物流战略水平的不断提高，我国城市小批量、多品种、多批次的配送需求不断增加，随之而来的是不断增加的物流配送车辆，这在一定程度上使城市交通拥堵现象加剧。

部分国内外学者从定性分析角度研究了造成交通拥堵的原因。例如，王涛[35]提出随着城市经济的发展，城市物流需求量日益增加，城市物流小批量、高频率、多停站的配送方式、物流基础设施的建设以及城市货运车辆的增加等对城市交通运行状况的影响越来越显著。张志耀等[36]认为造成城市交通拥堵的原因是，城市机动车保有量快速增长，落后的城市交通基础设施建设和交通管理水平满足不了车辆出行的需求，因此产生了交通拥堵问题。朱鸿东[37]提到由于电商行业的发展，促使消费者增加了对即时物流的需求，进一步加重了城市交通拥堵的情况。Taylor[38]从经济学视角出发，寻找产生交通拥堵的原因，他认为交通拥堵问题是道路使用的外部性造成的，产生外部性的主体和受外部性影响的主体可以通过产权交易的方式将拥堵成本内部化，从而消除拥堵。

也有国内外学者运用系统动力学模型研究城市物流对交通的影响。例如，刘爽[39]对国内外典型城市的交通结构演变进行了总结，研究了城市经济发展水平、城市交通政策、城市居民出行行为特征等因素对城市交通结构发展变化的作用，另外她从公共交通和私人交通的角度出发，建立了系统动力学模型。王荣辉等[40]用系统动力学方法分析了城市交通问题，研究了城市交通系统内部因素之间的相互作用和反馈关系，并指出大力发展公共交通，对城市公共交通进行合理规划可以使道路资源利用最优并且减轻城市环境污染。张林峰[41]基于城市中心的视角，用系统动力学的方法建立了城市多中心之间以及城市中心内部因素之间的相互作用和相互竞争模型，通过用系统动力学专用软件 Vensim 进行仿真，指出城市交通对城市中心的形成及不断演化和发展起着重要的作用。张毅媚[42]将经济学原理和系统动力学的方法相结合，从这两个角度出发研究了交通拥堵问题，分析了城市交通系统内部各子系统之间以及系统内部要素之间的相互反馈和作用。何建伟[43]建立了城市负责交通流网络管理控制系统的系统动力学模型，并以天津为例，利用天津的实际数据对模型进行了仿真研究，研究了交通政策对交通流的影响。靳玫[44]用系统动力学方法对城市交通结构进行了研究，建立了北京的交通结构优化系统模型并进行了仿真研究，同时从城市道路适应性、建设能力、道路等级和承载能力的角度出发，对城市交通结构进行了评价。研究指出，交通结构是决定交通状态的重要因素，不同的交通结构下，会产生不同的交通状态。韩家福[45]以兰州市为例，构建了城市交通拥堵问题的系统动力学模型，对兰州市未来十年城市道路里程、轨道交通运输长度、小汽车保有量等交通指标进行模拟分析，结合仿真提出了一系列适合兰州交通拥堵治理的措施和建议。

2.2 城市物流相关政策研究

城市物流的发展主要依靠市场的力量，但政府的指导和调控也起到了一定的作用。目前，国内外政府主要以制定和实施不同层次和种类的政策来引导城市物流的发展，主要包括国家层面的物流发展规划和城市范围内相关的物流政策等。

2.2.1　国家层面物流相关政策研究

近年来，我国连续出台了一系列宏观物流政策，以促进物流业的积极健康发展。2009 年 3 月，国务院发布《物流业调整和振兴规划》，把促进物流业发展纳入应对国际金融危机的“一揽子计划”，上升到了国家战略层面，《物流业调整和振兴规划》在第四部分所列的九大“重点工程”中有两项涉及城市物流，分别是城市物流园区工程和城市配送工程，为今后我国城市物流发展提供了一个新的契机[46]。2017 年国务院印发的《“十三五”现代综合交通运输体系发展规划》，按照无缝衔接要求，优化货运枢纽布局，推进多式联运型和干支衔接型货运枢纽（物流园区）建设，加快一批铁路物流基地、港口物流枢纽、航空转运中心、快递物流园区等规划建设和设施改造。2014 年国务院印发《物流业发展中长期规划（2014—2020 年）》，将发展城市物流配送纳入重点工程，更多扶持鼓励政策会在未来相继出台[47]。随着电子商务的不断发展，电子商务对城市物流提出了更高的要求，与电商物流配套的政策措施也在不断发展。

2.2.2　城市范围内物流相关政策研究

除了国家宏观物流政策之外，各城市也都纷纷出台了与本城市范围内物流发展相适应的城市范围内的物流规划或政策。

北京市将城市物流配送设施的布局作为物流空间布局的重点，即提升城市物流配送水平，提高服务保障能力是北京物流行业发展的重点工程。城市物流配送也被上海市纳入重点发展工程中，提出要积极推动现代商业配送物流体系的建设，进一步优化由社区末端配送节点、大型分拨配送中心、综合物流园区组成的三级城市配送网络；进一步提高物流运行安全和节能减排能力，积极推进“绿色物流”体系建设；着力减少农产品流通环节和降低中间费用，积极推进农产品物流体系建设；不断增强城市配送物流服务落实扩大消费战略的功能。深圳市将“完善发展城市物流设施，规划布局城市车辆专用停车场和停车点，加强对城市物流车辆调度、标志和车型的管理。畅通城市物流通道，加强物流通道规划设计和组织实施，加快构建快线、干线、支线三个层次的城市物流通道系统”等内容纳入其城市物流发展规划中。从城市范围内或城市层面政策研究来看，杨铭[48]从宁波物流政策现状出发，通过与国家宏观物流政策、上海市与深圳市物流政策的对比分析，对宁波物流政策现状进行了评价，认为宁波物流政策紧跟国家宏观政策，部分政策支持力度走在全国前列，与上海市、深圳市基本处于同一水平，但还存在政策体系不够完善，政策前瞻性不够等问题，并在此基础上，构建了宁波物流政策体系框架，针对性地提出了建议，即可通过制定产业联动优惠政策、物流安全与环保政策、物流技术推广政策、创建物流信息收集与统计制度等来完善物流政策体系。Muñuzuri 等[49]将现有主要城市物流政策进行梳理和分类，提取出通用性较强的部分为政府的城市物流政策规划提供参考依据。

针对城市货运物流，主要的政策方案是共同配送。在基础设施方面，可以通过建设小型城市货运中心，利用公共停车位及公共轨道设施进行停车和配送。在土地使用方面，通过制定合理的装卸条约，增加小型物流节点和利用备用空间或私人停车位等方式增加城市配送效率。针对现有的城市物流准入政策，政府可以通过合理开放步行区，实施夜间配送等方式减少城市的拥堵[50]。Muñuzuri 等[51]分析了西班牙城市物流的政策体系，指出了现行政策的弊端，并提出可实施的改进方案。Holguín-Veras 等[52]先研究了纽约闲时配送的经济影响，认为闲时配送能够带来可持续的经济效益，通过纽约市闲时配送政策实施效果的后续研究，发现实施效果并不理想。Holguín-Veras 等[53]认为好的城市物流政策不能单凭政府一方的判断，应该充分考虑行业和市场环境，综合考虑各利益相关者的诉求。

从以上文献分析可以发现，国内学者的研究重点大多停留在宏观层面，通过比较研究或统计调查分析后指出现有政策的不足，而国外学者则会选择某个特定城市及某项具体政策进行深入研究分析，最后得出具有特别针对性的建议。考虑到我国各城市物流政策的普遍差异性，因此今后也可以考虑以具体的城市为范例，针对其物流政策进行专门研究，给出更具有操作和实际意义的建议。

2.2.3 城市物流货运相关政策研究

物流业是每个城市生活必备的支柱产品之一，然而，城市配送作为物流门到门服务的“最后一公里”，已经成为每个城市物流产业链中的一个不可缺少的重要环节，其主要难点在于缺乏规范性的小型货运车辆。市内货运是城市物流最核心的部分，因此货车通行给城市带来的影响受到广泛关注。Douglas[54]提出美国货运车辆的增加，给城市交通带来了越来越多的挑战，由于货车体型大，安全和效率较难控制，容易引起交通事故的发生。Forkenbrock 等[55]认为客车和货车同时运行时，安全性更令人担忧，往往客车和货车发生碰撞时，货车由于体型大，客车处于劣势，容易发生伤亡。严世同[56]通过事故分析说明货车通行占交通事故的权重，并通过数据阐述产生交通事故的原因，提出一些管理措施。蔡晓萌[57]认为货车的减速性能、机动性较差，且车型尺寸较大，占用较多的道路空间等对行车安全也构成了很大的威胁，如果货车通行出现违规行驶，将加剧交通事故的严重程度，提出对货车车道限制的措施以缓解货车的不利影响。除了道路安全方面的影响，配送货车对城市交通通达状况和空气质量也会产生影响。李开国等[58]提出货车通行对城市交通造成了很大的影响，尤其是大型货车，其行驶速度较慢及启动时间较长，容易造成后面车辆排队。张艳[59]认为，近年来物流业快速发展，导致城市内部货运车辆数量的迅猛增长，货车在道路上行驶容易引起交通堵塞，使得整体路网运行的效率降低。欧开培等[60]认为传统城市物流配送模式是加剧城市交通压力的重要因素，传统城市配送方式的低载率、小批量、多批次配送，未进行科学合理的统一调度和配送，交叉迂回配送现象严重，虚增了城市配送距离和道路车流总量。Boogaard 等[61]提出欧盟（欧洲联盟）设定了一些空气质量标准，尤其是繁忙街道上机动车的排放标准，以控制机动车通行对环境造成的污染。

各国政府针对城市货运出台的政策大体可分为三类，分别是限行类政策，鼓励类政策以及经济类政策。限行类政策主要包括限制通行时间、城市通行范围以及货车车型，鼓励类政策主要包括鼓励货车通行和装卸，经济类政策主要是指各种道路收费或财政补贴等。

我国的货运管理政策主要采取限行类政策，很少采用其他类型货运管理政策。以北京为例，通过货车限行规定和通行证制度来控制货运车辆在城市交通系统内的通行量，以缓解整个城市的交通拥堵状况，并控制机动车尾气排放量。但交通管制政策的实施效果需要进一步的分析与探讨。胡凯军等[62]分析了我国城市货运车辆配送的现状和由于货运限行政策带来的送货进城障碍，对“客车改货车”的法律问题进行了重点探讨，并借鉴国内外的相关经验提出建议。戴炜[63]指出我国城市货运交通政策往往缺乏必要的系统性和统一性，提出政策的制定者们必须重新调整和认识货物流通中心的发展观念，用城市货运交通大系统的视角去审视货物流通中心发展面临的政策问题。刘延宇[64]认为道路建设远远跟不上机动车增长的速度，以致造成严重的交通问题，城市交通管理规划是城市可持续性发展的前提和基础，光靠交通限行是不能解决的。

桑小娟[65]认为，城市交通管制能保障道路货运秩序，从一定程度上促进城市配送行业的改革与创新，但也会造成“最后一公里”物价上升等问题，过于严苛的管制政策会使城市交通违法违规现象增加，对城市交通安全带来影响。通过对几个典型城市的货运车辆限行政策的分析，李彦林等[66]认为，对货运车辆单纯地禁止或通行会化，割裂物流运作的一体化，加大物流服务系统成本，降低物流服务的整体质量，甚至可能加剧城市的交通拥堵。为了使对城市物流的研究更加贴近实际，胡云超等[67]构建了在城市货运交通管制情景下的城市配送多目标优化模型，以北京某物流公司为例，发现公司城市配送在不受城市货运交通管制的条件下，可以进行进一步优化，政府应鼓励企业采用先进的管理手段和技术对城市配送活动进行管理与优化。基于交通条件约束、客户时间窗约束以及车辆承载能力约束条件下，以车辆的配送路径最短、拼装货品最多为优化目标，杨锦冬等[68]建立了研究车辆配送与配载的两目标优化调度模型组。

综上所述，从国内外研究文献中可以发现，国内外对于货运类政策的实施效果研究还处于不断探索阶段，研究学者们对货运限行类政策的研究很少，对货运限行类政策实施效果评价缺乏关注与研究，尤其是以城市配送为研究视角的研究处于空白。

大多数研究主要是以定性分析为主，主要是研究货车通行对道路安全、城市交通造成的影响。其中对于货车通行管理政策的研究，主要是定性分析货车通行管理政策的类型和货运限行类政策的效应，但研究结论缺乏有效的证据。在应用基于 Agent 的方法来模拟货运限行类政策仿真时，研究可以从宏观、微观、中观三个层面进行，其中中观仿真是一种较为理想的仿真方法，但目前的研究没有针对货运限行类政策这一方向进行研究。因此，研究这一方向的意义十分重大，虽然目前关于货运限行类政策实施效果的研究极少，但可以借鉴前人的研究，在以往学者研究的基础上将这一方向继续深入研究。应用中观仿真方法，将宏观仿真与微观仿真有机地结合起来，对现有的货运限行类政策作出评估和优化，以期使货运限行类政策更加科学合理，从而为缓解城市交通拥堵，满足城市配送需求，促进城市物流的可持续发展献计献策。

2.3 城市物流系统运营体系相关研究

城市物流系统运营体系是由于城市物流活动相关的人、物资、各种设备设施、信息、管理、政策等各种相互联系相互制约的动态要素构成的，以实现城市物流的时间效益和空间效益为目的的有机整体。它是一个复杂的大系统，其主要由四个紧密相连的部分构成，即城市配送、城市配送中心及城市物流系统运营体系其他要素（保管仓储、流通加工、城市物流公共信息平台）。

2.3.1 城市配送相关研究

城市配送是指在城市范围内进行配送业务活动的过程，它是城市物流系统运营体系的基本功能，在城市物流系统运营体系中具有重要的地位和作用。它体现了物流的最终效应——直接为客户服务，满足客户的各种需求。如果没有城市配送，将会影响物流活动的经济效益和社会效益，可以说城市物流系统运营体系的成果主要是通过城市配送来体现的。近年来，国内外学者主要从城市配送车辆车型选择和城市配送车辆动态配置两个方向来研究城市配送的。

1. 城市配送车辆车型选择

在我国，随着城市经济的快速发展、城市规模的迅速扩张，城市配送车辆车型选择工作的重要性越来越凸显；与国外研究相比，国内在该领域的研究较宏观。目前国内外学者对城市配送车辆车型选择问题的研究主要集中于两个方面，即城市配送特点对城市配送车辆车型选择的影响以及城市配送车辆车型选择的数学模型研究。

（1）城市配送特点对城市配送车辆车型选择的影响

关于城市配送特点对城市配送车辆车型选择的影响，部分国内外学者结合城市配送“多品种、小批量、多批次、短周期”等特点，在宏观层面探讨了城市配送车辆应具有的特性。例如，李顺勇等[69]认为在环境保护问题日益受到社会重视的情况下，合理搭配不同车型与城市各条通路，优化车辆调度与物流配送方案，为减少车辆排放开辟了一条重要的管理途径。相关物流配送车标准对车辆的比功率、升功率、燃油和转弯半径等作出规定，为适应城市化发展对物流配送车辆的需求，针对不同城市、各类物品运输需求，交通运输部牵头起草制定并实施了相关城市物流配送汽车选型技术要求[70]。

也有国内外学者在微观层面指出了选择城市配送车辆时应考虑最大总质量、载重量、长度、宽度、高度、轴距、排放标准、驱动燃料等因素。Robin 等[71]提出可以采用低碳排放量的车辆，进行城市规划政策等减少配送车辆的额碳排放。Wang 等[72]对丹佛货车出行特征的研究，进一步发现出行属性、目的地属性、货物属性和企业属性均对车型选择行为有影响。Cavalcante 等[73]则重点探究货物价值和出行距离对加拿大安大略省货车车型选择行为的影响。

（2）城市配送车辆车型选择数学模型的研究

关于城市配送车辆车型选择数学模型的研究，部分国内外学者选择利用情景试验法和城市货运政策评估模型来研究该问题。例如，Lemp 等[74]认为配送车辆大小和类型在很大程度上决定了其碳排放成本、道路拥堵成本以及道路占用成本等外部性影响，并提出了计量配送车辆这些外部性影响的模型。Hosoya 等[75]将东京作为研究城市，建立以建立微观模拟模型为研究方法，研究并模拟了限行、道路收费、物流中心建立等对城市配送车辆运行产生的影响。

也有一部分学者强调应建立合适的事前评估模型来研究车辆选择问题。Russo 等[76]建立了车辆碳排量计量模型，并对该模型进行了仿真运行。Allen 等[77]综述了欧洲部分城市为减少城市配送对社会和环境的负面影响而实施的各种措施，如限制最大总质量、车辆长宽高等，并且通过以上研究，他们认为利用适合的模型来模拟运行各项措施的实施效果是十分必要的。Anderson 等[78]提出了一个包含最大总质量、排放标准、时间限行等措施的预测模型，并对模型进行了评估，评估结果认为对最大总质量进行限制会对城市配送运行效果不利。Awasthi 等[79]建立了包括分配货物到车辆模型、城市中心区货物配送模型、城市货运车辆影响评价模型等若干个模型的城市配送仿真运行模型。

在以往的研究文献中，国内外学者在城市配送车辆车型选择问题研究上主要贡献有四点：一是分析了配送车辆产生的经济、社会、环境等影响，建立了比较系统的影响评估体系；二是提出了配送车型应统一标准，并与城市配送活动特点相适应；三是综合分析评价了限制最大总质量、时间限行等措施的效果，部分学者研究认为相关措施并起到缓解交通拥堵的作用，因此应重新评估相关措施；四是用不同的研究模型和方法研究了不同配送车型产生的影响，使得配送车型的研究模型和方法得以丰富。

尽管国内外对城市配送车辆车型选择问题的研究取得较为丰富的成果，但相关研究还存在需要深化空间：一是目前对城市配送车型选择的研究，主要是集中研究货运车辆相关的政策性措施，研究缺乏针对性和系统性；二是以往研究主要从经济、社会、环境等方面选取配送车型选择的评估指标，但配送车型选择是众多利益相关者相互博弈的结果，评估指标体系的建立应以利益相关者为导向；三是合理的配送车型事前选择模型可以模拟不同车型在运行过程中产生的影响，并可以消除不利影响、节约成本，但目前缺乏针对配送车型的事前选择模型。

2. 城市配送车辆动态配置

在城市配送中，城市配送车辆动态配置是指配送中心按照不同客户的多频度、小批量的订货要求进行组织配送，其主要内容指根据确定的配送货物分配车辆和选择优化路线。由于从事城市配送的配送车辆工作条件复杂，不仅配送点多、货物种类繁多、道路网复杂，而且配送服务地区内网点分布也不均匀，同时很多客户还对配送需求提出了较高的时间要求。因此如何对城市配送车辆进行动态配置是国内外学者普遍探索的重要课题。目前国内外学者对城市配送车辆动态配置的研究主要集中于车辆优化调度问题上。

部分国内外学者对城市配送车辆优化调度的现状、存在问题、研究动态及水平进行了详细的论述。例如，张红霞等[80]综述了车辆优化调度问题的起源、研究动态及水平，对所综述的配送车辆调度问题的各种优化方法的优缺点、适用性等都做了说明。杨福兴[81]在其基础上提出了适用型整数规划数学模型和改进型最大最小蚁群算法，全面地描述了时变路网下带时间窗带容量限制的车辆优化调度问题。王泽[82]考虑电量消耗的配送车辆调度优化，建立以配送总成本最小为目标的电动车调度优化问题模型；利用自然数编码的遗传算法，求解出电动车的配送路线以及车辆的充电计划，和配送车辆惩罚成本最小时的最优发车时刻。林鑫[83]基于实际路网情境进行配送车辆调度的优化，构建了考虑综合交通阻抗的多车型车辆调度模型，并进行路网情境仿真试验，求解了车辆调度的最优策略。

也有一部分国内外学者从不同角度出发，建立了城市配送车辆优化调度的模型。例如，张倩[84]构建车辆路径问题的鲁棒性度量与优化方法，降低不确定性因素对配送车辆调度成本和效率的影响，提出了车辆路径问题鲁棒性的度量方法。彭其华[85]提出了一种基于蚁群和循环博弈的车辆路径调度算法，采用蚁群和循环博弈混合进行优化，有效处理时间窗的车辆路径调度问题。张婷[86]通过引入虚拟顾客，研究了信息在配送过程中实时变化的动态车辆调度问题提出了动态车辆路径问题的模型构建方法。分析了需求量在配送途中发生变化、需求点增减、道路交通中断、车辆在行驶过程中出现故障四种动态事件情形下的配送线路实时优化问题。王绍光[87]提出一种基于变邻域搜索算法的多配送中心物流车辆调度优化方法，构建实际约束条件下多配送中心物流车辆调度数学模型；利用变邻域搜索算法求解物流车辆调度模型的最优解，完成实际约束条件下多配送中心物流车辆的调度优化。

在以往的研究文献中，国内外学者在城市配送车辆动态配置问题研究上主要贡献有两点：一是分析了对城市配送车辆动态配置有影响的因素，建立了比较系统的影响评估体系；二是在求解车辆优化调度问题时，构造了两阶段法、最邻近法、插入法、聚类法等高质量的启发式算法以及遗传算法、模拟退火算法、人工神经网络、蚂蚁算法、禁忌搜索算法等改进与智能算法，从而为不同的城市配送车辆调度模型提供了各式各样的解决方案。

尽管国内外对城市物流配送车辆动态配置问题的研究取得较为丰富的成果，但相关研究还存在需要深化空间：一是面向多类型的客户对象、针对多元化的订单服务需求，应如何对城市配送车辆进行优化配置，在满足客户需求的前提下，提高车辆的满载率，实现客户满意度与运作效益的最大化；二是城市配送服务提供商应如何根据不同时间段内不同客户的不同订单需求，将不同货物进行科学、合理地装载与运输，实现对订单的及时响应、保证货物的及时到达。

2.3.2　城市配送中心相关研究

作为城市配送活动的主要基础设施，城市配送中心是城市物流系统运营体系中非常具有影响力的节点，是城市物流系统运营体系中非常重要基础设施。在由城市配送、城市配送中心以及保管仓储、流通加工、城市物流公共信息平台等相关要素组成的城市物流系统运营体系中，城市配送中心的正确选址在对提高物流服务水平，降低物流配送成本，优化整个城市物流运营体系中具有重要作用。国内外学者对城市物流配送中心选址问题的研究比较成熟，已经出现很多的模型和算法。

部分国内外学者分析了城市配送中心选址的主要影响因素。陈姝羽等[88]把影响城市配送中心的主要因素划分为地理与交通条件、地方政策、基础设施条件、功能与服务水平、经济和社会效益等。Pawel 等[89]基于实际邮政网络，研究降低运输成本的相关因素，通过图论算法求解配送中心位置。Pham 等[90]采用 Fuzzy-Delphi-TOPSIS 的混合模型从候选地点确定物流中心，得出运输量、运输成本、靠近市场和客户是选择物流中心的关键因素。

也有一部分国内外学者提出了许多城市配送中心的选址实现方法。例如，Davari 等[91]基于贪婪搜索的启发式算法，研究模糊覆盖半径的最大覆盖选址问题。Contreras 等[92]针对成本不确定、需求不确定和成本需求同时不确定三种情况下的选址优化问题进行研究。Alumur 等[93]考虑数据的不精确性，研究选址决策应当考虑配送中心建设费用和需求不确定。徐小平等[94]运用改进猴群算法求解物流中心选址问题。叶一芃等[95]将物流中心选址问题构建为双层规划模型，并对该模型提出一种基于灵敏度分析的规划算法进行求解。何永贵等[96]研究基于决策者视角以及客户视角下的双层规划模型，并结合混合免疫遗传算法对物流选址进行求解。

在以往的研究文献中，国内外学者对城市配送中心问题研究上主要贡献有两点：一是对影响城市配送中心选址的主要因素进行了分析，建立了较为完善的指标评价体系；二是运用混合整数规划法、分支定界法、蚁群算法、需求势能理论等方法建立了城市物流配送中心选址模型。

目前国内外学者关于城市物流系统运营体系中城市配送中心研究较少。随着城市经济的不断发展，社会的不断进步，一方面各地政府为了达到缓解交通压力、改善交通秩序、提高交通安全性、减少环境污染等目的，相继出台了对城市配送车辆和城市配送中心的限制政策，另一方面城由于面临中心市区地价大幅度上涨等情况，各地政府也不得不将城市配送中心规划在距离城市较远的地方。这样一来，关于城市配送中心选址的相关研究更多是操作性方面的问题，不是科学问题。

2.3.3 城市物流系统运营体系其他要素相关研究

城市物流系统运营系统作为一个复杂的大系统，除包括城市配送、城市配送中心之外，还包括保管仓储、流通加工、城市物流公共信息平台等相关要素。

1. 保管仓储过程相关研究

在城市物流系统运营体系中，保管仓储可以创造“时间效用”，即调节生产的不均衡、消费的不均衡、价格的不均衡，同时它也可以减少购入成本和缺货成本，增加销售收益。目前国内外学者针对保管仓储过程中存在的问题进行了一些研究。

部分国内外学者详细分析了保管仓储现状及存在问题。例如，鄂丽媛[97]指出目前的物流仓储人员的素质和管理水平较低、技术发展水平以及基础设施较为落后。李艳[98]对仓储环节存在的问题进行了较为全面的分析，提出了仓储保管业务的具体流程与关键控制点。

也有一部分国内外学者提出了保管仓储过程的库存管理模型、物流网络设计模型、挑选作业路径优化模型等。例如，施博洋等[99]提出仓储保管的智能化建设,建设基于移动设备的出入库作业系统、智能视频检索系统、移动巡检系统和公共服务平台。陈伊菲等[100]通过分析实际拣选作业中产生影响的因素，提出了拣选作业路径优化设计模型。吴伟[101]提出物流自动化背景下物料挑选系统的设计必须朝着精细化、专业化的方向优化整合。甘俊伟等[102]分析了可持续逆向物流网络模型的设计研究进展及趋势。

2. 流通加工过程相关研究

在城市物流系统运营体系中，流通加工作为连接消费者和生产者之间的纽带，是化解产需矛盾的关键环节，优化流通加工管理对合理配置流通加工资源、降低企业库存成本和生产成本、提高企业产品竞争力、加快仓储物流效率等都具有非常大的意义。目前国内外学者针对流通加工过程中存在的问题进行了一些研究。

部分国内外学者详细分析了流通加工过程现状及存在问题。例如，何恩东[103]详细阐述了流通加工的定义和过程，并对物联网环境下流通加工集成优化问题提出了自己的观点。敖兴龙[104]提出利用工业工程方法在流通加工过程中优化资源配置，改善技术与管理，从而达到低投入高产出。杨双林[105]对流通加工和运输的关系进行分析，然后分析了基于流通加工环节的运输合理化策略。

有一部分国内外学者提出了对流通加工过程进行合理配置、路径优化、实时跟踪的方法。例如，Chow 等[106]采用无线射频识别（radio frequency identification，RFID）和无线局域网技术实现对货物仓库的出入库管理以及运输资源的合理配置、路径优化与实时跟踪。何恩东等[107]研究了公共仓库中的流通加工智能管理系统。利用 RFID 技术进行仓储资源和流通加工资源的精益化、经济化透明改造，实现流通加工过程信息的库内、外实时无缝流动。

3. 城市物流公共信息平台相关研究

城市物流系统运营体系离不开城市物流公共信息平台。城市物流公共信息平台构建是城市物流系统运营体系的软件部分建设，它也是城市物流系统运营体系中，使城市物流硬件设施网络能够高效、有序运转的必要条件。围绕城市物流公共信息平台的规划设计和实施，国内外学者探讨了构建城市物流公共信息平台的目的、需求以及功能结构和关键技术。例如，赵绍辉[108]提出物流公共信息平台运用现代信息技术、计算机技术、通信技术，整合行业内外、区域的信息资源，系统化地采集、加工、传送、存储、交换企业内外的物流信息，从而达到整个社会物流信息的高效传递与共享。姜明君[109]提出以消费者为导向，构建基于大数据技术的智慧物流信息平台，提出大数据背景下智慧物流的发展建议。陈伟祥[110]以智慧物流为基础，重点阐述了公共服务信息平台的目标，同时分析了智慧物流公共平台架构的建设以及相应的措施。刘爱玲[111]从物流发展概况、主要物流信息平台使用情况两方面对智慧物流现状进行分析研究，阐述智慧物流建设现存的主要问题，通过对问题的梳理，结合区内环境条件提出信息平台的总体架构模式，并对开发运营模式及平台实施保障提出建议。吴文利[112]以道路货运物流公共信息平台服务质量评价体系为研究对象，对国内几家主要的道路货运物流公共信息平台的服务质量现状进行比较，分析平台服务质量的现实表现和制约因素，构建较为系统的道路货运物流公共信息平台服务质量评价体系，为平台的运营发展提供预警。

在以往的研究文献中，国内外学者对城市物流系统运营体系其他因素问题研究上主要贡献有三点：一是分析了保管仓储过程中存在的问题，提出了物流企业优化库存管理的模型；二是分析了流通加工过程中存在的问题，并对流通加工合理化提出来建议；三是探讨了构建城市物流公共信息平台的目的、需求以及功能结构和关键技术。

目前国内外学者关于城市物流系统运营体系中保管仓储、流通加工、城市物流公共信息平台等相关要素的研究较少且停留在定性阶段。在城市物流系统运营体系中，保管仓储、流通加工、城市物流公共信息平台等相关要素的建设涉及政府、社会、企业、公众等各个利益相关方的资源整合，且需要政府联合各个利益相关方投入大量人力、物力、财力等资源，相关建设问题多、难度大，研究更多是操作性方面的问题[113]。

第 3 章　我国超大城市物流发展现状

随着经济的发展，我国城市物流迅速兴起并得以快速发展，但各地城市物流发展方式不尽相同，发展水平也参差不齐。尽管如此，我国各地城市物流发展也存在一些共性。从发展模式上看，北京物流发展模式是商业带动模式，区域商业活动非常集中，同时具备较强的消费能力与商业能力。上海、广州和深圳的第二产业占有一定比重，其典型特点是区域间物流流量大、速度快，且拥有吞吐量大和腹地范围广的枢纽。从物流规划功能上看，因城市所承担的功能不同，规划发展中物流园区的功能也各有不同。因此，本章以北京、上海、广州、深圳的城市物流作为研究对象，分析城市物流现状和存在问题。从各个城市的物流规模与基础设施规模两个方面做出评价，最后指出城市物流发展存在的问题。

3.1　北京城市物流发展现状

3.1.1　北京城市物流规模情况

北京是我国政治、经济、文化中心。北京的经济规模和居民消费水平的增长，以及产业结构的调整对其城市物流起着促进作用，其城市物流的发展呈现出良好的态势。2007～2019 年，北京三次产业产值以 11.7%的年平均速度增长，到 2019 年，北京三次产业产值为 35 371.3 亿元；到 2019 年，北京第三产业对经济增长的贡献率的比重约为 83.5%，如图 3.1 所示；2007～2019 年，北京的社会消费品零售额增长 3.2 倍，从 3 800.2 亿元增长到 12 270.1 亿元，如图 3.2 所示，年平均增长速度为 10.3%；其间，北京居民消费水平不断提高，到 2019 年，北京人均消费水平达到 43 038 元/人，如表 3.1 所示。北京共有 3 个国家级开发区和 16 个市级开发区，主要有中关村科技园区、亦庄经济技术开发区、顺义天竺工业开发区、大兴工业开发区、通州工业开发区等，这些开发区集中了北京现代制造业总量的 50%左右，物流需求巨大。

北京是典型的消费型物流城市，主要发展商业物流。回顾“十一五”期间的物流发展状况，2010 年北京物流总额达 5.04 万亿元，比 2006 年的 2.54 万亿元增长了 98.4%。回顾“十二五”期间，北京 2014 年社会物流总额达 7.6 万亿元，较 2010 年的 5 万亿元增长了 50.6%，年均增幅 10.8%，物流业务收入达到 2 482.5 亿元，较 2010 年的 1 681.1 亿元增长了 47.2%。在“十三五”期间，北京 2017 年社会物流总额达 71 105.0 亿元，比 2016 年增长 11.3%，其中，北京市进口货物额和外省市流入货物额占到物流总额的 79.1%。在“十三五”期间，北京 2018 年社会物流总额达 77 720.2 亿元，比 2017 年增长 9.3%。北京的消费特点是以进为主，消费城市特征非常明显。因此，一方面，北京努力发展商业物流，特别是加强物流节点与共同配送平台的建设和线路衔接等，以此来支撑、保障城市商业物流的发展；另一方面，面对大宗货物流进入的物流通道的问题，北京要建立完整、顺畅的区域物流网络，促进城市物流协调发展。

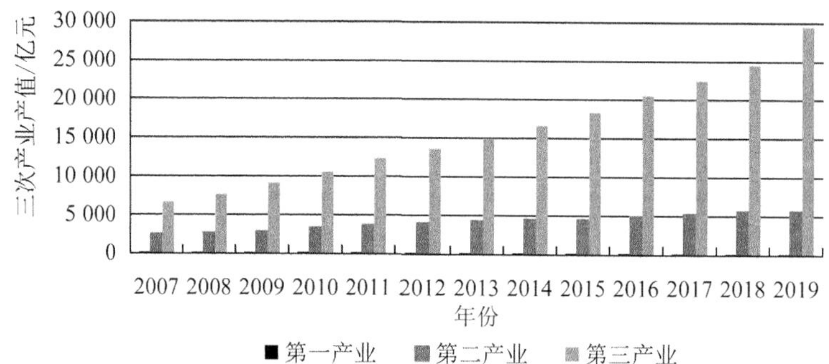

图 3.1 2007～2019 年北京三次产业产值

（资料来源：北京市统计局，国家统计局北京调查总队. 北京统计年鉴 2019[M]. 北京：中国统计出版社，2020.）

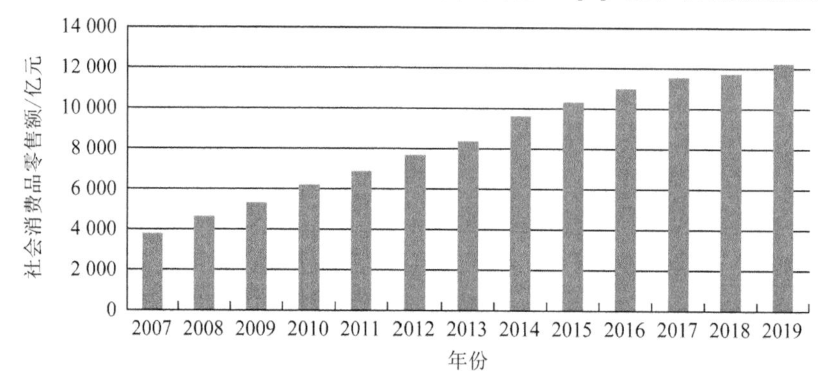

图 3.2 2007～2019 年北京社会消费品零售额

（资料来源：北京市统计局，国家统计局北京调查总队. 北京统计年鉴 2019[M]. 北京：中国统计出版社，2020.）

表 3.1 2007～2019 年北京居民消费水平 （单位：元/人）

年份	2007	2008	2009	2010	2011	2012	2013	2014	2015	2016	2017	2018	2019
居民消费水平	18 553	20 113	22 023	24 982	27 760	30 350	33 337	36 057	39 200	48 883	52 912	39 843	43 038

资料来源：北京市统计局，国家统计局北京调查总队. 北京统计年鉴 2019[M]. 北京：中国统计出版社，2020.

3.1.2 北京城市物流基础设施情况

“十二五”时期物流规划空间布局的思路是，继续完善“三环、五带、多中心”物流节点空间布局，加强物流通道建设，打造便捷高效、辐射力强的区域物流网络体系。在高质量完成“十二五”计划的基础上，“十三五”时期物流规划是以保障民生需求和城市运转为根本出发点，把握“京津冀协同”和“一带一路”建设机遇，进一步推动业态创新，加快专业化体系建设、促进产业转型升级、提高示范引领能力。具体内容如下：

1）公路运输系统。其主要组成内容包括：16 条放射性公路；六环路（城市过境货运通道）；二环至五环城市环路、快速路、联络线和城乡道路；13 个货运主枢纽站场和货运场站；相当规模的道路货运企业及运输车辆。北京市中心城道路网、形成了环路、方格网和放射线相结合的布局。东西长安街、平安大街、广安大街、前门大街 4 条横贯东西以及东单南北线、西单南北线 3 条纵贯南北的主干路，2 条高速公路环路、3 条快速环路、2 条快速路联络线和 17 条快速路放射线，构成了北京中心城道路系统的骨架。高速公路网系统则由京沈高速、京秦高速、京沪高速、京台高速、京港澳高速、京昆高速、京藏高速、京新高速、京开京承高速、机场高速、京津高速、京平高速、京密高速、京通快速路、京通通燕联络线、五环路、六环路、机场北线、第二机场高速、密采高速等 20 条公路组成，另外有 15 条在规划中的公路。

2）铁路运输系统。其主要组成内容包括：6 个铁路货运站及丰台铁路货运编组站；2 个铁路集装箱中心（昌平马池口等）；122 个铁路货站；多个铁路集货中心；众多货运列车；众多铁路专用线，铁路货运托运和地面配送系统；城际和城市轨道交通系统。

3）航空运输系统。其主要组成内容包括：首都机场（T1、T2、T3）、南苑机场、大兴机场；连接国内外的全货运航班、邮政运输航班和客运航班腹舱带货系统；航空运输货物托运与地面配送网络。

4）水路运输系统。北京没有成规模的水路货运系统，但进出北京的海运货物可以通过天津港、唐山港、曹妃甸港等沿海港口实现外运，而且，北京是天津港等沿海港口的主要内陆经济腹地。

5）管道运输系统。北京有大型复杂的多种管道运输系统，包括各种输水、输油、输气、输电、输液管道、渠道和线路，水库、蓄水池、储油库、储气库、储气罐、储液罐、储液池、变电站等存储和加工设施，分别承载和处理水、油、气、电、化工液体等，这些系统相对专业和独立，但也是北京综合运输体系的重要组成部分，一般要使用特种运输车辆进行城市末端配送，使用特种装备进行装卸、搬运和加工，与城市其他运输方式进行联合运输。

为了发展城市物流，北京还规划建设了与上述运输系统配套的物流基地系统。其主要组成内容包括 4 个物流基地（顺义空港、通州马驹桥、房山良乡、平谷马坊）、9 个物流中心（五里店、首钢建材、怀柔新城、十八里店、王佐、宋庄、顺义李桥、马池口、清河等）、15 个配送中心（丰台南苑、丰台榆树庄、大红门、玉泉营、房山石楼、朝阳双桥、四道口、昌平福田汽车配送中心、三台山、百子湾、朝阳楼梓庄、豆各庄、顺义仁和镇、海淀田村、白盆窑等）。

以上物流基础设施是北京长期建设、逐步形成并完善的物流基础设施系统，目前已经形成了北京三次产业产值的每一元产值所需的各种商品都要一次或多次地经由这些物流基础设施来处理。北京物流基础设施的规模和档次位居全国前列，除了稳定地支持了北京经济发展和人民生活对物流的需求之外，北京物流基础设施的运行与管理系统还成功地经受了 2003 年抗击“非典”、2008 年支援汶川抗震救灾、2008 年北京奥运会、2009 年中华人民共和国成立 60 周年庆典、2019 年中华人民共和国成立 70 周年庆典、2020 年抗击“新冠肺炎”等大型活动的检验，说明北京的物流系统运行是可靠、安全、高效的，为国家功能的发挥做出了贡献，也为全国其他城市举办大型活动进行物流设施设备网络规划、物流系统日常组织与运行、应急物流调度提供了可贵经验。

3.1.3 对北京城市物流发展的评价

作为我国超大城市，北京的社会消费品零售总额居全国之首，对城市物流有巨大需求。“十二五”期间，北京以建立商贸物流产业体系和保障、提高人民生活水平为出发点；“十三五”期间，北京以保障民生需求和城市运转为出发点。近年来，北京对外来消费的吸引力增强，居民收入水平逐步提高。尤其是互联网技术的迅速发展，为城市物流提供了极大的便利，提高了北京城市物流的效率，降低了城市物流成本。但是，北京的交通、人力资源成本高，水资源匮乏，交通道路拥挤的问题并未得到实质性的解决，交通拥堵、环境污染的问题较为严重，因此要求其城市物流加快转型，实现“集约式、信息化”发展，进一步提高第三方物流的服务能力。

3.2 上海城市物流发展现状

3.2.1 上海城市物流规模情况

随着上海三次产业产值的快速增长以及人民生活水平的不断提高，城市经济不断拉动城市物流的发展。2007～2019 年，上海三次产业产值保持增长趋势，但产值增速逐年下降，由 2007 年的 15.2%下降到 2019 年的 6.0%（图 3.3）；第三产业的比重也不断增加，到 2019 年，第三产业占上海三次产业总产值的 72.7%，如

图 3.3 所示；人民生活水平不断提高，居民消费水平平均增长率为 8.7%，2019 年达到 45 605 元/人（表 3.2）；社会消费品零售总额翻两番，从 3 873 亿元增长到 13 497 亿元，呈不断增长趋势（图 3.4）。《上海市现代物流业发展“十三五”规划》中提出，到 2020 年，要将上海建设成有全球影响力的国际物流枢纽城市和供应链资源配置中心，形成体现“智慧互联、高效便捷、绿色低碳、高端增值”特征的物流业发展新模式，实现物流业对建设“四个中心”和社会主义现代化国际大都市目标有力支撑，显著提高城市物流对城市运行和民众生活保障能力。

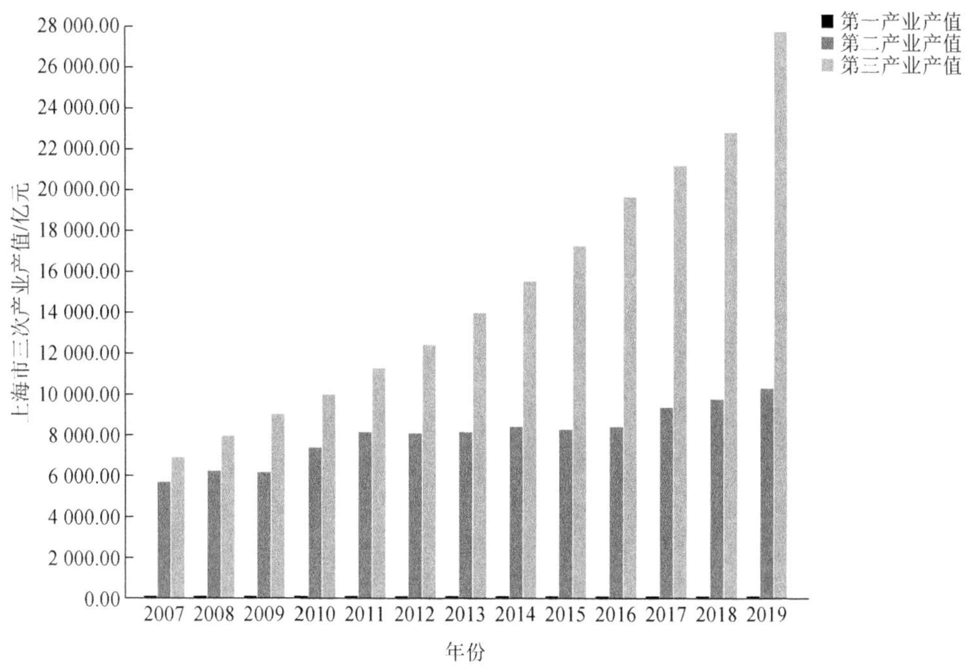

图 3.3　2007～2019 年上海三次产业产值

（资料来源：上海市统计局，国家统计局上海调查总队．上海统计年鉴 2019[M]．北京：中国统计出版社，2019；上海市统计局，国家统计局上海调查总队．2019 年上海市国民经济和社会发展统计公报[EB/OL]．http://tjj.sh.gov.cn/tjgb/20200329/05f0f4abb2d448a69e4517f6a6448819.html，2020.）

表 3.2　2007～2019 年上海居民消费水平　（单位：元/人）

年份	2007	2008	2009	2010	2011	2012	2013	2014	2015	2016	2017	2018	2019
居民消费水平	17 255	19 398	20 992	23 200	25 102	26 253	28 155	30 520	34 784	37 458	39 792	43 351	45 605

资料来源：上海市统计局，国家统计局上海调查总队．上海统计年鉴 2019[M]．北京：中国统计出版社，2019；上海市统计局，总队居民收支调查处．2019 年居民人均可支配收入及消费支出[EB/OL]．http://tjj.sh.gov.cn/ydsj71/20200121/0014-1004407.html，2020.

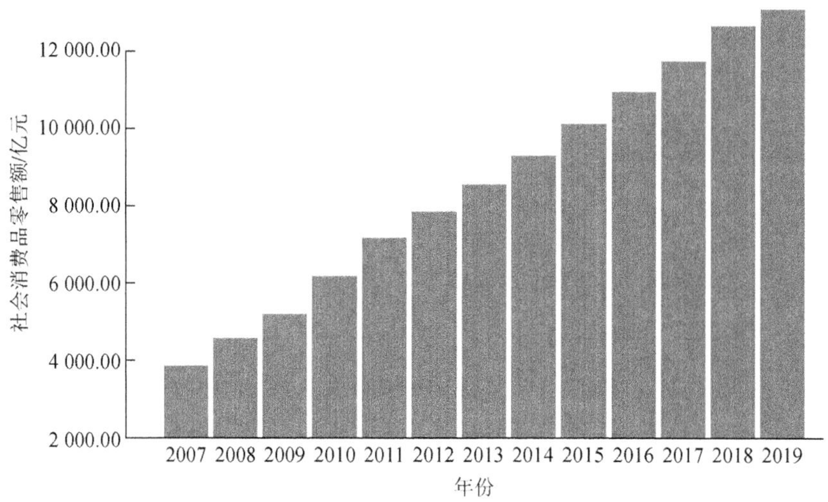

图 3.4 2007～2019 年上海社会消费品零售总额

（资料来源：上海市统计局，国家统计局上海调查总队. 上海统计年鉴 2019[M]. 北京：中国统计出版社，2019；上海市统计局，国家统计局上海调查总队. 2019 年上海市国民经济和社会发展统计公报[EB/OL]. http://tjj.sh.gov.cn/tjgb/20200329/05f0f4abb2d448a69e4517f6a6448819.html，2020. ）

上海城市物流具有综合性物流的特点，既具备消费型物流城市的特点，又被国家定位为航运中心城市。这主要是由上海得天独厚的地理位置决定的。2010 年，上海的城市物流增加值为 2 037 亿元，占第三产业增加值的比例达 13%；另外，2015 年上海货运总量为 91 239 万 t（表 3.3）。2015 年，上海港口货物吞吐量近 72 亿 t，均居世界第一，装箱吞吐量超过 3 600 万标准箱；浦东国际机场的航空货邮吞吐量居世界第三，航空货邮吞吐量达到 327 万 t。近几年，上海港口货物吞吐量持续走高，至 2019 年，上海港口货物吞吐量达到 72 031 万 t，集装箱吞吐量达到 4 330 万国际标准箱，其中国际中转比例占到 10.8%，位居世界前列。2019 年，上海货运总量达 140 140 万 t，其中，港口货运量明显增加，自 2007 年以来已突破 20 000 万 t，至 2019 年达 30 531 万 t；而铁路货运量缓慢减少，至 2019 年已降至 472 万 t。

表 3.3 上海货运总量表 （单位：万 t）

年份	货运总量	铁路	公路	水运	港口	民用航空
2007	78 108	1 143	35 634	41 041	12 575	290
2008	84 347	1 012	40 328	42 729	12 197	305
2009	76 967	941	37 745	37 983	11 916	298
2010	81 023	959	40 890	38 803	15 172	371
2011	93 318	888	42 685	49 389	16 044	356

续表

年份	货运总量	铁路	公路	水运	港口	民用航空
2012	94 376	825	42 911	50 302	17 491	356
2013	91 535	694	43 809	46 697	15 255	335
2014	90 341	549	42 848	46 583	16 541	361
2015	91 239	471	40 627	49 770	18 145	371
2016	88 689	461	39 055	48 787	18 912	387
2017	97 257	472	39 743	56 619	23 871	423
2018	107 387	468	39 595	66 906	28 213	418
2019	140 140	472	38 750	69 981	30 531	406

3.2.2　上海城市物流基础设施情况

上海要建成金融、贸易、国际经济与航运中心，就必须从以“留”为主转变为以“流”为主来配置生产要素，把发展城市物流作为战略重点。随着上海交通基础设施建成，其深水港物流园区的水陆中转、海铁联运及国际中转能力稳步提升；西北综合物流园区的城市配送物流服务功能也进一步提高；其以制造业配套为核心，发展四个专业化物流基地也有实质性的进展。这些都为上海发展物流产业打下了基础。目前，上海相关物流基础设施包括航空运输系统、铁路运输系统、公路运输系统、水路运输系统，具体内容分别如下：

1）公路运输系统。公路有形成 “四桥四隧”和内外环线南北高架，多条高速公路与国道干线辐射全国各地，如京沪高速公路、沪蓉高速公路、沈海高速公路、沪陕高速公路、沪渝高速公路、沪嘉高速公路、沪昆高速公路、沪宜公路、曹安公路、沪青平公路、沪杭公路、沪太公路、沪南公路、上川公路等，高速公路网基本建成。

2）铁路运输系统。铁路包括沪杭主线、沪宁主线和 15 条支线，如淞沪铁路、沪宁铁路、沪杭甬铁路、沪宁城际铁路等。

3）水路运输系统。上海是中国最大的港口城市。从上海港出发的客货轮，出海可抵世界上 400 多个港口。水路拥有 138 个公用码头生产泊位、273 个生产专用泊位、2937 个内港泊位码头，外高桥港区六期和洋山深水港三期基本建成使用，形成了水水联运、水陆联运。

4）航空运输系统。虹桥国际机场、浦东国际机场的扩建工程完工并投入运营。上海洋山港的货运吞吐量在我国位居榜首，同时也在世界上排位前列，是年增长速度最快的运输系统。

3.2.3　对上海城市物流发展的评价

经过数十年的努力，上海城市物流配送体系基本建设完成。政府推进产业结构升级，不断改善城市配送网络，构建覆盖城乡居民的城市物流配送网络；大力支持供应链管理设备技术，积极扶持第三方物流，提升第三方物流的专业服务能力，将上海打造成为供应链管理与服务中心，拓展全国范围内的生产、销售服务网络；上海依托便利的交通条件，依靠电子商务企业和快递企业，提高城市配送网络建设和服务管理能力，形成快速响应城市居民消费需求的管理模式，并形成辐射长三角周边城市的良好格局；城市物流基地建设在全国范围内卓有成效；上海的“绿色物流”建设得到较快发展，节能减排技术得到广泛应用；上海建设了综合性物流配送中心和商贸物流中心，提高物流配送和转运效率，减少流通环节、减少中间费用，增强了其作为物流与供应链管理中心的服务能力。

3.3 广州城市物流发展现状

3.3.1 广州城市物流规模情况

广州是典型的“服务型”物流城市，对国外和国内其他城市的商品供应做出了巨大贡献。2011～2019 年，广州三次产业产值以每年 9.8%的增速不断增长，2019 年广州三次产业产值为 16 923.23 亿元（图 3.5），成为全国经济总量超 1.5 万亿元的城市；第三产业的比重也不断增加，2011 年第三产业的比重为 60.4%，2019 年第三产业达到 73.7%；2011 年以来，社会消费品零售总额平均以 11.9%速度增长，2019 年社会消费品零售总额达到 9 975.59 亿元（图 3.6），居民消费水平逐步提高（表 3.4）。

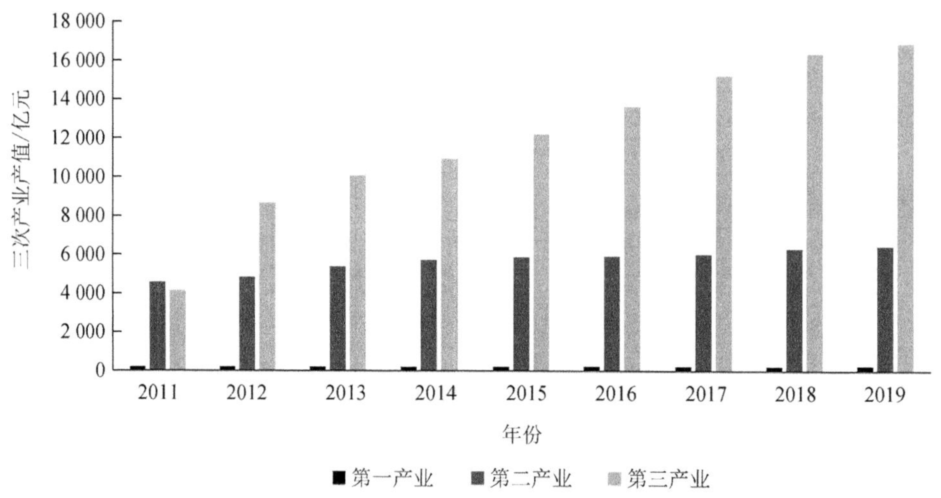

图 3.5 2011～2019 年广州三次产业产值

（资料来源：广州市统计局，国家统计局广州调查总队．广州统计年鉴 2019．北京：中国统计出版社，2019．）

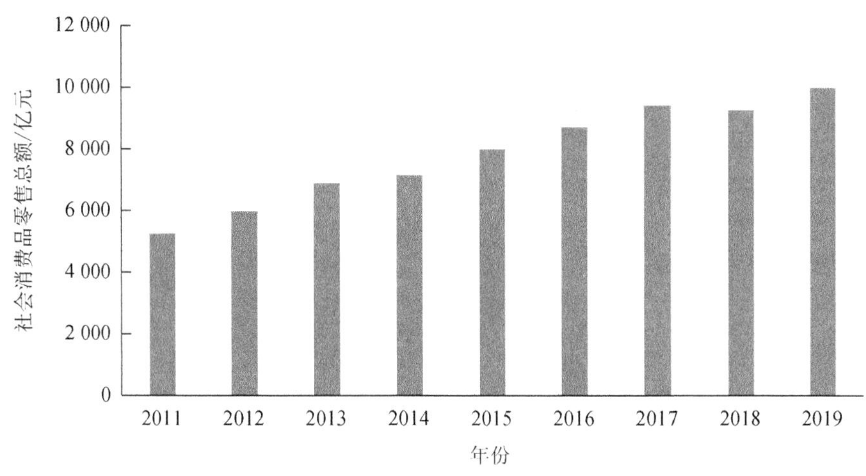

图 3.6　2011～2019 广州社会消费品零售总额

（资料来源：广州市统计局，国家统计局广州调查总队．广州统计年鉴 2019．北京：中国统计出版社，2019．）

表 3.4　2011～2019 年广州居民消费水平　（单位：元/人）

年份	2011	2012	2013	2014	2015	2016	2017	2018	2019
居民消费水平	34 215	38 054	42 029	47 770	52 159	54 832	57 246	59 982	65 052

资料来源：广州市统计局，国家统计局广州调查总队．广州统计年鉴 2019[M]．北京：中国统计出版社，2019．

3.3.2　广州城市物流基础设施情况

2015 年，广州地区重点交通项目进展顺利，进一步完善了与国家中心城市相适应的现代综合运输体系。

1）公路运输。强化交通先行官作用，聚焦打造大湾区“1 小时交通圈”和提升城市道路内联外通水平，全力推进完善大湾区城市群快速交通网络。市域高速公路通车里程达到 1 030km，城市道路新增通车里程 45km。加快推进从埔高速、南中高速、增佛高速、机场第二高速、花莞高速、广佛肇高速等 21 个高速公路规划建设，南沙大桥建成通车，街北高速扩建、从埔高速先行段开工，建设交通运输邮政业迈向高质量发展有新的进步。

2）铁路运输。新增地铁运营里程 37km，实现地铁 21 号线、8 号线北延段开通初期运营。大力推动公路、铁路等多式联运重点投资建设项目的建设，以广州港集团为主体的港口型国家物流枢纽成功列入首批国家物流枢纽建设名单，广州港南沙港区粮食及通用码头泊位扩建、南沙疏港铁路、广州港南沙港区四期工程等重点多式联运节点工程顺利推进。

3）航空运输。广州空港经济区已经形成了航空维修制造、航空物流、飞机租赁、跨境电商等产业集群；广州白云国际机场三期扩建工程正式启动；与此同时，湛江机场、韶关机场、揭阳潮汕机场，以及包括深圳机场在内的珠三角各个机场均在同步扩建或迁建，广州将形成珠三角地区 5 个机场与粤东西北地区 4 个机场协同发展的“5+4”骨干机场群。

4）水路运输。广州港南沙港区粮食及通用码头泊位扩建工程正式开工；广州琶洲港澳客运口岸码头项目正式动工，助力建设粤港澳大湾区水上新通道，进一步提升国际一流湾区和世界级城市群的互联互通水平。

广州货运量增加得益于逐步完善的运输网和货运设施建设。广州正逐步完善公路运输网，其货运量呈逐年增长趋势。2011～2019 年，公路货运量从 39 696 万 t 增长到 88 351 万 t。与地方经济快速发展和社会货运总量快速上升成反方向发展，其铁路在广州货运市场中占的份额非常小。2011 年，铁路货运发送量占社会货运总量的 9.92%，远低于全国同期平均水平；2019 年，铁路货运量为 2 105 万 t，相比 2011 年减少 67.3%。2011 年，全球航空货运量受到美国经济低迷的影响，中国广州白云国际机场货运量增速放缓。到 2019 年，中国香港机场和上海机场分别以 480 万 t 和 415 万 t 位居世界第一和第三；而 2019 年广州民航货运量达到 140 万 t，仍与香港机场、上海机场存在较大差距。2011～2019 年，广州港货物吞吐量从 44 770 万 t 增长到 62 500 万 t，年均增长 5.4%。各项数据如表 3.5 所示。

表 3.5　2011～2019 年广州货运输量及广州港货物吞吐量　（单位：万 t）

年份	公路货运量	铁路货运量	航空货运量	广州港货物吞吐量
2011	39 696	6 441	91	44 770
2012	52 697	6 029	99	45 125
2013	59 142	6 137	102	47 267
2014	66 040	5 324	114	50 097
2015	71 284	4 811	116	52 096
2016	76 375	4 884	125	54 437
2017	77 099	1 822	132	59 012
2018	82 032	1 989	137	61 313
2019	88 351	2 105	140	62 500

资料来源：广州市统计局，国家统计局广州调查总队．广州统计年鉴 2019[M]．北京：中国统计出版社，2019.

3.3.3　对广州城市物流发展的评价

从上述分析可知，广州交通发达、物流硬件设施比较齐全，且已经具备发展物流经济的物质基础和需求环境。首先，广州作为广东省会和珠江三角洲中心城市，是广东货物去往全国的必经之地。广州发出来的货一般以电器、衣服、皮具、各种生产物资等产品为主。外地货物来到广东一般是以生活物资、产品原材料为主。其次，广州在公路、空运、航运这几种方式上有传统上优势，它是全国三大空运中心、四大铁路枢纽之一。最后，广州城市物流的起点早，但其城市物流的发展水平参差不齐。城市货运公司进入门槛不高，从业人员素质高低不同，行业里既有一些全国闻名的大型物流公司，也有管理极其不规范的个体户。广州城市物流未来的发展应结合传统城市物流的特点，将信息、管理各方面先进的资源加以融合，形成先进的管理方法，并提高城市物流的品牌信誉、管理水平、赢利水平。

3.4　深圳城市物流发展现状

3.4.1　深圳城市物流规模情况

深圳经济发展的步伐加快。2007～2019 年，深圳生产总值、社会消费品零售总额逐年上升，第三产业迅速发展，居民消费水平不断提高，从而产生强大的需求带动城市物流不断发展。2007～2019 年，深圳三次产业产值总量以年均 14%的速度递增，如图 3.7 所示；2019 年深圳第三产业对经济增长的贡献率的比重为 60.9%；2007～2019 年深圳的社会消费品零售额增加三倍多，从 1 930.805 亿元增长到 6 582.85 亿元，年均以 10.76%的增长速度增加，如图 3.8 所示。

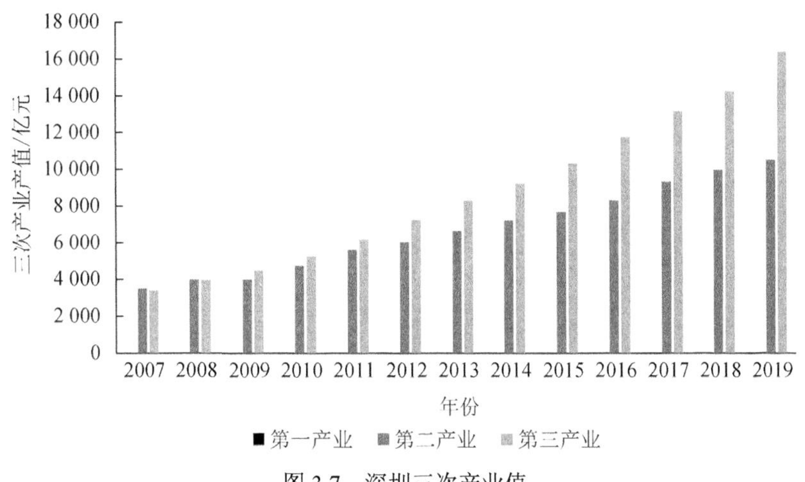

图 3.7　深圳三次产业值

（资料来源：深圳市统计局，国家统计局深圳调查总队．深圳统计年鉴 2019[M]．北京：中国统计出版社，2019．）

深圳是全国率先发展城市物流的典型代表和“排头兵”，深圳的城市物流属于“服务型”物流。2000 年，深圳提出加快发展城市物流的战略，将城市物流确定为其三大支柱产业之一，并将其写入《深圳市国民经济和社会发展第十个五年计划纲要》。根据其经济与社会的特点，深圳城市物流产业的科学规划和建设，城市综合竞争力得到了极大提高。据深圳市物流行业协会统计，深圳城市物流增加值近年来增长迅速，年均增长率达到了 12%，且其拥有各类物流企业，如从事仓储、运输、货代等业务的共计 140 000 余家，其中 40 家物流企业年营业额超过 1 亿元。近年来，深圳物流企业围绕“走出去”战略，不断转变发展方式，拓展发展空间。2007～2019 年深圳货运量及机场货邮吞吐量逐年增加，如表 3.6 所示。到 2019 年，深圳货运量达 34 219 万 t，其中公路货运量占 74%。

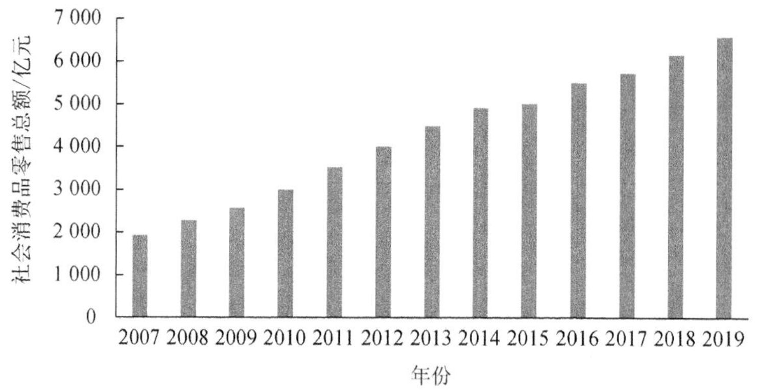

图 3.8 2007～2019 年深圳社会消费品零售总额

（资料来源：深圳市统计局，国家统计局深圳调查总队．深圳统计年鉴 2019[M]．北京：中国统计出版社，2019．）

表 3.6 2007～2019 年深圳货运量及机场货邮吞吐量 （单位：万 t）

年份	货运量	机场货邮吞吐量
2007	13 678	62
2008	19 568	60
2009	22 367	61
2010	26 175	81
2011	28 901	83
2012	30 335	85
2013	29 617	91
2014	29 384	96
2015	32 475	101
2016	31 164	113
2017	32 269	116
2018	32 764	122
2019	34 219	128

资料来源：深圳市统计局，国家统计局深圳调查总队．深圳统计年鉴 2019[M]．北京：中国统计出版社，2019．

3.4.2 深圳城市物流基础设施情况

根据《深圳市现代物流业发展“十三五”规划》的深圳城市总体规划要求，结合深圳市城市物流发展趋势，加快整合和盘活资源，强化集约与高效发展，加快形成城市物流发展的“3521”（三个基地、五类园区、两类中心、一张网络）空间布局。

目前深圳市相关物流基础设施包括铁路运输系统、公路运输系统、水路运输系统、航空运输系统。具体内容如下。

1）铁路运输系统。有效衔接深港铁路，促进内地铁路网络与香港铁路网的进一步融合。加快北站交通枢纽工程、厦深铁路跨珠江铁路通道建设、东站综合交通枢纽以及铁路集装箱中心站建设，打造深圳至厦门、长沙 3 小时铁路交通圈，深圳至北京、天津的 12 小时铁路交通圈、深圳至武汉、福州 5 小时铁路交通圈。

2）公路运输系统。按照“七横十三纵”交通网格局，推进国道 205 深圳段工程、广深沿江高速公路机场连接线、广深沿江高速公路深圳段、南坪快速路、大铲湾港区疏港专用通道、盐田港疏港专用道、深中大桥规划建设、龙盐快速等公路通道项目。

3）水路运输系统。推进深圳东港口、西港口后方陆域综合服务区规划和建设，加强港口集装箱集中堆放管理，提供拖车缓冲、检修等服务和火车集结、编组等作业，并拓展单据交换和金融服务等港口物流衍生增值服务。加快推进福田综合交通枢纽、福田口岸综合交通枢纽及配套工程、前海湾综合交通枢纽工程、深圳湾口岸综合交通枢纽及配套工程等项目，强化交通枢纽交通组织和运营协调功能。

4）航空运输系统。深圳机场被中国民用航空总局定位为华南航空货运及快件集散中心。深圳宝安机场跑道两条，根据 2017 年 8 月机场官网信息显示，机场共有飞行区面积 770 万 m^2，航站楼面积 45.1 万 m^2，机场货仓面积 166 万 m^2；新航站楼占地 19.5 万 m^2，共有停机坪 199 个（廊桥机位 62 个）；共有 2 条跑道，其中第二条跑道长 3 800m、宽 60m；航线总数 188 条，其中，国内航线 159 条、国际航线 30 条；通航城市 139 个，其中国内城市 112 个、国际城市 27 个。2018 年 5 月，深圳宝安国际机场获“世界十大美丽机场”桂冠；2019 年吞吐量全国排名第五。

3.4.3 对深圳城市物流发展的评价

近年来，深圳物流发展取得了一定成果，现代物流基础设施、物流服务能力等得到显著提高，但是城市物流设施、节点布局等都需要进一步改善。“十三五”规划指出，深圳航运航空功能枢纽功能有待增强。近年来国内外港口竞争加剧，海港航线资源与集装箱货源抢夺激烈，深圳港集装箱吞吐量增速逐步放缓，未来深圳港依靠规模发展的优势可能遭遇瓶颈。深圳机场的国际航线仍然短缺，国际航线网络尚不完善，国际航空货邮服务仍有较大改善空间。物流信息化和物流技术应用水平有待提高。与全球发达物流枢纽城市相比，深圳物流信息平台的建设及运用水平仍然不高，开展物流信息平台建设的企业数量不多，现有信息平台间的数据互联互通暂未实现。传统物流仓储、运输类企业的自动化、智能化水平仍有较大提升空间，对物流追踪与货物管理、智能调度与高效储运等技术的运用有待进一步普及。社会物流成本不断攀升。物流企业大多属于中小微企业，普遍存在融资难、融资贵的难题。受企业员工工资、仓储租金上涨等因素影响，生产要素成本不断上升。营改增政策的实施，也提高了部分物流企业的经营成本。物流公共设施保障相对不足。物流业作为国民经济基础性产业，公共设施保障能力是城市经济整体运行的重要前提。然而，深圳土地空间资源紧缺，仓储等基础物流、城市共同配送、快递分拨中心及末端服务场所等民生物流土地供给存在较大缺口。部分物流园区功能变更，需要转型升级以适应现代物流业发展的要求。物流通道能力需要进一步提升，以满足物流日益增长的设施需求。

3.5 城市物流发展存在的主要问题

虽然各地城市物流发展取得一定成果，但是受到生产与流通方式的影响，各地城市物流存在信息不对称、货源封闭、物流资源配置的市场化程度不高等问题，其需求实现方式与资源配置之间的矛盾还需进一步改善。

3.5.1 货运车辆运输与城市物流政策限制之间的矛盾

道路货运是城市物流的核心，是道路货运的主要形式。在以城市配送为特征的物流体系中，道路货运业尤为重要。一方面，由于道路货运有机动灵活、适应性强、方便组织、可以实现门到门服务等一系列优点，道路货运企业都倾向于采取道路运输进行货运；另一方面，城市内配送的业务量比较多，更适合采用道路运输的方式进行货运。随着我国居民消费水平的不断提高，货运量也不断增长。为了缓解城市交通拥堵状况，北京、上海、广州、沈阳、武汉等城市提出了一些限制货运的政策。这些政策有助于缓解城市道路交通拥堵，改善城市环境，但是也会对城市物流的正常运行产生一定的影响。货运通行政策限制的对象是指定的货运车辆，但是这实际上将对城区生活、生产资料的供需对接产生限制，并且影响生产企业、物流企业、批发市场及城市居民的利益。货运通行政策使城市可运行货运车辆减少，降低货运车辆的实际承运能力，从而使城市货运供给量减少。据了解，许多物流公司为了规避货运通行政策的限制，把不受政策限制的客运车改装为货运车进行运输。因此，在考虑这方面的因素后，货运通行政策不但没有缓解城市交通拥堵，反而增加了城市道路上运行的客车改货车的车辆，加剧了城市交通拥堵，而且客车改货车的车辆还可能引发交通安全问题。

3.5.2　运力资源利用率较低，运输效率需进一步提升

1. 营运车辆里程利用率较低

里程利用率是衡量营运车辆运输效率的重要经济技术指标，对营运车辆的节能减排效能也有重要参考意义。我国城市物流以货物配送为主，在运输过程中出现大量返程空载现象，使里程利用率变低。这会导致资源的浪费、道路拥挤等一系列问题。通过分析车辆里程利用率（图 3.9）及不同车辆类型里程利用率平均值（表 3.7），发现里程利用率并不因上述因素的不同而存在本质差异。从调查数据中可以看出，由于货物配送是北京市道路货运业的主要业务模式，物流企业多采用传统的运营模式，同时货物配载信息服务功能较弱，因此车辆空驶情况比较严重，车辆里程利用率整体较低。从车型来看，牵引车里程利用率较高为 77.9%。小型货车、大型货车和重型货车里程利用率差别不大，分别是 63.5%、66.4%和 66.2%。

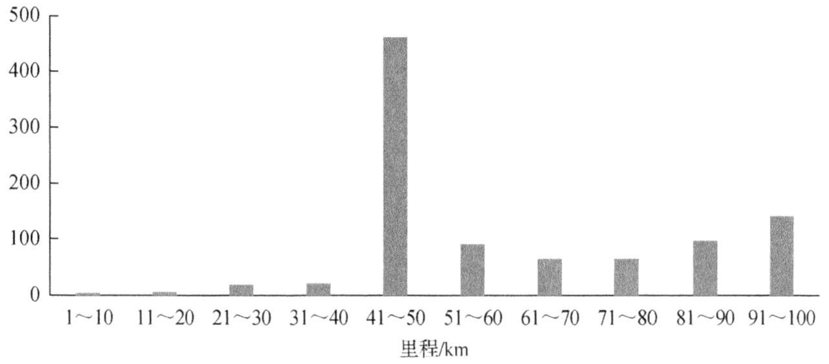

图 3.9　2019 年 9 月调查样本里程利用率频度分布示意图

（资料来源：2019 年北京市道路货物运输量专项调查工作报告。）

表 3.7　不同车辆类型里程利用率平均值　（%）

时间	小型货车	中型货车	大型货车	重型货车	牵引车	平均
2019 年 9 月	63.5	56.7	66.4	66.2	77.9	69.1

资料来源：2019 年北京市道路货物运输量专项调查工作报告。

2. 车辆实载率不高

实载率是表征车辆综合效率的指标。通常采用样本车辆调查期内吨位利用率与里程利用率的乘积计算实载率，具体是指一定时期内实际完成的货物周转量（以吨千米计）占载重吨位与行驶公里数乘积的百分比。在计算时，车船行驶的公里数不但包括载货行驶，也包括空驶。车辆实载率低，表明充分利用运输工具的额

定能力弱，空驶和不满载行驶时间长，导致资源浪费、单位运输成本较高。分析北京市道路货运行业被调查车辆实载率的调查数据，可以看出道路货运行业营运车辆实载率整体不高，主要集中在 40%～60%，平均为 54.4%，货运车辆实载率相对偏低，其产生的原因主要包括两方面：一方面，货运车辆一般从事市内中短途运输，返程往往是空驶，导致车辆行驶中的有效里程偏低；另一方面，由于采取较为严格的交通管理措施，车辆平均超载水平较外省低。

同时，从不同经济性质车辆里程利用率（图 3.10）及不同车辆类型吨位利用率、里程利用率与实载率（表 3.8）的调查数据中可以发现，由于里程利用率没有显著差异，实载率的变化规律与吨位利用率指标所表现出的规律基本相同，即个体车辆由于吨位利用率最高，实载率也最高，专业车辆次之，非专业车辆最低。

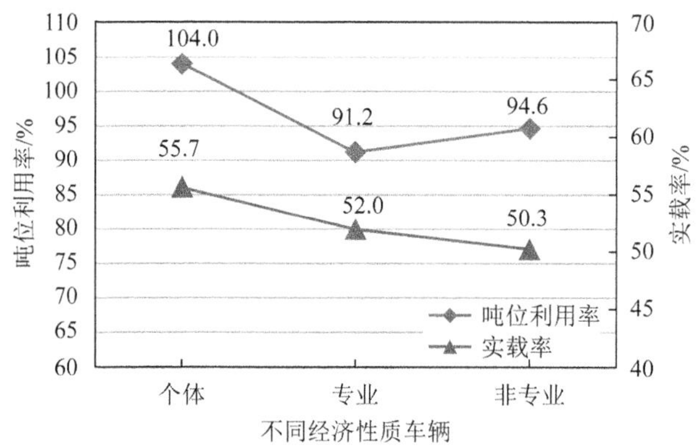

图 3.10　不同经济性质车辆实载率与吨位利用率

（资料来源：北京市交通委员会运输管理局所做的北京市公路货物运输量抽样调查。）

表 3.8　不同车辆类型吨位利用率、里程利用率与实载率

车辆类型	细化层	吨位利用率/%	里程利用率/%	实载率/%
普通货车	吨位≤2t	104.8	47.9	50.2
	2t<吨位≤4t	90.5	48.2	43.4
普通货车	4t<吨位<8t	107.8	49.2	51.9
	8t≤吨位<20t	133.4	49.9	65.3
	吨位≥20t	94.3	51.8	49.6
专用货车	集装箱	80.7	61.8	46.3
	挂车	95.4	49	46.3
	其他	102.1	47.6	48.8
危险货物运输车		88.1	51	43
低速载货汽车		222.2	46.3	101.2

资料来源：北京市交通委员会运输管理局所做的“北京市公路运输量专项调查数据审核评估报告”。

尽管市域运输会造成一定的返程空载现象，从而影响车辆里程利用率和实载率，但是缺乏有效的市内货物配载信息服务也是运力资源利用率不高的重要因素。因此，必须通过加强货运代理等中介公司的服务能力、普及信息技术及公共货运平台的应用，降低返程空载率，提升运力资源的利用效率。

3. 运输成本高、利润率低

合理的运价是调节运输市场的重要经济杠杆。一方面，从市场调节的角度来看，道路运输成本与货运服务需求之间的矛盾较为突出；另一方面，从政府宏观调控的角度来看，北京市道路货物运价整体呈现以下特点。

一是货运价格走低，企业间运价走势趋同。目前国内道路货运市场价格实行市场调节，由企业自主单独定价。市场定价机制与道路货运的需求关联性密切，一般附加值较高的货物对运价的承受能力较强，同时客户企业对相应的道路货运服务需求也维持在较高的水平，能够为高端物流客户提供服务的道路货运和物流企业的运价一般可以更好地体现服务的价值。服务需求较低的客户企业，更关心如何降低运输成本，加上从事简单道路货运服务的经营者数量多，竞争日趋激烈，道路货运价格与价值发生背离的情形更多，一般道路货运价格走低的趋势明显。随着道路货运信息网络技术的应用，道路货运价格信息越来越透明，各企业间运价总体上相差不大呈现走势趋同现象。

二是运输成本高，企业利润率低。调查中的运输型物流企业平均利润率只有3%～5%，远远低于其他类型物流企业的平均利润率水平。运价低迷，直接影响道路货运企业资金链，导致维持企业运输生产和扩大再生产的经济运行不畅。企业为了保住客户和货源，只有增大运输成本或者降低服务质量，这样的结果无论对客户还是对道路货运企业都是不利的，而且还将对道路货运行业经济运行产生长期的负面影响。

三是价格政策对道路货运企业运输成本影响明显。道路货运燃油成本占总运输成本的 40%，对运价形成的影响最大。收费公路通行费对道路货运价格的影响也非常明显。按照运价规则，通常应当由托运人支付收费公路（桥渡）的通行费。但是在实际的运输商务活动中，通行费并未单独计收，实际上由道路货运企业承担。据有关资料显示，收费公路通行费占道路货运企业运输成本的22%～26%。

四是成品油价格和税费改革等优惠政策导致外来货运企业向大城市集中，北京、上海、武汉等大城市的情况更为明显。以北京为例，由于北京未征收过货运附加费，相比外省市道路货运企业，北京道路货运企业在成品油价格和税费改革之后减少的运营成本空间较少，而北京物流和货运市场结构的“流入型”“消费型”

特征，会促使外省市货运车辆以较低价格进入北京物流和货运市场竞争，很可能使北京企业处于相对劣势。目前，北京道路货运市场中的零担货运是外省市快速消费品、耐用消费品、农副产品、医药产品等进入北京市场的主要运输渠道，也是北京对外道路货运中发运、中转货物的主要运输方式。在运输组织模式上，这一类货运主要由北京道路货运和物流企业，或者全国性道路货运和物流企业在北京的运营机构依托自身运输网络组织货源，多利用外省市货运车辆，采用合同、加盟、协作、代理等不同形式从事直接的干线运输。这种运行模式，使得零担货运的组织出现多方参与的经济关系，也受到多方面因素的影响和制约。这些经济关系的变化不仅对运力的供应、运价的涨跌会产生影响，而且还可能对城市经济运行和市场供给产生影响。

3.5.3 城市物流“多、小、散、弱”阻碍城市物流的集约化发展

尽管各城市物流发展取得了一定进展，但是物流企业还存在“多、小、散、弱”的问题，对城市货运道路有较大影响。城市物流“多、小、散、弱”，专业服务能力不强，不能够满足供应链“一体化”的物流需求，此问题在大城市中较为突出，以北京市为例对此问题进行分析，具体如下所述。

“多”——市场经营主体多。北京道路货运市场主体数量年平均 64 813 户，其中个体运输户的比例高达 73.57%（图 3.11）。

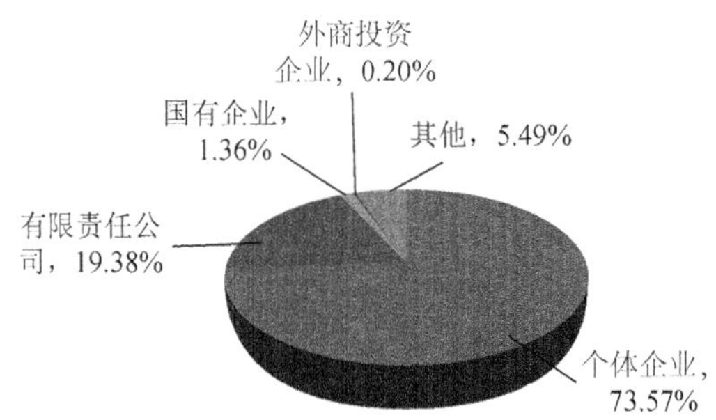

图 3.11　北京道路货运市场主体各经济类型所占比例

（资料来源：2018 年北京市交通委员会运输管理局统计资料。）

“小”——市场主体规模普遍较小，规模在 10 辆车以下的经营者占 96.94%，规模在 50 辆以上的企业仅为 0.54%（表 3.9），北京市道路货运企业户均拥有营运车辆规模为 2.44 辆车，虽高于全国 1.5 辆车/户的水平，但远小于日本等发达国家道路货运企业的平均规模水平（表 3.10）。

表 3.9　北京道路货运企业规模

企业拥有车辆数	企业数/家	所占比例/%
100 辆以上	158	0.28
多于 50 辆少于 100 辆	144	0.26
多于 10 辆少于 50 辆	1 399	2.52
少于 10 辆	53 851	96.94
总计	55 552	100

资料来源：2018 年北京市交通委员会运输管理局统计资料。

表 3.10　北京与日本道路货运企业规模对比

地点	10 辆车以下企业的比例/%	50 辆车以上企业的比例/%	每户平均拥有车辆数/辆
日本	52.9	6	127.47
中国北京	97.6	0.45	2.44

资料来源：2018 年北京市交通委员会运输管理局统计资料。

“散”——道路货运市场经营主体分散，缺乏有较强竞争实力的大型企业。据有关资料显示，美国州际道路货运企业排名前 3 位的企业，按货运量划分的市场份额占 70%，按营业收入划分的市场份额占 80%；而在进入中国 100 强道路货运企业中，除央企以外的北京道路货运企业的年运量最多的也仅 30 多万 t，在北京道路货运年运量中的比重不到 0.2%。

“弱”——道路货运市场经营主体竞争实力弱。由于道路货运企业规模小和个体运输户的大量存在，再加上货运产业组织结构单一、货运代理不发达、站场集疏运能力低等方面原因，尚未形成规模有效的货运组织形式。北京道路货运市场经营主体平均每户完成货运量仅为 2 923t。

城市物流中的道路货运具有网络经济特征，而网络经济特征的充分体现，必须依靠规模经济的产业组织形式的支撑。固然，小规模乃至个体经济的大量存在，并未违背道路货运的市场规律，而城市物流的发展恰恰呈现出个性化、特性化的服务需求。在美国、日本、欧盟等发达国家和地区，道路货运比较合理的产业组织结构形式是少数大型道路货运和物流企业与大量中小道路货运和物流企业共同存在、分工协作、有序竞争。道路货运市场需求的有效满足，与物流成本的不断降低相关，只有不断提高道路货运组织的集约化程度，发展第三方物流才能有效支撑道路货运的网络化、专业化、社会化和规模化经营，才能不断降低物流成本，为社会提供质优价廉的物流服务。

3.6 本章小结

本章以北京、上海、广州和深圳为例，结合当地经济发展状况，对城市物流现状进行全面分析和评价，指出了城市物流发展存在的问题。研究发现，货运车辆运输与城市物流政策限制之间的矛盾，运力资源利用率低以及城市物流存在“多、小、散、弱”的情况阻碍了城市物流健康快速的发展，城市物流需求实现方式与资源配置的矛盾还需进一步改善。

第 4 章　城市产业发展对城市物流系统的影响*

城市物流系统是指在整个城市的大环境中发展物流服务，是为城市范围内的产业发展服务。如果城市物流系统与城市产业发展存在严重不匹配现象，就会使城市物流系统滞后于城市产业的发展，并随之产生交通拥堵、环境污染等问题。因此，在制定城市配送体系的规划或是对城市配送体系进行系统管理时，应该以城市经济和社会发展为基础，考虑城市的产业结构特征、基础设施布局、需求预测及空间结构布局等各方面的因素[104]。总体来看，世界现代发达城市均呈现农业比例持续下降、工业比例有升有降、服务业比例稳步上升的趋势。改革开放以来，中国各大城市的产业结构不断优化和升级，逐步接近世界现代发达城市的产业结构比例，其中北京最为明显，且其相关数据更加完整，获取也比较容易。所以本章以北京为例，基于北京产业结构的特点，对城市产业发展与城市物流系统之间的关系进行研究。

4.1　北京产业结构发展规律

随着经济全球化的不断扩大，我国改革开放进程的不断推进，我国经济也得到了长足的发展。北京作为我国的首都，是国际化大都市，其不仅在整体经济水平上得到了较快的发展，也在产业结构方面不断调整优化。

4.1.1　中华人民共和国成立后到改革开放前

在此阶段，北京的经济建设是以发展大工业为指导思想的。在此指导思想下，北京迅速成为我国重要的新兴工业基地，实现了从“消费城市”向“生产城市”的转变。到 1978 年，北京三次产业产值的结构为 5.15∶71.14∶23.31，第二产业的生产总值占到北京地区生产总值的绝大部分。“大工业”的迅速发展确实为促进北京经济和社会发展做出了重要的贡献，但是也带来了资源消耗过度、生态环境恶化、经济结构不合理等一系列问题，影响了首都功能的发挥。

* 余慧娟．基于产业结构的北京市城市配送体系研究[D]．北京：北京工商大学．2010．

4.1.2 20 世纪 80～90 年代中期

20 世纪 80 年代，党中央和国务院提出“首都经济”的概念和首都城市建设的“两个中心”和“四个服务”。两个中心是指北京为我国的政治和文化中心；四个服务是指为中央机关正常开展工作服务，为日益扩大的国际交往服务，为国家教育、科技和文化发展服务，为市民的工作和生活服务。在这一阶段，北京进一步提高第三产业在三次产业产值中的比重，第二产业的比重不断下降但比重仍保持在第一位，并在全国率先实现农业现代化。到 1993 年，北京市三次产业产值的结构调整为 6.06∶47.35∶46.59，产业结构不断优化。

4.1.3 20 世纪 90 年代后期至今

随着全球化经济的发展及我国改革开放的不断推进，市场经济环境的不断优化，法律法规体系的不断构建和完善，北京完成了从重工业为主导向首都经济的转变。1994 年北京第三产业的生产总值首次超过了第二产业，产业结构完成了从“二、三、一”向“三、二、一”的飞跃，第三产业生产总值占地区生产总值的比重还在不断提升，2006 年第三产业占三次产业产值的比重首次超过 70%，2016 年第三产业占比超过 80%，2020 年三次产业产值的比例为 0.4∶15.8∶83.8，产业结构不断优化。国民经济发展由以工业生产为中心转变为以第三产业发展为中心，第三产业在国民经济中的作用增加，城市产业结构逐渐合理化，但是产业结构升级并没有就此止步。经过对北京工业行业的比较劳动生产率、区位商和综合梯度系数进行分析可知，“北京市产业结构调整的大格局虽然已定，但是主导产业群还在形成之中，所以年度的变化都很大”，“北京以高新技术为支撑的现代制造业产业群已露雏形，在全国的比较优势也已经显现，应该说这就是北京未来二、三产业并进的基础”。

4.2 北京城市配送体系发展规律

随着北京经济发展和城市规模的逐渐扩大，产业布局不断调整，现代服务业快速发展，电子商务技术在更多的领域应用，其城市商业模式呈现多样化，消费方式也发生着巨大的变化，城市经济运行的形态和模式正朝着多元化的方向发展。城市配送已经成为支撑北京正常运行和经济发展的重要手段。

根据北京市交通委员会运输管理局与北京统计信息咨询中心的“北京市四环路内货运需求调查研究”课题研究资料显示，北京四环内的货运量超过全社会道路货运量的 50%。另外，从车辆的平均运距来看，87.3%的车辆均以中短途运输为主，如表 4.1 所示，这表明北京市物流是以城市配送为主要特征的。

表 4.1　北京货运车辆的平均运距及其比例

运距/km	100 以内	100～200	大于 200
车辆比例/%	87.30	8.80	3.90

资料来源：2018 年北京市交通委员会运输管理局所做的“北京市公路运输量专项调查数据审核评估报告”。

城市配送是在城市范围内进行的配送业务活动。目前城市配送已随客户需求变化从“少品种、大批量、少批次、长周期”向“多品种、小批量、多批次、短周期”转变。城市配送体系是以城市配送网络为基础，以信息系统为支持，以政策管理为引导，以提高城市配送服务水平为目标的，因此城市配送体系的发展与各方面的发展都息息相关。

4.3　产业结构与北京城市配送总量的相关分析

城市配送主要以汽车为交通方式，因此本节选取 1978～2015 年的相关数据作为样本，对北京道路货运量和三次产业结构进行相关分析，对城市配送量与产业结构的相关性进行估计。本节将 1978～2015 年分为三个阶段分别进行相关分析来体现不同产业结构对北京城市配送的影响。

相关分析（correlation analysis）是研究随机变量之间的相关关系的一种统计方法，它用统计指标表示事物之间的关系。在相关分析中，相关系数是反映相关关系密切程度的重要指标，通常用 r 表示，它是根据样本值计算的，用于描述相关度和相关方向的统计量。在相关分析中采用的是 Pearson 相关系数，并且进行双侧显著性检验。Pearson 相关系数的符号表示相关关系的方向，其绝对值大小表示相关程度。Pearson 相关系数可以通过式（4.1）计算，其中 X、Y 表示所研究的两个随机变量。

$$r=\frac{n\sum XY-\sum X\sum Y}{\sqrt{\left[n\sum X^2-\left(\sum X\right)^2\right]\left[n\sum Y^2-\left(\sum Y\right)^2\right]}} \tag{4.1}$$

本节研究采用 SPSS 17.0 统计软件对表 4.2 中的统计数据进行相关分析。

表 4.2　1978～2015 年北京市道路货运量及产业产值

年份	道路货运量/万 t	第一产业产值/亿元	第二产业产值/亿元	第三产业产值/亿元
1978	4 023	5.6	77.4	25.8
1979	4 277	5.2	85.2	29.7
1980	4 213	6.1	95.8	37.2
1981	5 498	6.6	92.5	40.1

续表

年份	道路货运量/万 t	第一产业产值/亿元	第二产业产值/亿元	第三产业产值/亿元
1982	5 812	10.3	99.8	44.8
1983	6 016	12.8	112.7	57.6
1984	6 301	14.8	130.7	71.1
1985	5 436	17.8	153.7	85.6
1986	18 794	19.1	165.8	100
1987	19 734	24.3	182.6	119.9
1988	21 308	37.1	221.3	151.8
1989	21 767	38.5	252.2	165.3
1990	23 326	43.9	262.4	194.5
1991	23 739	45.8	291.5	261.6
1992	24 700	49.1	345.9	314.1
1993	26 730	53.7	419.6	412.9
1994	27 700	67.5	517.6	560.2
1995	29 087	73.5	645.8	788.4
1996	29 960	75	714.7	999.5
1997	29 360	77.2	781.8	1 218.1
1998	27 490	77.9	840.6	1 458.7
1999	25 635	78.4	907.3	1 693.1
2000	28 010	79.3	1 033.3	2 049.1
2001	28 007	80.8	1 142.4	2 484.8
2002	28 375	82.4	1 250	2 982.6
2003	28 361	84.1	1 487.2	1 224.5
2004	29 256	87.4	1 853.6	4 092.2
2005	30 050	88.7	2 026.5	4 854.3
2006	30 953	88.8	2 191.4	5 837.6
2007	17 872	101.3	2 509.4	7 236.1
2008	18 689	112.8	2 626.4	8 375.8
2009	18 753	118.3	2 855.5	9 179.2
2010	20 184	124.4	3 388.4	10 600.8
2011	23 276	136.3	3 752.5	12 363.1
2012	24 925	150.2	4 059.3	13 669.9
2013	24 651	159.6	4 292.6	15 348.6
2014	25 416	159	4 544.8	16 627
2015	19 044	140.2	4 542.6	18 331.7

资料来源：北京市统计局，国家统计局北京调查总队．北京统计年鉴 2016[M]．北京：中国统计出版社，2016．

4.3.1　1978～1987 年

如表 4.3 所示，1978～1987 年北京三次产业结构与道路货运量的相关性程度在 0.8～0.9，说明三次产业结构与北京城市配送的相关程度都比较高，其中相关度排序为，第三产业＞第二产业＞第一产业。因为在此阶段，与新中国成立之初大力发展“大工业”不同，北京经济的发展已经开始向“首都经济”转型，第二产业在不断增长的同时，进一步提高第三产业在三次产业产值中的比重。

表 4.3　1978～1987 年北京道路货运量与三次产业结构相关性计算

项目		道路货运量	第一产业	第二产业	第三产业
道路货运量	Pearson 相关性	1	0.810	0.831	0.855
	显著性（双侧）	—	0.004	0.003	0.002
	N	10	10	10	10

注：*N* 为样本量，余同。

4.3.2　1988～1997 年

如表 4.4 所示，1988～1997 年北京三次产业结构与道路货运量的相关性程度均比较高，相关系数都超过了 0.9，说明 1978～1987 年这 10 年间，三次产业结构与北京城市配送的相关性程度有所提升，且对北京城市配送的相关性程度更大。其中相关度排序为，第一产业＞第二产业＞第三产业。这是由于在此期间北京市的经济得到快速的发展，产业结构有了较大调整。其中北京的第三产业增幅较大，从 151.8 亿元上升到 1 218 亿元，增长了 8 倍多，并超过第二产业成为北京的主导产业。但是由于第三产业和第二产业在单位货物产生的货运量上有比较大的差别，在这 10 年间，北京的道路货运量的增长幅度不明显，从 21 308 万 t 上升到 29 360 万 t，仅增长了 37.79%。北京第二产业的增长了 4 倍多，仅有第一产业一直保持较低的增长幅度，所以呈现出第一产业的相关系数高于第二产业和第三产业的情况。

表 4.4　1988～1997 年北京道路货运量与三次产业结构相关性计算

项目		道路货运量	第一产业	第二产业	第三产业
道路货运量	Pearson 相关性	1	0.981	0.960	0.915
	显著性（双侧）	—	0	0	0
	N	15	15	15	15

4.3.3 1998～2015 年

如表 4.5 所示，1998～2006 年北京道路货运量与产业结构的相关性虽然较前 10 年有所降低，但仍具有很高的相关性。近几年（2007～2015 年），北京三次产业结构与道路货运量的相关性程度继续下降，相关系数分别是 0.890、0.722 和 0.594，相关系数排序也发生了改变，第一产业＞第二产业＞第三产业。在此期间，第三产业已经确定为北京市的主导产业并不断的巩固其主导地位，第三产业在北京三次产业产值中的比重约为 80%，虽然第三产业对北京市城市配送的相关性程度越来越低，但是其占比是最大的。因此，北京市的城市配送应该更多根据第三产业的一些特点来考虑北京市城市配送体系的优化。同时第二产业由于道路货运量大，与北京市城市配送的相关性程度也较高，依然是城市配送的重点服务对象。

表 4.5 1998～2015 年北京道路货运量与三次产业结构相关性计算

项目			道路货运量	第一产业	第二产业	第三产业
道路货运量	1998～2006 年	Pearson 相关性	1	0.890	0.905	0.852
		显著性（双侧）		0	0	0
		N	9	9	9	9
	2007～2015 年	Pearson 相关性	1	0.890*	0.722	0.594
		显著性（双侧）		0	0	0
		N	9	9	9	9

注：2007 年道路货运量统计口径发生变化。

* 表示在 0.01 水平（双侧）上显著相关。

相关分析说明，由于北京市城市配送量与产业结构存在正相关关系，所以在研究城市配送体系和社会经济发展问题及制定相关发展战略时，应当对两者进行综合考虑。一方面，在制定北京市社会经济发展战略和规划的时候，应当充分考虑到城市配送在经济发展中的地位，并在资金、政策等方面给予支持，从而带动城市配送业的发展；另一方面，城市配送在发展指导思想和目标等方面要与社会经济发展、产业结构的调整相一致，在配送资源布局、服务质量方面要符合或适度超前于社会经济的发展，从而推动北京社会经济水平的快速提升。

4.4 产业结构变化对北京城市配送量影响的一般模型

前述内容是对产业结构变化对北京城市配送总量的影响进行的回归分析，还需要对产业结构变化对城市配送的商品结构进行进一步的分析。只有对产业结构的变化而引起城市配送商品结构的变化进行深入的分析，并针对城市配送商品结构的特点提供有针对性的服务，才能更好地提升北京市城市配送的服务水平，完善城市配送服务体系的建设。

由于前人的研究几乎没有从产业结构变动的角度入手，来定量分析其对城市配送体系的影响，没有可以直接采用的定量分析的方法。因此，只能通过建立一般的数学模型，综合考虑相关主要因素，建立以产业结构相关因素为自变量，以城市配送量为因变量的数学模型。

由于城市配送实际上是将产品由供应链上游企业输出，输入下游企业中，同一城市配送活动往往会涉及不同的单位甚至是不同的产业。例如，用于农业生产的化肥等原料是工业部门的产出品，一般由工业生产部门输出，输入农业生产部门中，若同时在第一产业和第二产业中分别计算，就会造成重复，为了对城市配送货运量进行标准的统一量化，本节研究以各产业部门的产品输出为同一标准量来进行相关计算。

4.4.1　第一产业城市配送量函数

第一产业以农、林、牧、渔为主，主要产品包括粮食、棉花、花生、芝麻、肉类、各种水果以及水产品等。第一产业的城市配送量是由属于第一产业的各单位输出进入第二、三产业的产品总量，其中不包括单位自留的产品以及运输到北京以外的产品。因此，第一产业的城市配送量的函数为

$$C_1=\sum_{i=1}^{n}Q_{1i}-N\sum_{i=1}^{n}S_{1i}-\sum_{i=1}^{n}O_{1i} \tag{4.2}$$

式中，C_1 为北京第一产业城市配送量；n 为北京第一产业产品种类数；N 为北京进行第一产业生产的农村居民家庭数与企业数之和；Q_{1i} 为北京第一产业第 i 种产品的产出量；S_{1i} 为北京农村居民家庭或企业对第 i 种产品的平均自留量；O_{1i} 为第一产业第 i 种产品运送到北京以外地区的产品量。

设第一产业的基准年产品产量为 Q_0，现产量为 Q_t，增产量增长率为 $\alpha_1=\dfrac{Q_t-Q_0}{Q_0}\times100\%$（若 α_1 为负，则说明产量有所下降）；设自留部分基准年产品数量为 S_0，现自留量为 S_t，则自留部分的增长率为 $\beta_1=\dfrac{S_t-S_0}{S_0}\times100\%$。设基准年运往北京以外地区的产品的数量为 O_0，现在运往北京以外地区的产品数量为 O_t，则运往北京以外地区产品的增长率为 $\gamma_1=\dfrac{O_t-O_0}{O_0}\times100\%$。当产品产量、自留部分及运往北京以外地区产品的数量都发生改变时，北京第一产业城市配送量也会有所变化，其变化值 ΔC_1 为

$$\Delta C_1 = \alpha_1 \sum_{i=1}^{n} Q_{1i} - \beta_1 N \sum_{i=1}^{n} S_{1i} - \gamma_1 \sum_{i=1}^{n} O_{1i} \tag{4.3}$$

则第一产业城市配送量的增长率 μ_1 为

$$\mu_1 = \frac{\Delta C_1}{C_1} = \frac{\alpha_1 \sum_{i=1}^{n} Q_{1i} - \beta_1 N \sum_{i=1}^{n} S_{1i} - \gamma_1 \sum_{i=1}^{n} O_{1i}}{\sum_{i=1}^{n} Q_{1i} - N \sum_{i=1}^{n} S_{1i} - \sum_{i=1}^{n} O_{1i}} \times 100\% \tag{4.4}$$

城市配送量增长率的内涵如下：当第一产业总产量、自留部分数量及运往北京以外地区的产品数量增长率分别为 α_1、β_1 和 γ_1 时，城市配送量相对于基准年的变化率为 μ_1。一般来说，随着经济的不断发展，生产效率不断提高，α_1、β_1 和 γ_1 均为正值，当进行第一产业生产的农村居民家庭数和企业数固定不变时，β_1 相对较小甚至接近于 0。考虑到北京是一个消费型城市，生产的产品主要满足自身消费，γ_1 也相对较小，因此由式（4.4）能得出城市配送量也是正向增长的。

4.4.2 第二产业城市配送量函数

第二产业部门主要包括采矿业、制造业、电力、燃气、供应业和建筑业。其主要产品包括煤炭、石油、天然气及制品、金属、矿石等原材料，食品、饮料、烟草、纺织品、服装等轻工业产品，以及医药、机械设备等产品。由于第二产业生产出的产品既可以流向第一产业和第三产业，也可以流向第二产业内部，因此，对第二产业的城市配送量要从微观角度出发，以各生产企业为单位。第二产业城市配送量的函数为

$$C_2 = \sum_{i=1}^{m} (Q_{2i} - S_{2i} - O_{2i}) \tag{4.5}$$

式中，C_2 为北京第二产业城市配送量；m 为北京第二产业的企业或部门数；Q_{2i} 为北京第二产业第 i 企业或部门生产的产品总量；S_{2i} 为第二产业 i 企业或部门生产出产品的自留量；O_{2i} 为第二产业第 i 种产品运送到北京以外地区的产品量。

当第二产业的总产量、自留部分及运往北京以外地区产品的数量变动时，城市配送量也跟着变化。设第二产业的总产量、自留部分及运往北京以外地区产品的数量的增长率分别为 α_2、β_2 和 γ_2，第二产业城市配送量的变化量 ΔC_2 为

$$\Delta C_2 = \alpha_2 \sum_{i=1}^{m} Q_{2i} - \beta_2 \sum_{i=1}^{m} S_{2i} - \gamma_2 \sum_{i=1}^{m} O_{2i} \tag{4.6}$$

则第二产业城市配送量的增长率 μ_2 为

$$\mu_2=\frac{\Delta C_2}{C_2}=\frac{\alpha_2\sum_{i=1}^{m}Q_{2i}-\beta_2\sum_{i=1}^{m}S_{2i}-\gamma_2\sum_{i=1}^{m}O_{2i}}{\sum_{i=1}^{m}(Q_{2i}-S_{2i}-O_{2i})}\times 100\% \tag{4.7}$$

城市配送量的增长率 μ_2 与第二产业的总产量增长率 α_2 正相关，与自留部分增长率 β_2 和运送到北京以外地区产品的数量的增长率 γ_2 都为负相关，即其他条件不变时，当第二产业的总产量增加或减少时，城市配送量也同样变化；当自留部分或者运送到北京以外地区产品的数量其中一个增加时，城市配送量会有所减小，反之则增加。

4.4.3　第三产业城市配送量函数

第三产业包括除了第一、二产业外的所有部门，主要是服务性产业，如交通运输、仓储和邮政业、批发零售业、金融业、住宿和餐饮业等。第三产业虽然并不生产产品，但同样也有城市配送的需求。例如，商贸零售企业虽然自己不生产产品，但为了满足消费者的需要，企业需要将产品由买卖经营场所运送到消费者指定的场所（消费者自提产品除外）。由于连锁商店、B2B、B2C、C2C①等各种新的经营模式的出现，第三产业对城市配送的需求也越来越多。第三产业的城市配送量的函数表示为

$$C_3=\sum_{i=1}^{l}(Q_{3i}-O_{3i}) \tag{4.8}$$

式中，C_3 为北京第三产业城市配送量；l 为北京第三产业的企业或部门数；Q_{3i} 为北京第三产业第 i 企业或部门输出的产品总量；O_{3i} 为第三产业第 i 种产品运送到北京以外地区的产品量。

当第三产业的产品输出量和运往北京以外地区的产品量发生变化时，北京第三产业的城市配送量也会变化。设第三产业产品输出量和运往北京以外地区的产品量的增长率分别为 α_3 和 γ_3，则第三产业城市配送量的变化量 ΔC_3 为

$$\Delta C_3=\alpha_3\sum_{i=1}^{l}Q_{3i}-\gamma_3\sum_{i=1}^{l}O_{3i} \tag{4.9}$$

第三产业城市配送量的增长率 μ_3 为

$$\mu_3=\frac{\Delta C_3}{C_3}=\frac{\alpha_3\sum_{i=1}^{l}Q_{3i}-\gamma_3\sum_{i=1}^{l}O_{3i}}{\sum_{i=1}^{l}(Q_{3i}-O_{3i})}\times 100\% \tag{4.10}$$

---

① B2B（business to business），即企业对企业；B2C（business to customer），即商家对顾客；C2C（customer to customer），即个人对个人。

第三产业城市配送量的增长率 μ_3 与产品输出量增长率 α_3 正相关，与运送到北京以外地区的数量的增长率 γ_3 为负相关，即其他条件不变时，当第三产业的产品输出量增加或减少时，城市配送量也同样增加或减少；当运送到北京以外地区的数量增加时，城市配送量会有所减小，反之则增加。

4.4.4 产业结构变化对城市配送量网络流向影响的一般模型

要对产业结构变化对城市配送的影响进行分析，建立能够体现两者之间变化关系的函数模型，就要以产业结构的相关因素为自变量，以城市配送量为因变量，从而得出两者之间的变化关系。由于产业结构的变化主要体现为各产业的产量、产值及其比例等的不同，可以建立城市配送量与产业结构之间的函数模型为

$$Y = f(Q_1, Q_2, Q_3, V_1, V_2, V_3, R_1, R_2, R_3) \tag{4.11}$$

式中，Y 为北京城市配送总量；Q_i 为北京第 i 产业的产量（i=1,2,3）；V_i 为北京第 i 产业的产值（i=1,2,3）；R_i 为北京第 i 产业的产值占北京三次产业产值的比例（i=1,2,3）。

根据以上几个模型的定义，可以在模型之间进行相关的运算，如用第一产业的城市配送量比上整个北京城市配送总量，就可以得到第一产业的城市配送量在总量中的比重，再通过同样的方法可以得到第二、三产业的比重，这样就能得到北京城市配送的商品结构。此外，还可以根据三次产业的城市配送量与三次产业的产值之间的关系，得出单位城市配送量的货值，这样可以从另一个角度来分析北京城市配送商品的构成。

4.5 产业结构变化对北京城市配送网络流向的影响

北京的产业在不同区域对自身自有资源供应和外部资源需求方面具有较大的差别，因此不同产业结构下城市配送的流向也不同，在城市配送网络流向上也各有特点。

能源类货物的起点主要集中在房山区和大兴区，终点主要集中在房山区、丰台区和朝阳区。煤炭及制品运输的起点主要集中在房山区、门头沟区等煤炭资源比较丰富的区域，终点主要集中在石化企业比较集中的房山区。石油、天然气及制品运输的起点主要集中在化工厂比较集中的房山区、大兴区、通州区、丰台区等区域，终点主要集中在丰台区、朝阳区、海淀区、大兴区等加工制造企业比较密集的区域，主要是远郊区之间及远郊区到外城区的运输。

设备材料类货物的起终点主要集中在朝阳区、顺义区、大兴区三个区。北京的工业园区和制造企业主要分布在这三个区，包括亦庄开发区、天竺出口加工区、

天竺空港经济开发区、大兴工业开发区等，工业园区和大型制造企业的发展对原材料、设备和产成品的货运需求比较集中。

建筑材料类运输主要是在朝阳区、大兴区、顺义区内部的短途运输。这几个区是北京房地产开发和基础设施建设的重点，其中亦庄和顺义区是北京重点开发的新城，对建筑材料类货物的需求量比较集中。

日常生活消费品类起点主要包括朝阳区、大兴区、顺义区、丰台区等，终点主要包括朝阳区、大兴区、丰台区、海淀区等。日常生活消费品类的运输相对比较分散，起、终点集中在这几个区的主要原因是，这些区不仅集中了较多的日用品生产企业和日用品批发市场，同时人口数量也比较多。另外，还有部分日常生活消费品运往河北等地。

主导产业是带动城市物流配送网络升级的基本动力。当城市产业结构由第二产业主导型向第三产业主导型转变时，城市配送网络流向也会相应地由劳动密集区域向资金、技术密集区域过渡。城市配送网络转变优化过程就是产业结构不断地由低层次向高层次演进、发展的过程。

4.6 城市配送发展建议

4.6.1 提升城市配送的服务水平

根据城市配送量与三次产业结构的不同阶段的相关分析可以知道，目前北京的城市配送量与第三产业的相关性最高，同时不断优化的第二产业也是城市配送的主要对象，这种产业结构模式也是国际现代化城市发展的主流趋势。因此，城市配送体系应该根据第三产业的产品特点及第二产业的产品从低附加值向高科技产品转变的趋势，深入挖掘客户的潜在需求，开发多样化的增值服务，应用先进的管理方法和高科技的设施设备等，提升从业人员素质，提高城市配送体系的服务水平。

4.6.2 推进城市配送信息系统的应用

随着城市配送规模的不断扩大，不同产业结构下的产品信息、配送需求信息、配送时间、地点信息及各种其他信息量不断增多，因此需要运用先进的信息技术，提高城市配送企业的服务水平，同时构建公共信息平台，提升整个北京市城市配送体系的效率。

4.7 本章小结

本章以北京为例，从产业结构的角度出发，通过分析城市产业发展对城市物流系统的影响来研究城市物流系统与城市产业之间的相互关系；同时对产业结构的变化对北京城市配送总量、城市配送商品结构的影响进行了 Pearson 相关分析，并加以定性分析。研究发现，产业结构与城市配送总量有很强的正相关关系，同时第一、第二和第三产业的不同比重分布还会影响城市配送商品的结构。此外，本章对产业结构与城市配送网络的关系进行了简单的定性描述，指出不同产业结构下城市配送的流向不同，在城市配送网络流向上也各有特点。

第 5 章　城市物流对城市交通的影响*

城市物流是城市交通系统的重要组成部分，但城市物流与城市交通的不协调发展导致了很多问题。一方面，不断增加的城市道路货运车辆在一定程度上使城市交通拥堵和城市环境污染加剧；另一方面，城市交通拥堵反作用于城市物流，使城市货运车辆配送速度降低、配送准确性下降，从而导致了配送成本上升、客户服务水平下降。各大城市纷纷从城市物流角度采取措施以期能够缓解交通拥堵，然而，城市物流对城市交通拥堵的作用效果及规律难以事先掌握，往往导致交通拥堵治理情况与预期效果产生偏差，甚至出现越治越堵的现象，因此有必要对城市物流运行以及相关治堵措施实施对交通状况的影响进行研究，分析不同治堵政策的实施效果，仿真其对城市交通运行状况的影响，从而为优化交通结构提出合理的目标和可行的政策建议。

5.1　城市交通拥堵问题及其治理

城市交通拥堵对人们的生产、生活产生了较大的危害，为了缓解城市交通的拥堵状态，改善人们生活、生产环境，各个国家和地区都采取了一些治堵的措施，并取得了一定的成效。城市交通系统由城市居民出行和城市物流两个部分组成，其中居民出行部分包括城市私人交通和城市公共交通，城市物流部分是指城市内部的货物专业运输。

城市私人交通包括以自用车为交通工具的出行和步行出行。自用车包括私家车、自行车、摩托车等。城市私人交通方便、灵活，但是自用车，尤其是私家车车载量较小、利用效率低，而且由于私家车占了城市机动车的较大比例，自用车出行是城市交通拥堵的重要原因，其导致了城市交通运行不畅、平均车速下降、城市环境污染、能源浪费等问题。城市公共交通主要包括使用公交车，地铁，出租车，城市有轨、无轨电车等方式出行。公共交通运输工具载客量较大、效率高，能够节省能源消耗，降低污染，减少成本。

城市专业货运由专业的运输企业进行运营，具有效率高、货损率低等特点。发展专业货运，通过合理的安排和调度提高车辆的满载率和设备的利用率，从而能够有效地控制城市车流，降低运力投资，节约能源。

---

* 杨浩雄，李金丹，张浩，等. 基于系统动力学的城市交通拥堵治理问题研究[J]. 系统工程理论实践，2014，34（8）：2135-2143.

城市交通系统包括的城市居民出行和城市物流两个部分的发展状况均会给城市交通的运行带来巨大的影响。目前，针对城市交通拥堵问题的研究，基本上都是以城市居民出行为主，而在城市物流方面，国内外的研究相对来说较为缺乏，因此本章的研究将治堵的措施分为居民出行和城市物流两方面，需要补充说明的是，每一种措施可能不是单独影响居民出行或城市物流，对其中哪方面的影响较大，就将其归到哪一类。

5.2 治理城市交通拥堵的系统动力学模型

系统动力学研究问题的第一步是确定系统边界，即根据研究目的和研究问题内部的反馈和作用机制来确定将哪些因素纳入研究范围，哪些因素排除在外，也就是确定系统的结构。建模目的不同，系统的边界也会不同。

本章研究建模的目的是从城市居民出行和城市物流两个角度分析城市交通内部结构，找出城市居民的出行和城市物流的运行与城市交通状况之间相互影响和作用的反馈机制，并通过改变相关政策变量，分析不同治堵政策的实施效果，仿真出其对城市交通运行状况的影响，从而为交通结构优化提出合理的目标和可行的政策建议。

5.2.1 系统边界的确定

本章仅对城市居民出行和城市物流的运行及相关治堵措施的实施对交通状况的影响问题进行研究。机动车出行量在对城市交通负荷的影响中扮演了至关重要的角色，因此本章的研究选用城市机动车出行量来衡量城市交通拥堵程度，假设城市机动车出行量越大，城市交通越拥堵。城市机动车包括私家车、公务车、公交车、货运车、出租车、校车、警车、消防车、单位班车等各类，每类机动车的保有量、增长率、出行量都会对城市交通情况产生影响。因此，各种与居民出行和城市物流有关的车辆需求量、报废率、增长率、保有量、出行量等均在考虑范围内。另外，城市经济的发展会增大机动车增长率，城市机动车的出行会对城市环境产生一定的影响，而环境对政策的制定会产生很大影响，因此本章研究把环境也考虑了进来。机动车排放的尾气中污染物主要有一氧化碳（CO）、氮氧化物（一般折算为 NO_2）、可吸入颗粒物和碳氢化合物（HC）。据研究，我国主要大城市中 50%以上的氮氧化物都来自机动车尾气的排放，因此，本章研究选用 NO_2 的排放作为评价城市交通对城市环境污染的指标。

根据本章研究的研究目的和以上分析，最终确定所研究系统的范围包括城市私家车保有量、公交车保有量、货运车保有量、其他机动车保有量（包括校车、警车、公务车、消防车等)、城市机动车总量、城市机动车出行量、机动车增长率、报废率、城市三次产业产值、城市环境等，如表 5.1 所示。由于公交车和其他机动车保有量较小且增长率不大，因此模型不考虑公交车和其他机动车的增长率。

表 5.1 系统边界的确定

系统大类	具体包含的变量
居民出行方面	私家车保有量
	私家车增长率
	私家车报废率
	私家车出行量
	公交车保有量
	公共交通出行率
	其他机动车保有量
	城市机动车总量
	城市机动车出行量
	与居民出行有关的治堵政策
城市物流方面	城市物流量
	城市货运车保有量
	城市货运车出行量
	城市物流增长率
	城市物流减少率
	与城市物流有关的治堵政策
其他	城市三次产业产值
	三次产业产值增长率
	城市环境（NO_2 存量）
	机动车车均 NO_2 排放量
	机动车对环境污染的贡献率

5.2.2 系统因果关系的分析

系统动力学模型的建立离不开对系统内部变量之间因果关系和相互作用的分析。确定系统研究边界后，经过对边界内要素之间关系的分析，可以得到系统因果关系图。因果关系图由最能表示和描述系统内部结构的若干个因果反馈环构成，能够正确地表示系统的内部反馈机制和发展模式，从而描述系统的行为。本章研究仅考虑与城市物流相关的货运车辆的总量和出行量对城市交通状况的影响，得出城市交通系统内各因素之间的因果关系，如图 5.1 所示，图中箭头表示变量之间的因果关系，正号和负号分别表示正效应和负效应。

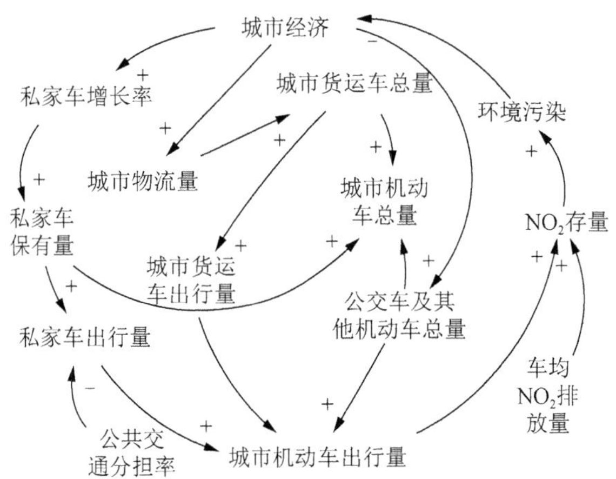

图 5.1 城市交通系统内各因素之间的因果关系图

图 5.1 可以描述为，城市经济的发展能够带来城市货运车总量的增长和城市物流量的增加，如果没有一定的政策控制，随着需求的增加，较高的货运车保有量必然在一定程度上使货运车出行量增加，从而加剧城市交通拥堵问题并引起严重的环境污染。

5.2.3 系统模型的建立

系统的功能和行为由系统内部因素之间的相互作用和因果关系决定。城市经济的发展会促进城市物流量的增加，而城市物流需求量的增加会增加货运车辆，从而增加城市机动车总量，加剧城市交通拥堵程度。城市机动车出行量越大，会产生更多的有害气体，对环境的污染也越大，而环境的污染会影响政府政策的制定。

根据对以上各个因素的因果关系分析，用系统动力学专用软件 Vensim 建立城市交通系统的系统动力学模型，如图 5.2 所示。

为了缓解城市交通拥堵，各个国家和地区都采取了一些治堵的措施，政策的实施会改变城市货运保有量、出行量等，进而对城市交通系统的运行产生一定的影响。为了对不同治堵政策进行分析，仿真出其实施效果对城市交通运行状况的影响，本章研究将一些典型的措施，如货运通行政策、建立公共货车利用系统等放入原有的系统动力学模型，得到改进后的模型，即治理城市交通拥堵的系统动力学模型，如图 5.3 所示。

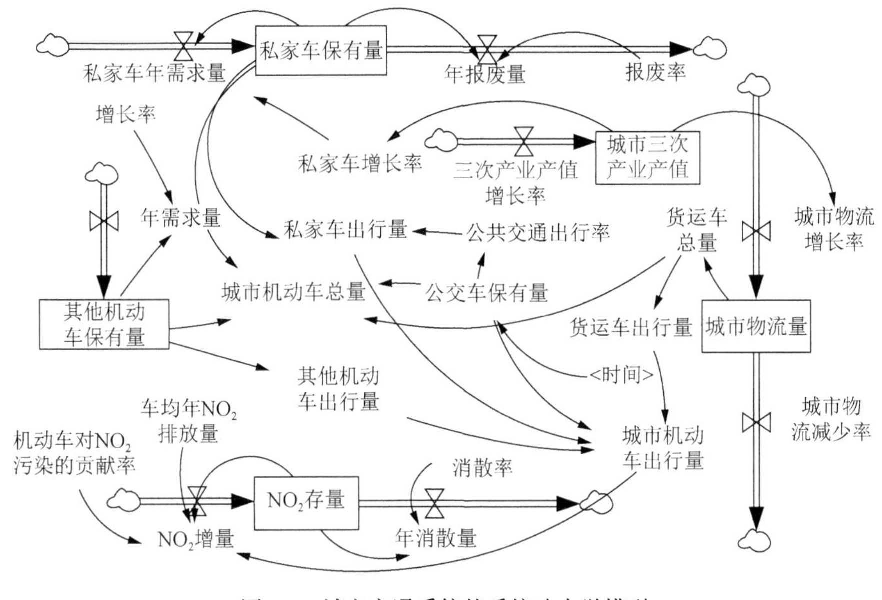

图 5.2　城市交通系统的系统动力学模型

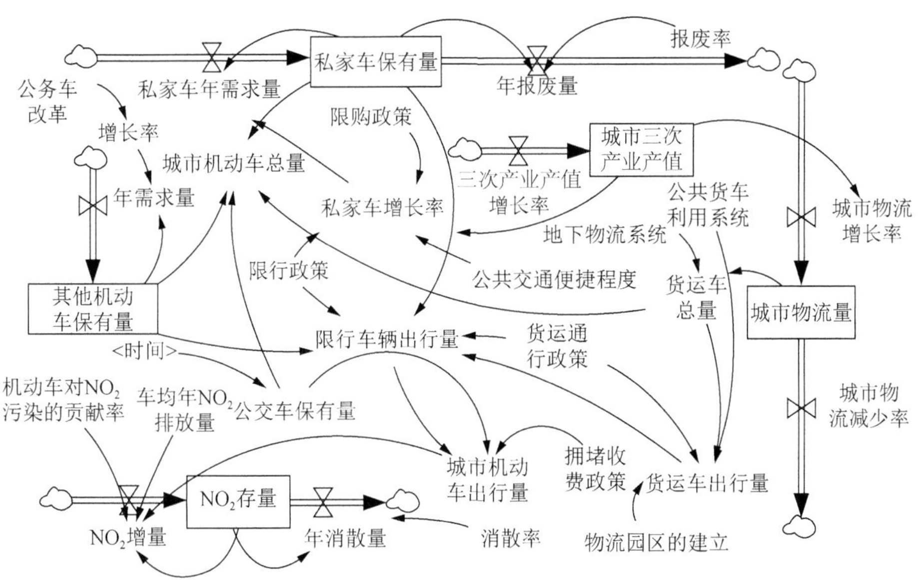

图 5.3　治理城市交通拥堵的系统动力学模型

系统动力学模型包括水平方程、速率方程、辅助方程、参数方程和初值方程。经过系统因果关系分析和建立系统存量流量图后，可以对系统的存量流量图输入模型初始参数、方程和表函数，从而对模型进行仿真，城市交通系统模型参数如表 5.2 所示。

表 5.2 城市交通系统模型参数

模型参数	含义
P_i	私家车保有量
P_n	私家车年需求量
P_d	私家车年报废量
P_g	私家车增长率
PD_r	报废率
GDP	城市三次产业产值
GR	三次产业产值增长率
L	城市物流量
L_g	城市物流增长率
LD_r	城市物流减少率
F_i	货运车总量
TFR	货运车出行量
B_i	公交车保有量
B_C	公共交通便捷程度
R_i	其他机动车保有量
R_n	其他机动车年需求量
R_g	其他机动车增长率
GN	城市机动车总量
TQL	限行车辆出行量
TQ	城市机动车出行量
NO_i	NO_2 存量
NO_n	NO_2 增量
NO_r	NO_2 消散率
NOD_r	NO_2 年消散量
CRN	机动车对 NO_2 污染的贡献率
ADN	车均年 NO_2 排放量
RLP	限行政策
BLP	限购政策
FTP	货运通行政策
CBP	拥堵收费政策
BLR	城市物流园区的建立
CFS	公共货车利用系统
OBR	公务车改革

续表

模型参数	含义
IV_p	私家车保有量初始值
IV_n	NO_2 存量初始值
IV_l	城市物流量初始值
IV_g	城市三次产业产值初始值
IV_r	其他机动车保有量初始值
INITIALTIME	初始时间
FINALTIME	仿真结束时间

治理城市交通拥堵的系统动力学模型的部分方程如表 5.3 所示。

表 5.3　治理城市交通拥堵的系统动力学模型的部分方程

序号	数学表达式
1	$PD_r = 0.0667$
2	$TQ = B_i + TQL$
3	$GN = P_i + B_i + F_i + R_i$
4	$R_i =$ INTEG (R_n，IV_r)
5	$P_d = P_i \times PD_r$
6	$L =$ INTEG ($L_g - LD_r$，IV_l)
7	$R_n = R_i \times R_g$
8	B_i = WITHLOOKUP(Time，([(2000，1) - (2010，5)]，(2004，2.1711)，(2005，2.084)，(2006，2.049)，(2007,2.053)，(2008,2.322)，(2009,2.373)))
9	$P_i =$ INTEG ($P_n - P_d$，IV_p)
10	$P_n = P_i \times P_g$
11	$NO_i =$ INTEG ($NO_n - NOD_r$，IV_n)
12	TQL = IFTHENELSE(RLP = 1，($R_i + P_i$) × RLP × 0.8，$R_i + P_i$)
13	ADN = 20
14	$NOD_r = NO_i \times NO_r$
15	$NO_n = ADN \times TQ \times CRN$
16	GDP = INTEG (L_g，IV_g)
17	INITIALTIME = 2004
18	FINALTIME = 2020

注：INTEG ——积分；WITHLOOKUP ——表函数；IFTHENELSE ——判断语句。

5.3 模型仿真和实例分析——以北京为例

5.3.1 北京相关治堵措施

1. 货运通行政策

目前北京关于货运车辆的禁限规定为：①四环路（含）以内道路，6:00～23:00禁止载货汽车通行；6:00～22:00，五环路（不含）以内道路禁止载货汽车通行，五环路主路禁止 8t（含）以上载货汽车通行。②五环路（含）以内道路，外省、市、区载货汽车全天禁止通行，但是办理进京货运通行证后，为北京运送生活生产物资的外省、市、区载货汽车就可以在 0:00～6:00 进入五环路（含）以内道路行驶。③自 2019 年 9 月 21 日起，六环路（含）以内道路全天禁止所有国III排放标准柴油载货汽车（含整车运送鲜活农产品的国III排放标准柴油载货汽车）通行。④长安街新兴桥至国贸桥昼夜禁止货运机动车通行。

关于其他具体路段对货车的禁限措施，以交通标志为准。

北京的货运通行政策通过鼓励货车夜间运输，限制白天进入中心城区的货车数量。因此，白天进入中心城区的货车数量减少了，路边停车也会相应减少，从而提高了道路通行能力。

2. 公共货车利用系统

公共货车利用系统也就是城市“货的”，“货的”是城市日常物流配送或小型搬运过程中使用的一种货运车辆或城市货运出租车的简称。

在北京，由于市内货运通行政策的限制，市民的货运需求得不到满足。北京市通过将市场零散货运车辆进行统一管理、统一服务、统一收费，形成了一个庞大的“货的”网络。市民只要拨打电话就会有“货的”上门服务，从而有效整合了货车的供给和需求，同时也缓解了城市车辆路面的运行压力。

从某种意义上讲，城市交通拥堵的治理已经由城市问题演化为社会问题，因此应该站在整个社会的立场进行研究。作为我国的首都，北京对于交通拥堵问题的治理会成为其他城市效仿和借鉴的榜样，因此研究北京治理交通拥堵的政策意义重大。

引入北京治理城市交通拥堵的系统动力学模型如图 5.4 所示。

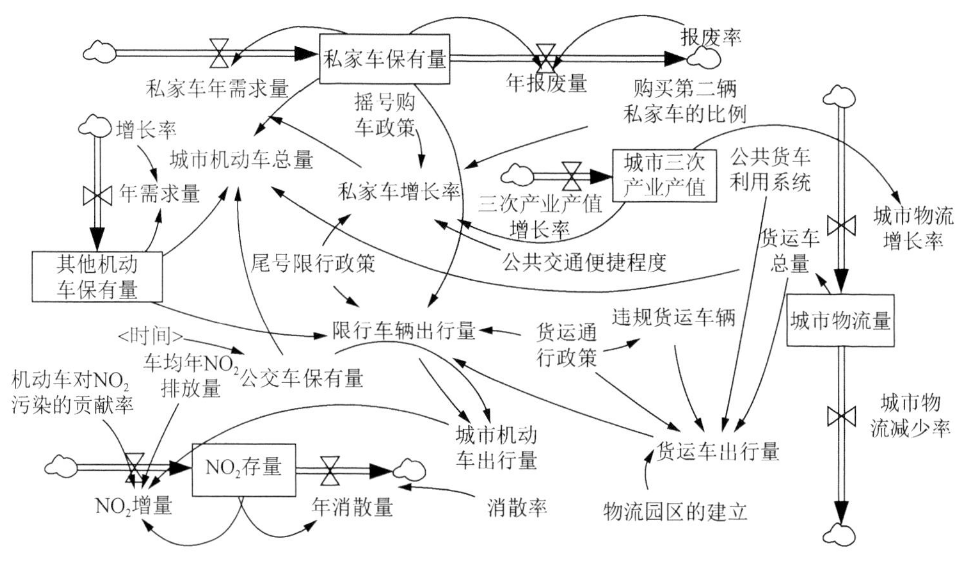

图 5.4　北京治理城市交通拥堵的系统动力学模型

5.3.2　模型参数估计

在对系统动力学模型进行仿真运行之前，首先必须对模型中的常数、状态变量的初始值及表函数赋值。系统参数和系统内部结构是两个比较重要的问题，但是系统动力学更注重对系统结构的分析，而对数据要求不高。系统结构正确的模型，运用近似的参数值也可以产生符合实际情况的系统行为。但是仍要重视对系统参数的估计，使模型的仿真结果最大化地接近实际情况。

系统动力学模型包括水平方程、水平变量、速率方程、速率变量、辅助方程、常数和初值方程等。对于参数的估计，系统动力学更关注的是系统整体的结构和行为趋势及政策变量的改变对模型状态的影响，并不要求结果精确。然而，对相关参数和变量进行合理准确的估计仍然是必要的，这样可以使模型更接近实际系统，仿真结果更加真实可信。城市交通系统内部结构复杂、变量众多，主要通过以下三个渠道对参数进行估计：①北京相关统计年鉴；②已经发表或公开的研究成果；③建立表函数，使用最小二乘法确定等。

对系统的存量流量图输入模型方程、初始参数和表函数就可以对模型进行仿真运行。模型相关参数采用北京 2004～2009 年的数据，初始值选用北京 2004 年的数据，以 2010 年的数据作为模型检验值。

查阅《北京统计年鉴 2014》和北京车管所统计的数据及其他相关资料，设定模型参数和初始值如表 5.4 所示。

表 5.4 2014 年城市交通系统部分模型参数和初始值

参数	初始值
货运车总量/万辆	17.7
城市机动车总量/万辆	229.6
城市物流量（货运量）/万 t	31 700
机动车对 NO_2 污染贡献率	0.5
NO_2 消散率	0.2
报废率	0.67
城市三次产业产值/亿元	6 033.2

5.3.3 模型检验

由于 2008 年实行限行政策，而 2010 年实行限购政策，所以本节以 2004～2009 年的统计数据为基础，对北京市的城市交通运行状况进行仿真模拟，选取 2010 年部分变量的模拟结果和实际的历史数据统计值进行比较，如表 5.5 所示。

表 5.5 2010 年预测值和实际值对比

参数	货运车保有量/万辆	城市机动车总量/万辆	城市三次产业产值/亿元
真实值	19.4	480.9	14 113.6
模拟值	18.64	465.4	13 474.3
误差/%	−3.92	−3.23	−4.53

对比模型预测结果可知，各个预测值的相对误差均在 5%以内，因此模型描述的行为和系统实际状态基本相符，模型真实有效，可以使用该模型对城市交通系统运行状况进行预测和分析。

5.4 模型仿真运行

5.4.1 货运通行政策

为了限制货运车辆在市区内的通行，缓解城市交通拥堵状况，北京提出了一些相关的管理措施，如 6:00～23:00 五环路（不含）以内道路禁止载货汽车通行，五环路主路禁止核定载货量 8t（含）以上载货汽车通行等。这些政策有助于缓解城市道路交通拥堵，改善城市环境，但是也会对城市物流的正常运行产生一定的影响。

2010 年，北京货运车保有量为 19.4 万辆，远远小于私家车保有量（374.4 万辆）。北京市货运车保有量相对较小，增长速度也较为缓慢，用系统动力学软件对货车限行前后进行仿真，仿真结果可能对比太明显。货车限行前后城市机动车出行量如图 5.5 所示。

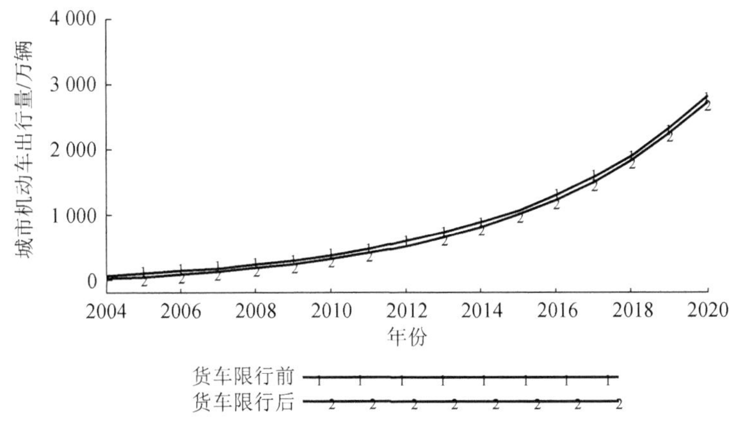

图 5.5　货车限行前后城市机动车出行量对比

由图 5.5 可知，由于在城市机动车组成中，货运车相对数量较小，货车限行前后城市机动车出行总量对比并没有太大的差别。因此，对货运车出行的限制并没有对缓解城市交通拥堵起到很大的作用。另外，也可以得出，城市物流的运行并没有给城市交通运行状况带来较大的影响。

限制货运车辆进城对缓解城市交通拥堵作用不大，但是这一政策间接影响了城市居民正常的生产生活。从表面上看，货运通行政策限制的对象是指定的货运车辆，但是这实际上将对城区生活、生产资料的供需对接产生限制，并且影响生产企业、物流企业、批发市场及城市居民的利益。货运通行政策将使城市可运行货运车辆减少，降低货运车辆的实际承运能力，使城市货运供给量减少。

据了解，许多物流公司为了规避货运通行政策的限制，把不受政策限制的客运车改装为货运车进行运输。因此，考虑了这方面的因素后，货运通行政策不但没有缓解城市交通拥堵，反而增加了城市道路上运行的客车改货车的车辆，加剧了城市交通拥堵，而且客车改货车的车辆还可能引发交通安全问题。

另外，从成本角度考虑，客货混装的成本实际上更高了。将客运车改为客货混装的车辆进行货物运输，会大大提高运输和其他成本，带来很多不必要的资金和资源浪费。例如，载重为 2t 的厢式货车的运输量需要 4 辆小型客运车才能完成，相应汽油费、车辆购置费、工人工资、道路通行费等同样都要上升 4 倍。但是，4 辆轻型客车所占的道路面积和尾气排放量远远大于一辆厢式货车，此外，过多车辆运行产生的道路交通拥堵实际上也增加了时间成本、财务成本等。使用客车改货车前后城市机动车出行量对比如图 5.6 所示。

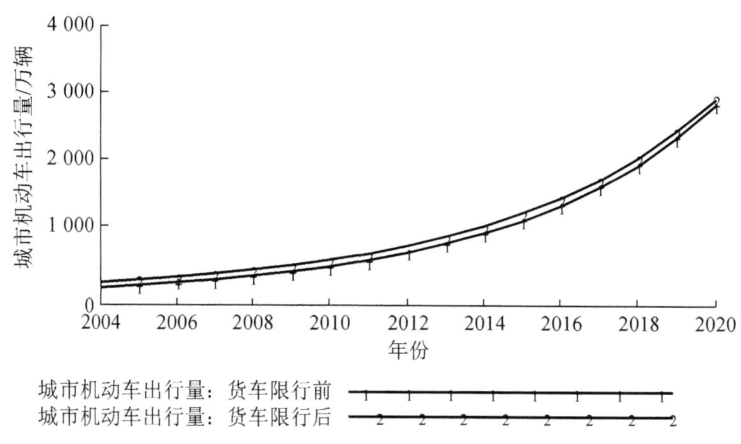

图 5.6 客车改货车前后城市机动车出行量对比

由图 5.6 可知，从实际情况来看，实施货运通行政策以后，由于道路上违规行驶的车辆增加，城市机动车出行量增加，货运通行政策不但没有减轻城市交通拥堵压力，反而加剧了拥堵，而且客货混装的安全性极差，容易引发交通事故。

5.4.2 公共货车利用系统

北京通过引入公共货车利用系统前、后的城市机动车出行量对比，如图 5.7 所示。为了更好地模拟实际情况，模型同时将客车改货车的机动车与引入公共货车利用系统进行了对比。

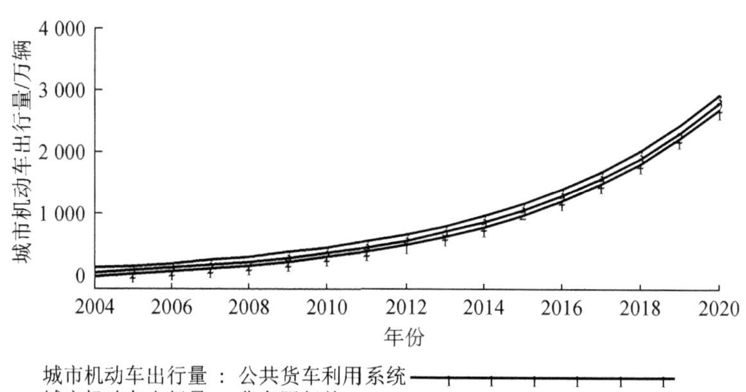

图 5.7 引入公共货车利用系统前后城市机动车出行量对比

由图 5.7 可知，引入公共货车利用系统后，城市物流资源得到整合，物流基础设施得到了共享，与没有政策影响下的货车限行前和实际情况中的客车改货车现象进行对比，城市机动车出行量都有了一定量的减少。其中，客车改货车状态下城市机动车的出行量最大，其次是没有政策影响的货车限行前的城市机动车的出行量，引入城市公共货车利用系统后城市机动车的出行量最低。公共货车利用系统的引入既降低了城市机动车出行量，又满足了城市物流的需求，因此公共货车利用系统在一定程度上缓解了城市交通拥堵。

5.5 发展建议

城市交通问题的解决单纯依靠道路建设、扩大道路容量的方法，永远不能满足交通需求持续增长的需要，也无法从根本上解决道路交通拥挤堵塞问题。现代物流以电子信息技术为基础，注重服务、人员、技术、信息与管理的综合集成，是现代生产方式、现代经营管理方式、现代信息技术相结合在物流领域的体现。现代物流发展为城市交通问题的解决提供了新的思路。

5.5.1 相关治堵政策的制定应更科学合理

交通拥堵是城市经济及城市发展过程中出现的严重问题，各个城市出台了若干交通拥堵治理政策，试图缓解交通拥堵。然而政策的效用事先难以评价，现有政策执行中出现了不同程度的问题。现有对交通的限制政策未必对物流交通系统起促进作用，应该更好地考虑物流与城市交通的关系，制定出科学、合理的治堵政策，使得城市物流系统的优化与城市交通发展规律相匹配。

5.5.2 大力发展公共货车

公共货车利用系统可以在满足城市物流需求的情况下缓解城市交通拥堵。优先发展城市公共交通，大力发展公共货车行业，是缓解城市交通拥堵、提高城市运转效率、实现城市可持续发展的有效手段，是改善宜居城市公共环境、建设资源节约型社会的重要举措。

5.6 本章小结

本章从城市物流与居民出行两个角度，分析了城市交通拥堵问题的现状、原因、影响及其根源，并且将城市物流的运行和城市交通拥堵现象相联系，考虑城市物流与城市交通拥堵之间的相互作用和影响，主要从城市交通方面总结了城市物流治堵措施。在对治堵措施进行总结的基础上，本章结合我国实际情况，找出了城市交通系统内影响城市交通运行状况的各个因素及其相互作用和反馈机制，并用系统动力学方法建立了治理城市交通拥堵的系统动力学模型。最后以北京为例，用 Vensim 软件对北京典型治堵措施的实施效果进行了仿真分析。研究发现，现有对交通的限制政策未必对物流交通系统起促进作用，甚至加剧了交通拥堵。所以，应制定出更加科学、合理的治堵措施和操作规程，如公共货车利用系统可以在一定程度上缓解城市交通拥堵。

第 6 章 货运管理政策对城市物流的影响*

针对城市配送中货运车辆给城市运营带来的负面影响，各城市纷纷出台了货运限行政策，但货运限行类政策的综合实施效果有待进一步研究和分析。一方面，通过限制货运车辆通行时间和通行区域，限行类政策对缓解城市交通压力起到了一定的效果；另一方面，限行类政策的实施也造成了“最后一公里”物流成本升高，“客车改货车”违法行为增加等负面影响。因此有必要分析货运管理政策现状以及货运限行类政策实施所产生的影响，深入研究货运限行类政策实施下的城市配送系统运行状况，从而为指导城市配送系统资源优化配置、促进城市物流可持续发展提供参考依据。

6.1 货运管理政策研究

6.1.1 货运管理政策现状

1. 限行类政策

首先对限行类政策做如下定义：通过限制货车通行时间、通行区域或设定通行路线、货车类型等措施，合理控制货车通行流量，以减少货车通行对城市交通的干扰。

（1）限制货车通行时间

限制货车通行时间主要是限制货运车辆通行的时间窗，通过分时间段来限制货运车辆通行，以减少城市交通拥堵和环境污染。交通管理部门通常会按照一定的比例对符合相关指标要求的车辆发放通行证，使其在一定时间范围内不受限行规定的限制。目前，我国大多数一线城市均采取限制货车通行时间的措施，而一些发达国家的做法与我们不尽相同。伦敦对货车也有限制，但与国内实施限行的目的有所不同，其实施目的是减少货车通行带来的噪声，因此规定在夜间和周末禁止重型货车通行。综合来看，限制货车通行时间的措施的优点是，政府较容易实施，通过让货车在通行时间上与客运高峰错开，对拥挤路段设置限行时间窗，有利于对交通流量进行分流，降低客货集中出行的概率，但研究表明实施该措施会增加城市物流运作成本。

---

* 李金丹．货运限行类政策实施效果研究[D]．北京：北京工商大学，2015．

（2）限定货车通行区域

限定货车通行区域主要是对某个区域或路段，通过限制货车通行范围或设定货车通行专用路线，以控制货车通行量，它通常与限制通行时间措施搭配实施。交通管理部门会按照一定的比例对符合环境指标要求的车辆发放通行证而不受限定通行区域制度的约束。我国多个一线城市，甚至二线城市，均采取了限定货车通行区域的措施，在特定的时间段禁止货车通行。然而，在美国纽约的城区，为了提高整个城市交通系统的效率，纽约市有关部门根据货运车辆进入纽约城区的不同目的，设定专门的货运车辆最短路线，该货运路线分为过境路线和本地路线。如果货车没有按照最短的路线驶往目的地，警官将阻止司机的行为并罚款。综合来看，限制货车通行区域通过在空间上调节和控制货车通行量，可以减少货运通行对繁华区域或拥挤区域的影响，但该措施无形中给货运企业带来绕路成本，增加企业负担。

（3）限制货车车型

限制货车车型是指按照一定的货运车辆技术标准限制货运车辆车型，允许达到车型标准或环境指标的特定车辆在特定区域行驶。在英国伦敦中央区设有低排放区，重点关注重污染的车辆，在低排放区内，超过 12t 货车必须符合欧III排放标准才可以通行。目前北京规定每天 6:00～23:00，五环路（不含）以内道路禁止载货汽车通行，五环路主路禁止核定载货量 8t（含）以上载货汽车通行。全天禁止所有国三排放标准柴油载货汽车（含整车运送鲜活农产品的国三排放标准柴油载货汽车）进入本市行政区域内道路行驶。综合来看，限制货车车型可以从源头控制货运车辆排放标准，降低其对环境的污染，有利于淘汰重污染车辆，但该措施的实施需加强车辆的监管和审核。

2. 经济类政策

对经济类政策做如下定义：通过向货车通行或停车等行为收取一定的费用及对货运提供财政补贴的方式，利用经济杠杆作用调节道路资源的分配和提高货车装卸的效率，以达到有效控制货车通行流量，减小城市交通压力的目的。

（1）收取道路停车费

道路通行费是指相关管理部门对城市道路使用者征收取一定通行费用的行为，能够利用市场经济杠杆作用对稀缺的城市道路资源进行再分配，从而实现缓解城市交通拥堵和减少环境污染的目的。目前，收取道路通行费是多个国家解决城市交通拥堵问题的主要举措之一，无论是城市客运车辆还是货运车辆，道路使用者都必须付费才可以通行。实施道路通行费制度是可行的，伦敦城市中心区收取拥堵费就是成功的案例。

（2）停车装卸区域收费

停车装卸区域收费是指对停车或装卸区的货运车辆收取一定的费用，通过经济杠杆来提高城市中心区的物流装卸效率。城市中心区用地紧张引起停车装卸区域空间不足，货运车辆的装卸会影响其他车辆的通行，同时在装卸区会有私家车辆违章停车，因此政府部门实施停车装卸区域收费制度。然而，在香港不直接实施收取停车或装卸费的办法，而是严格限制装卸货物的时间，超出限定的时间段，将受到相关处罚。目前，停车装卸区域收费制度正由研究阶段逐步向实施阶段过渡，还没有全面推广和实施。该措施的优点是政府易实施，可操性强，并对提高货物流通效率具有很好的效果。

（3）货运财政补贴

货运财政补贴是指政府管理部门对货运企业提供一定的财政补贴，鼓励支持货运企业的正常运转或通过补贴引导货运车辆的某种行为。在日本东京，不但没有限制城市货运车辆，而且还向货运车辆提供财政补贴，并给予其与客车一样的平等行驶权利。中国目前很少有城市对城市配送采取补贴措施，大多数以货运限制为主，产生了许多负面的影响。货运财政补贴在一定程度上弥补货运企业的运营成本，同时补贴可以引导货运企业改变通行方式，使货运企业向着政府部门预期的通行方式转变。

3. 鼓励类政策

对鼓励类政策做如下定义：政府出台一系列鼓励政策对货车的通行、装卸等给予鼓励和支持，为城市货运提供便利，实现高效的城市配送体系的构建。

（1）鼓励货车通行

鼓励货车通行主要是指政府部门为货运通行出台一些优惠、便利政策，为货车通行提供便利。日本的城市配送车辆，特别是城市必需品配送车辆，大多是借用公交快车道优先配送。我国在货车通行鼓励政策方面出台了一项重要的惠民政策，即开设鲜活农产品高速路绿色通道，对鲜活农产品配送车辆免收通行费，以降低鲜活农产品的流通成本，但对于其他类型货车，中国主要以限制货车为主。

（2）鼓励货车装卸

鼓励货车装卸是指政府部门为货车装卸而设置专业设施或出台一些便利政策，为货车装卸提供便利。在日本的商业区，有专门的卸货平台，利用小的搬运工具就能将货物运走，从而为商家提供了便利，提高了货物的流通效率。在中国香港尖沙咀的大部分商业区域里，为了给货车提供便利，设有专门的停车位设施，并禁止小汽车在该车位停车，一经发现就被处罚。货车装卸鼓励政策为货物装卸创造便捷的平台设施，有利于加快货物流通的速度。

我国的货运管理政策主要采取限行类政策，很少采用其他类型货运管理政策，该政策较易实施，通过货车限行规定和通行证制度来控制货运车辆在城市交通系统内的通行量，以缓解整个城市的交通拥堵状况，并控制机动车尾气排放量，但其综合实施效果有待评价和具体分析。

6.1.2 货运限行类政策的实施影响

1. 对城市交通的影响

（1）规范货运交通秩序

实施货运车辆限行管理措施，为城市配送货运车辆提供了有序的通行环境，规范了城市配送货运车辆在市区内的通行秩序。通过合理地确定货车的通行时间和区域，有利于规范货运交通秩序，减少道路交通事故的发生，降低大型货车对市区道路的毁损，减少城市的噪声污染。

（2）一定程度上缓解城市交通压力

货运车辆市区限行政策的实施，使得货运车辆白天在道路上通行量有所下降，降低交通流总量，减轻城市交通压力。重型货运车辆通行量的减少，有利于降低对道路的损毁，减少对交通道路资源的竞争，一定程度上缓解了货运车辆由于车型大、速度缓慢诱发的道路拥堵现象，提高了道路通行能力。

（3）减少货车尾气对大气的污染

通过实施货运车辆管理措施，制定城市配送货车尾气排放标准，控制货车尾气的排放，货运车辆尾气排放达到标准才能驶入城市市区；通过严格控制黄标车的通行时间和区域，有利于减少重污染货车对大气的污染；同时通行证制度控制了货运车辆的通行数量，降低道路上货车的总流量，从而有利于减少货车的尾气排放量。

2. 对城市配送的影响

（1）加大了城市配送的供给与时间缺口

货运车辆限行政策的实施，使城市内可运行的城市配送货运车辆减少，而城市居民的需求日益增长，这导致配送货车的供给和物流需求之间存在巨大缺口。面对日益增长的刚性需求，配送企业不得不通过改装车辆、客车改货车的方式，冒着被罚款的风险，满足市场刚性需求。另外，货运限行类政策也成为城市配送货运供给与需求间的阻碍，货运个体不得不以违规配送的方式满足配送需求。

（2）推高了城市物流的成本

货车限行政策对配送时段和配送区域禁限，大量城市配送货运车辆不得不绕行或违规通行，绕行成本和违规通行罚款成本的产生，导致物流成本的增加。为了规避货运限行类政策，客车改货车的现象陆续出现，但将客车改为货车进行货物运输，增加了很多运营成本，加重物流企业经济负担。绕路通行造成的油耗支出、客车改货车产生的费用，甚至违规罚款都直接造成了物流企业成本的上升，这些费用均将转嫁给社会和公众。

（3）诱导了部分违法运营的产生

货运限行类政策对配送时间、配送区域进行限制，并且由于车辆通行证发放数量的限制，一些违法营运现象产生。为了规避货运限行类政策，一些物流公司出现违法的客车载货现象，将金杯、依维柯等面包车改装成货车运货，而它们的运力远远不如货车，从而导致城区交通流量大幅增长，增加了城市交通拥堵现象，恶化了城市环境。此外，由于利益驱动，倒卖或出租市内货车通行证、使用假货车通行证的违规现象严重扰乱了物流市场秩序。

综上所述，货运限行类政策实施产生的影响，无论是对城市交通的影响还是城市配送的影响，既有正面的，又有负面的，我们必须努力将负面影响控制到最小，消除越来越多的城市配送瓶颈，加快流通效率，将不必要的成本降到最低，增加物流企业的经济效益，才能促进城市物流快速发展。因此，研究货车限行政策下的城市配送系统运行机制，验证货运限行类政策实施的影响，优化货运限行类政策，对于突破城市配送瓶颈，改善城市交通状况，促进城市物流产业升级具有重要的意义。

6.2　货运群体行为动力机制分析

6.2.1　货运个体的复杂适应性分析

城市配送系统是一个复杂适应性系统。城市配送系统由多个货运个体组成，货运群体的出行行为具有主动性和适应性，货运群体的出行行为受多种因素影响，系统内部各要素的相互作用和反馈机制使系统不断地呈现复杂动态性。在城市配送系统中，受货运限行类政策的影响，每个货运个体对通行成本的可接受程度不同、时间价值观念不同及对政府的监管力度感受不同，因此货运个体对货运限行类政策的反应程度不同，其出行行为不同。货运群体之间的交互、沟通及政策环境的变化，均会不断地影响个体的行为，同时个体的行为也会作用于政策环境，形成一个复杂动态、相互交织、不断进化的过程。

城市配送系统虽具有复杂适应性、动态性，但有规律可循。多因素、多主体的互动会影响货运个体的行为，呈现出不同的城市配送系统状况，最终形成城市配送系统运行规律。在城市配送系统这个复杂系统中，每个个体和子系统在追求自身优化的同时，也不断地与其他个体及环境之间发生相互作用与影响。货运限行类政策下的城市配送系统就是这样一种复杂自适应系统，货运个体所处的复杂系统网络，如图 6.1 所示。

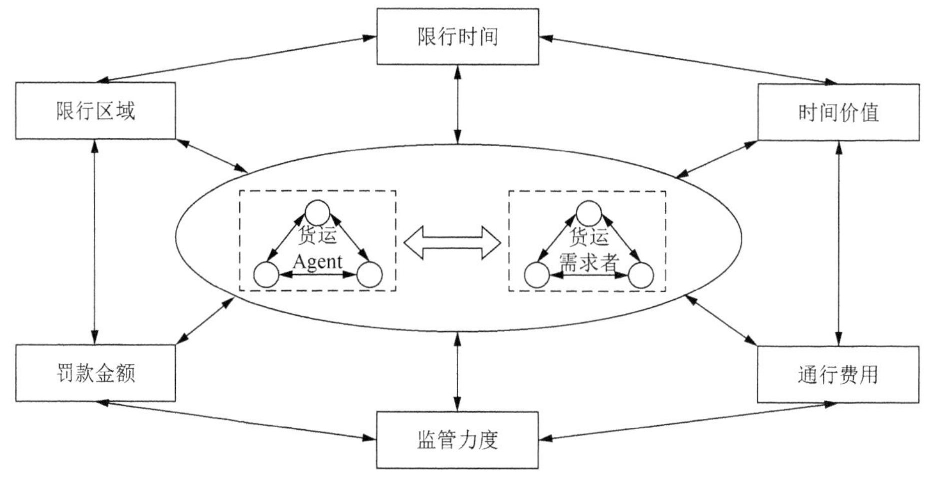

图 6.1　货运个体所处的复杂系统网络

6.2.2　货运限行类政策事件分析

通过各国对货运限行类政策的研究和实践可以看出，货运限行类政策会对货运群体产生直接的影响，这种影响会对不同的个体产生不同的效应，使货车通行量发生空间和时间的转移。在货运限行类政策环境下，货运个体表现出不同的出行行为，与其属性相关，对通行成本的可接受程度不同、对政府的监管力度感受不同、时间价值观念不同及群体偏好的不同，对其行为有着不同程度的影响，属性相似的个体呈现出相似的出行行为。所以，需要分析货运限行类政策对货运个体行为的影响，发现影响货运个体出行行为的因素，并据此对货运个体进行分类研究，以便对整个城市配送系统演化和货运政策优化的进一步研究。货运限行类政策刺激下的货运个（群）体行为如图 6.2 所示。

在货运限行类政策背景下，影响货运个体出行决策的事件包括限制通行时间、限制通行区域、通行证制度、监管措施、群体信息传递。事件不是互斥的，货运个体可以同时受到几个事件的影响。各事件对群体属性的影响如表 6.1 所示。

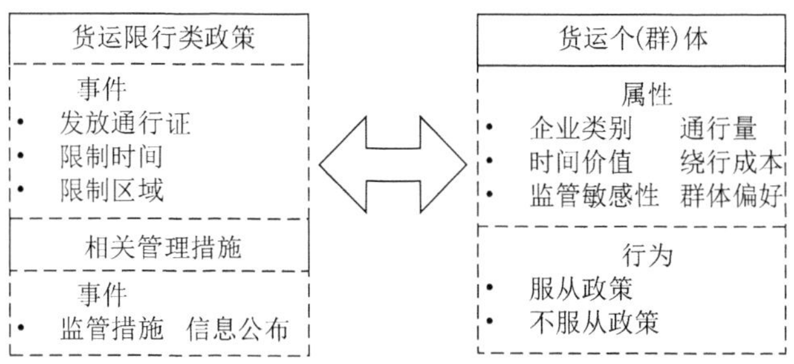

图 6.2　政策刺激下的货运个（群）体行为

表 6.1　各事件对群体属性的影响

事件	事件含义	影响的个体属性
发放通行证	办理通行证的货车才可进入某区域	通行总量
限制通行时间	限定货车可以通行的时间段	时间价值
限制通行区域	限定货车可以通行的道路或区域	绕行成本
实施监管措施	改变监管力度和违规惩罚	监管敏感性
公布监管信息	媒体公布违规车辆的监管信息	群体偏好

在不同事件的刺激下，货运个体通过属性判定，选择最适宜自身的出行方案，货运个体会产生不同的行为，影响货运群体的属性，群体属性的变化可以进一步影响事件的发生。如此循环，货运个体与个体间、个体与政策环境间相互作用、相互影响，整个系统在不断演变的过程中，系统的宏观属性与行为就会自下而上地“涌现”出来。

6.2.3　货运个体的属性分析

在城市配送系统中，货运群体之间相互联系，单个货运个体的行为对于其他个体以及环境都会产生一定的影响。货运个体在货运限行类政策的刺激下，做出不同的行为，所涉及的属性主要包括企业类别、货运通行量、时间价值、绕行成本、监管敏感性和群体偏好。

1. 企业类别

城市配送系统中存在不同类别的货运企业，根据一定的标准将货运企业划分为不同的企业类别，每个货运个体都具有属于它自身的企业类别这一属性，企业类别的不同将决定货运个体行为的不同。本书依据货运企业拥有的货运车辆数量将企业规模分为大、中、小三个不同等级，三类货运个体的企业类别特征，如表 6.2 所示（$0<m<n$）。

表 6.2　货运个体的企业类别特征

企业规模级别	拥有货车数量/辆	构成比例
小	$[0, m)$	X
中	$[m, n)$	Y
大	$[n, \infty)$	Z

2. 货运通行量

交管部门发放货运通行证的数量是影响货运企业行为的重要因素。在货运限行类政策下，假设每个货运企业需求的货运通行证数量为 N_q，交管部门按照一定比例 $\beta(0<\beta<1)$ 发放给每个企业货运通行证，则发放每个企业货运通行证数量 $N_s = N_q\beta$。对于已具备一定资质的货运企业，只要交管部门按照相关规定给予足够多的通行证发放指标，即 $N_q \leqslant N_s$，其将一直有证通行。对于一些新兴的货运企业，由于政策严控货运数量，所以交管部门对其发放的货运通行证指标趋近于零，即 $N_s \to 0$，$N_q > N_s$。无通行证或通行证拥有数量极少会造成一些新兴的货运企业的经营损失，为了弥补这部分损失，其只能选择无证通行。在无证通行过程中，货运企业通过考虑成本影响、监管力度、时间价值、群体偏好等多种因素衡量自身的利益，选择合适的出行方案。根据是否有通行证，将货运群体分为持证通行货运个体和无证通行货运个体，构成比例分别为 β 和 $1-\beta$，两类货运个体的特征表，如表 6.3 所示。

表 6.3　两类货运个体的特征

货运群体构成	构成比例
持证通行货运个体	β
无证通行货运个体	$1-\beta$

3. 时间价值

货运企业的出行行为不可能是完全理性的，一些非理性因素也会影响货运企业的行为。时间偏好就是这样一种非理性的因素。当大量的物流订单出现，由于利益的驱动，为满足客户的配送需求，货运企业不得不追求配送的时效性。不同的货运企业对配送时间的需求程度不同，可接受的等待时间不同，其做出的行为选择也会有所不同。

以货运企业不同的时间价值特征作为划分依据，将货运群体中的个体分为急躁型货运个体和沉稳型货运个体，构成比例分别为 λ 和 $1-\lambda$。急躁型货运个体受时间的影响较大，其时间价值较高，因而损失的成本高，不愿等待较多的时间，其倾向选择一种更节约时间的出行方案。沉稳型货运个体不易受时间的限制，其时间价值低，即时间成本较低，愿意等待更多时间。两类货运个体受时间价值影响程度特征，如表 6.4 所示。

表 6.4　货运个体受时间价值影响程度特征

货运群体构成	构成比例	时间价值影响程度
急躁型货运个体	λ	$0<\theta<C_{\text{acc}}$
沉稳型货运个体	$1-\lambda$	$\theta=0$

注：θ 表示价值；C_{acc} 表示货运个体可接受的成本。

4. 绕行成本

每个货运个体都会追求自身利益的最大化，绕行成本是货运个体选择出行方案时考虑的首要因素。货运限行类政策对城市配送时间和区域进行限制，导致绕路配送油耗支出的产生。由于不同货运企业的盈利水平不同，不同的货运企业会做出不同的行为选择。

根据绕行成本对货运个体的影响程度，将配送系统中的货运群体中的个体分为敏感型货运个体和迟钝型货运个体，构成比例分别为 μ 和 $1-\mu$。假设 γ 为绕行成本对货运个体的影响程度，$\gamma\geqslant 0$，γ 小于货运个体可接受的成本 C_{acc}，γ 越大，对货运个体的影响程度越大。两类货运个体受绕行成本的影响程度特征，如表 6.5 所示。

表 6.5　货运个体受绕行成本的影响程度特征

货运群体构成	构成比例	绕行成本影响程度
敏感型货运个体	μ	$0<\gamma<C_{\text{acc}}$
迟钝型货运个体	$1-\mu$	$\gamma=0$

5. 监管敏感性

相关部门对货运限行的监管力度会影响货运企业的行为，不同的货运个体对监管力度的敏感性不同，对监管力度的感知不同，在政策的监管下货运个体需要付出不同的成本，会做出不同的出行方案。通过媒体及货运群体间的信息交流，获得监管信息，货运企业与监管部门博弈，根据不同的监管力度，选择合适的出行方案。

根据货运个体对货运限行类政策监管的敏感性，将货运群体中的个体分为谨慎型货运个体和冒进型货运个体，构成比例分别为 π 和 $1-\pi$。假设 η 为监管力度对货运个体的影响程度，$\eta\geqslant 0$，η 小于货运个体可接受的成本 C_{acc}，η 越大，对货运个体的影响程度越大。谨慎型货运个体受监管力度的影响较大，冒进型货运个体受监管力度影响较小，当监管力度加大时，敢于冒险选择违规出行。两类货运个体受监管力度的影响程度特征，如表 6.6 所示。

表 6.6 货运个体受监管力度的影响程度特征

货运群体构成	构成比例	监管力度影响程度
谨慎型货运个体	π	$0<\eta<C_{\mathrm{acc}}$
冒进型货运个体	$1-\pi$	$\eta=0$

6. *群体偏好*

群体偏好是指货运群体通过信息的交流，分享货运限行监管信息的感受，从而影响其他货运群体的出行决策。群体偏好是一种非理性的行为，是指货运个体在做出行决策的过程中，受到群体间或媒体信息的影响时所表现出的一种非理性的状态。

本章研究仅考虑那些已经参与道路通行的货运个体对未参与通行的货运个体在出行决策过程中产生的影响。未参与道路通行的货运个体会收到已经参与道路通行的货运个体传达的一种会对其做出行方案选择产生影响的监管信息。这些信息不能在全部群体间起作用，它们只在有限的范围内进行传播，并且只能传播给接触到这些信息的货运个体。

根据货运个体不同的群体偏好特征，将货运群体中的个体分为跟随型货运个体和稳定型货运个体，构成比例分别为 ρ 和 $1-\rho$。假设 ω 为群体偏好的影响深度，$\omega\geqslant 0$，ω 小于货运个体可接受的成本 C_{acc}，ω 越大，对货运个体的影响程度越大。群体偏好对跟随型货运个体的影响很大，其行为会因群体间或媒体传播信息的变化而改变。相反，稳定型货运个体不易受群体偏好的影响，其行为不易受群体间或媒体信息的影响。两类货运个体受群体偏好的影响程度特征，如表 6.7 所示。

表 6.7 货运个体受群体偏好的影响程度特征

货运群体构成	构成比例	群体偏好影响程度
跟随型货运个体	ρ	$0<\omega<C_{\mathrm{acc}}$
稳定型货运个体	$1-\rho$	$\omega=0$

6.2.4 货运个体的行为分析

在做出行决策过程中，不同的货运个体对各个出行方案做出效用评估，考虑每种出行方案的效用是否高于付出的成本。如果决策的结果是积极的，则说明货运个体认为此次出行决策带来的效用大于成本，会选择此出行方案；相反，货运个体会放弃此出行方案。

本节研究的重点是无证货运个体的通行情况和持证货运个体在通行证限定的通行时段和区域外的通行情况，货运个体根据自身盈利水平，判断通行效用，选择合适的出行方案。货运个体受到货运限行类政策的刺激，做出出行决策前，结合自身情况对是否采取某种出行方案进行决策和分析。货运企业的盈利水平用 Income 表示，存在通行成本可支配系数 $\alpha(0<\alpha<1)$，可接受的成本表示为 $C_{\text{acc}}=\text{Income}\cdot\alpha$，每种出行方案所要付出的成本表示为 C_{pa}，其分布函数为 $F(\cdot)$，货运企业的期望效用为 $\text{EU}=\text{Income}\cdot\alpha-C_{\text{pa}}$。货运企业采取某种出行方案的条件是其可接受成本大于所要付出的成本，即它的期望效用 $\text{EU}=\text{Income}\cdot\alpha-C_{\text{pa}}>0$。相反，当期望效用 $\text{EU}=\text{Income}\cdot\alpha-C_{\text{pa}}<0$ 时，放弃选择此出行方案。

本节研究货运个体的四种通行决策，即限行时段外通行（out of time）、绕路通行（detour）、直闯（rush）、客车改货车（change）。货运个体选择四种行为的比例分别为 a、b、c、d，$a+b+c+d=1$。货运个体评估每种出行方案的效用时，仅考虑由于没有通行证产生的附加成本。假设货运个体限行时段外通行产生的时间成本为 C_{T}，绕路通行产生的绕行成本为 C_{R}，直闯违规通行被惩罚的概率为 P_{F}，惩罚金额为 C_{F}；客车改货车的购置金杯车或面包车的成本为 C_{B}，违规通行被惩罚的概率为 P_{B}，惩罚金额为 C_{F}。

1. 限行时段外通行

在限制通行时间、限制通行区域、通行证制度、监管措施和群体信息传递等事件的刺激下，货运个体通过属性判定，选择适宜的出行决策。在四种通行决策中，货运个体会衡量成本，选择合适的出行方案。货运个体选择出行方案的条件为 $\max\{\text{Income}\cdot\alpha-C_{\text{pa}}\}$，$C_{\text{pa}}=\{C_{\text{T}}+\theta, C_{\text{R}}+\gamma, C_{\text{F}}P_{\text{F}}+\eta+\omega, (C_{\text{B}}+C_{\text{F}})P_{\text{B}}+\eta+\omega\}$。

货运个体做出某种出行决策的概率为 $F_{\min}(z)$，如式（6.1）所示。

$$\begin{aligned}F_{\min}(z)&=P\{C_{\text{pa}}\leqslant z\}=1-P\{C_{\text{pa}}>z\}\\&=1-P\{C_{\text{T}}+\theta>z,\ C_{\text{R}}+\gamma>z,\ C_{\text{F}}P_{\text{F}}+\eta+\omega>z,\\&\quad(C_{\text{B}}+C_{\text{F}})P_{\text{B}}+\eta+\omega>z\}\\&=1-[1-F_{\text{T}}(z)][1-F_{\text{R}}(z)][1-F_{\text{F}}(z)][1-F_{\text{B}}(z)]\end{aligned}\tag{6.1}$$

当且仅当

$$\min\{C_{\text{T}}+\theta, C_{\text{R}}+\gamma, C_{\text{F}}P_{\text{F}}+\eta+\omega,(C_{\text{B}}+C_{\text{F}})P_{\text{B}}+\eta+\omega\}=C_{\text{T}}+\theta$$

时，货运个体选择限行时段外通行，选择该通行方案的比例为 a，如式（6.2）所示。

$$a = 1 - [1 - F_T(C_T + \theta)][1 - F_R(C_T + \theta)][1 - F_F(C_T + \theta)][1 - F_B(C_T + \theta)] \quad (6.2)$$

2. 绕路通行

受限行政策多个事件的影响，货运个体通过属性判定，在四种通行决策中，货运个体会衡量成本，选择合适的出行方案。当且仅当

$$\min\{C_T + \theta,\ C_R + \gamma,\ C_F P_F + \eta + \omega,\ (C_B + C_F)P_B + \eta + \omega\} = C_R + \gamma$$

时，货运个体选择绕路通行，选择该通行方案的比例为 b，如式（6.3）所示。

$$b = 1 - [1 - F_T(C_R + \gamma)][1 - F_R(C_R + \gamma)][1 - F_F(C_R + \gamma)][1 - F_B(C_R + \gamma)] \quad (6.3)$$

货运个体选择绕路通行时，货运个体将比正常通行付出更多的油耗成本 C_R，货运群体的绕行成本属性将发生变化。

3. 直闯

在货运限行类政策多个事件的刺激下，货运个体通过属性判定，对四种通行决策成本进行比较，选择适宜的出行方案。当且仅当

$$\min\{C_T + \theta,\ C_R + \gamma,\ C_F P_F + \eta + \omega,\ (C_B + C_F)P_B + \eta + \omega\} = C_F P_F + \eta + \omega$$

时，货运个体选择绕路通行，选择该通行方案的比例为 c，如式（6.4）所示。

$$c = 1 - [1 - F_T(C_F P_F + \eta + \omega)][1 - F_R(C_F P_F + \eta + \omega)] \times [1 - F_F(C_F P_F + \eta + \omega)][1 - F_B(C_F P_F + \eta + \omega)] \quad (6.4)$$

4. 客车改货车通行

受货运限行多个事件的影响，货运个体属性判定，衡量四种出行决策的成本，选择合适的出行方案。当且仅当

$$\min\{C_T + \theta,\ C_R + \gamma,\ C_F P_F + \eta + \omega,\ (C_B + C_F)P_B + \eta + \omega\} = (C_B + C_F)P_B + \eta + \omega$$

时，货运个体选择绕路通行，选择该通行方案的比例为 d，如式（6.5）所示。

$$d = 1 - \{1 - F_T[(C_B + C_F)P_B + \eta + \omega]\}\{1 - F_R[(C_B + C_F)P_B + \eta + \omega]\} \times \{1 - F_F[(C_B + C_F)P_B + \eta + \omega]\}\{1 - F_B[(C_B + C_F)P_B + \eta + \omega]\} \quad (6.5)$$

6.3 货运限行类政策下的城市配送系统模型构建及分析

仿真设计思想主要是设置货运车辆通行的仿真系统环境，将现实中货运企业的货运车辆在仿真系统中抽象为独立的 Agent（智能律），根据货运企业的规模将货运企业分为小、中、大三类，并设定 Agent 的运动规则，整个仿真过程由 Agent 之间的交流协作、Agent 对货运限行类政策的互动完成。从微观层面分析货运个

体的行为，发现宏观的城市配送系统运行规律。对仿真结果进行分析，改善货运限行类政策，从而得到优化的城市配送系统。

6.3.1　模型构建

1. 模型假设

在货运限行类政策下，货运群体行为受不同因素的影响而变化，本节研究从货运个体属性特征角度，对城市配送系统中的货运群体行为进行分析，构建货运限行类政策下的城市配送系统仿真模型，掌握货运限行类政策对货运个体出行行为选择的影响，模型的假设如下。

1）每个货运企业都是有限理性的，只能在一定资源和条件限制下追求其效用最大化。由于环境的复杂性和不确定性，货运企业只能在有限的条件下进行决策。

2）所有货运个体的货运起始点和终点一样。

3）在没有“客车改货车”发生的情况下，所有货车的货运能力相等。

4）客车运货的货运能力为货车的三分之一。

5）不考虑违法出租、买卖货运通行证的情况。

6）模型中相关参数的设定根据仿真需要获得，在实际应用中可根据调研数据加以替换。

2. 环境设定

环境主要是指货运群体所处的城市配送系统环境。城市配送系统仿真模型构建了一个系统环境用以实现货运群体之间的联系，设置了货运 Agent 的接触半径，可以通过调整接触半径来改变群体间的交互程度。在模型中，用一个圆形表示单一的货运个体，用一条直线表示货运群体之间的联系，具体环境描述如表 6.8 所示。

表 6.8　环境描述

环境	环境描述
圆形	货运个体
直线	货运群体之间的联系

3. Agent 的分类及属性

所有的货运车辆都是一个独立的 Agent，同一类型主体的属性都是一致的。由于属性的不同，不同的货运 Agent 对于货运限行类政策的反应是不同的。同时，车辆处在道路之中，其移动的行为会对道路的监管情况产生一定的影响，因此又会因为监管状况的变化对 Agent 行为产生影响。

（1）Agent 的分类

在仿真模型中将货运车辆作为智能体考虑。本节研究中的货运车辆智能体 Agent 有多种属性，根据货运企业的规模大小将货运 Agent 分为三类群体，具体如表 6.9 所示。

表 6.9　Agent 分类

企业规模级别	企业拥有货车数量/辆	企业数所占比例/%
小	[0，10)	97
中	[10，50)	2.5
大	[50，∞)	0.5

（2）Agent 的属性

本模型的主要 Agent 是货运 Agent。每个货运 Agent 代表具有不同的属性和行为的货运车辆，利用货运 Agent 将货运车辆抽象成智能实体，Agent 的属性如表 6.10 所示。

表 6.10　Agent 的属性

属性	意义
ID	智能体的唯一身份标识
企业类别	企业分类等级，用以对 Agent 分类
绕行成本	系统设定的可以接受的绕行成本的大小
监管敏感性	对监管力度的敏感性
时间价值偏好	对绕行时间的容忍限制
群体偏好	受群体间信息的影响程度

每个货运 Agent 受成本变动、监管力度、时间偏好和群体偏好的影响，通过与其他货运 Agent 进行信息交互，每个货运 Agent 能够调整自己的行为以适应不断变化的环境，Truck（货车）类的属性和操作如图 6.3 所示。

Truck
id:Int size: String detourCost: String supervisionSens: String timeValue: String groupPref: String
getPassport () getCost () getIn () getOut ()

图 6.3　Truck 类的属性和操作

（注：图中属性与表 6.10 属性相对应。）

4. 参数和变量的设定

本章设置了一系列与 Agent 模型相关的参数和变量用以完成模型。参数设置及其含义如表 6.11 所示。

表 6.11　参数设置及其含义

参数	含义
Total Trucks	城市配送需求的货车总量
Proportion	通行证发放比例
Fine Cost	违规通行的罚款金额
Detour Cost	绕行成本
Supervision Strength	监管力度（监管频率）
Time Cost	时间成本
Composition	小、中、大规模企业构成比例
Contact Rate	信息交互程度

本节中，变量用来记录模型中数据的变化情况。变量设置及其含义如表 6.12 所示。

表 6.12　变量设置及其含义

变量	含义
Trucks	道路中通行的货车数量
Passport	通行证通行的货车数量
Out of the Time	限行时段外通行的货车数量
Within the Time	限行时段内通行的货车数量
Detour	绕行的货车数量
Rush	直闯的货车数量
Change	客车改货车的货车数量

5. 事件描述

货运 Agent 进入限行区域，收到货运限行类政策的刺激，Agent 面临着不同的选择，结合自身的个体属性进行分析，决定选择哪一种出行方案。货运 Agent 先判断通行证数量是否充足，若通行证数量充足则可在通行证限定时段和区域内持证通行，在限定时段和区域外则选择无证通行的其他出行方案，若通行证数量不足则也需选择无证通行的其他出行方案。之后，根据货运 Agent 自身的盈利水平与可接受的通行成本进行判断，计算某种出行方案的成本，并与第二种出行方案进行比较，选择成本较低的方案，然后继续与第三种比较，选择成本更低的方案，最后与第四种方案比较。根据对四种通行方案成本的比较和偏好的影响，选择成本最低和最偏好的出行方案。此过程一直持续直到到达目的地为止。

货运 Agent 行为选择的流程图，具体如图 6.4 所示。

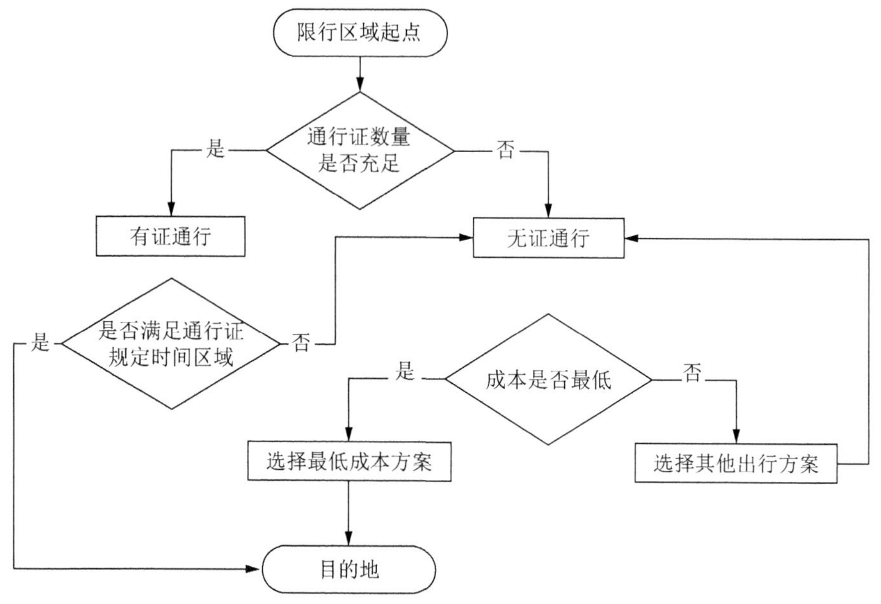

图 6.4 货运 Agent 行为选择的流程图

6.3.2 模型仿真及结果分析

本章研究利用 AnyLogic 软件对货运限行类政策下的城市配送货运群体行为进行仿真。货运限行类政策下的城市配送系统模型界面，如图 6.5 所示。

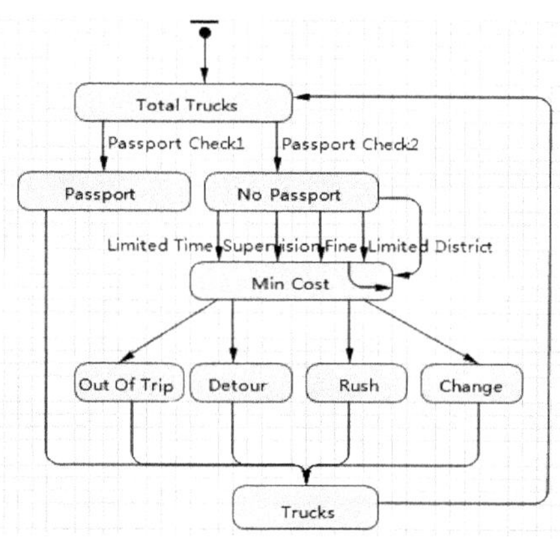

图 6.5 AnyLogic 软件仿真货运限行类政策下的城市配送系统模型界面图

1. *初始仿真*

模型仿真虚拟时间以月为单位，经查询专业研究报告数据和多次仿真实验，确定仿真实验的参数初始值，如表 6.13 所示。

表 6.13　参数初始值

参数	初始值
Total Trucks	2 000
Proportion	0.6
Fine Cost	100
Detour Cost	100
Supervision Strength	5
Time Cost	100
Composition	97∶2.5∶0.5
Contact Rate	20

在初始仿真实验中，城市配送中供需状态变化，四种通行方式的货车数量变化情况，货运群体出行状态比例，大、中、小规模企业违规车辆比例，如图 6.6～图 6.9 所示。

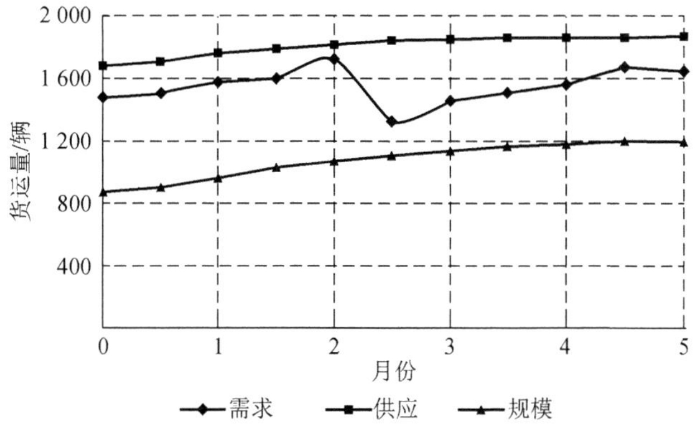

图 6.6　城市配送中供需状态变化

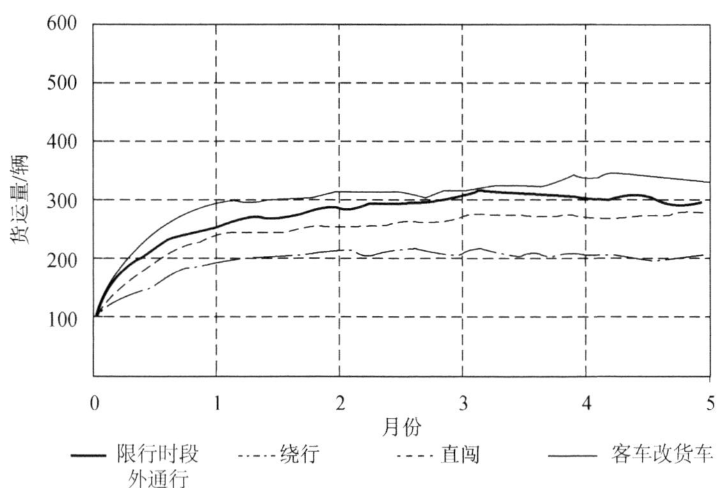

图 6.7　四种通行方式的货车数量变化情况

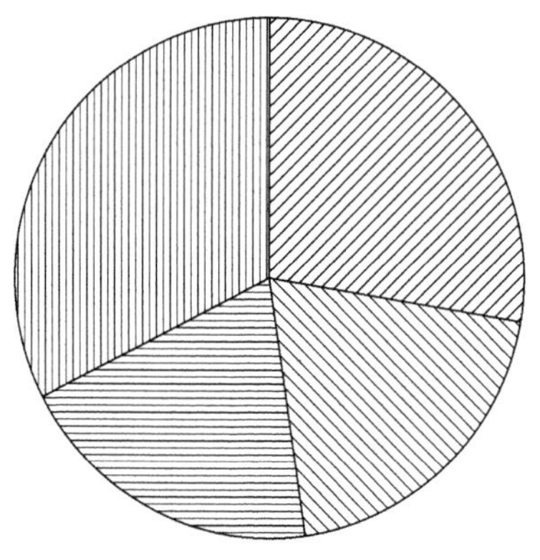

图 6.8 货运群体出行状态比例

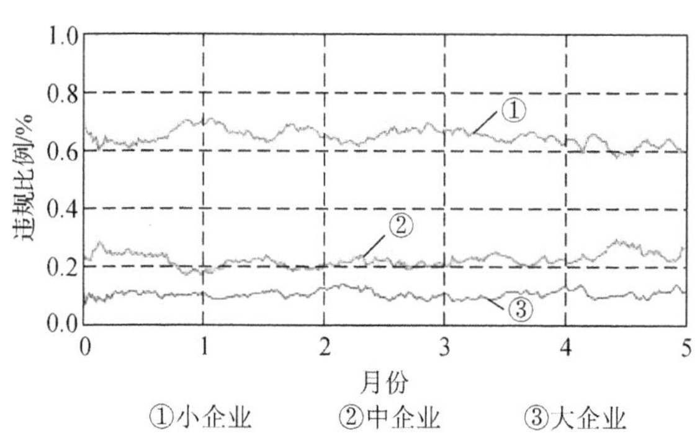

图 6.9 小、中、大规模企业违规车辆比例

2. 仿真实验

货运限行类政策实施产生了很多负面影响，城市配送供需出现缺口，出现了较高比例的违规通行货运车辆，同时，大量客车改货车的出现，给城市交通造成很大的压力。

因此，本章研究将设计仿真实验，以北京城市配送为例，调整不同的参数，观察货车在货运限行类政策不同事件作用下的通行状况，比较不同因素对货运企业行为的影响，将货运限行类政策的负面影响降到最低，减少违规通行货车数量，降低货车通行总量，同时满足城市配送需求，优化货运限行类政策。本模型的仿真实验参数，如表 6.14 所示。

表 6.14　仿真实验参数设置

实验	Proportion	Time Cost	Detour Cost	Supervision Strength	Fine Cost	Contact Rate	Composition
0	0.4	100	100	5	100	20	97∶2.5∶0.5
1	0.6	100	100	5	100	20	97∶2.5∶0.5
2	0.2	100	100	5	100	20	97∶2.5∶0.5
3	0.6	50	100	5	100	20	97∶2.5∶0.5
4	0.6	150	100	5	100	20	97∶2.5∶0.5
5	0.6	100	50	5	100	20	97∶2.5∶0.5
6	0.6	100	150	5	100	20	97∶2.5∶0.5
7	0.6	100	100	10	100	20	97∶2.5∶0.5
8	0.6	100	100	5	150	20	97∶2.5∶0.5
9	0.6	100	100	10	150	20	97∶2.5∶0.5
10	0.6	100	100	5	100	30	97∶2.5∶0.5
11	0.6	100	100	5	100	10	97∶2.5∶0.5
12	0.6	50	100	5	150	70	70∶20∶10

实验 0 是初始实验，各参数的取值均为设定的初始值，实验结果为初始仿真结果，作为参照对比实验。

实验 1 和实验 2 通过调整参数 Proportion 的取值，改变货运企业的通行证发放比例的大小，研究限行政策通过通行证制度对货运群体行为的影响。

实验 3 和实验 4 通过调整参数 Time Cost 的取值，改变货车通行的时间成本，研究限行政策通过限制通行时间对货运群体行为的影响。

实验 5 和实验 6 通过调整参数 Detour Cost 的取值，改变货车绕路通行的成本，研究限行政策通过限制通行区域对货运群体行为的影响。

实验 7～实验 9 通过调整参数 Supervision Strength 和 Fine Cost 的取值，改变监管部门的监管力度，研究限行类政策监管力度对货运群体行为的影响。

实验 10 和实验 11 通过改变参数 Contact Rate 的取值，改变货运个体的接触频率，研究群体偏好对货运群体行为的影响。

实验 12 通过调整参数 Composition 的取值，改变小、中、大规模企业数量构成比例，研究企业构成比例对货运群体行为的影响。

本章在仿真结果图中统计的每个变量的后面都有数字后缀 n（n=0，1，2，3，6，…，12，13），表示实验 n 中该变量的统计值。

实验 0～实验 2 研究通行证制度对货车通行的影响，其仿真结果用饼状图统计，图 6.10 所示为在不同的通行证发放比例情况下，限行时段外通行、绕行、直闯和客车改货车四种通行方式的货车通行量比例。

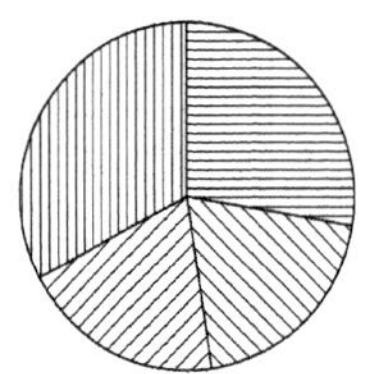

限行时段外通行：175辆（27.7%）
绕行：127辆（20.2%）
直闯：120辆（19.1%）
客车改货车：208辆（33.0%）

（a）实验0
Proportion=0.4

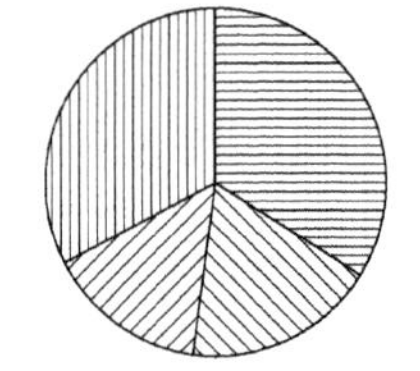

限行时段外通行：223辆（34.2%）
绕行：116辆（17.8%）
直闯：102辆（15.6%）
客车改货车：211辆（32.4%）

（b）实验1
Proportion=0.6

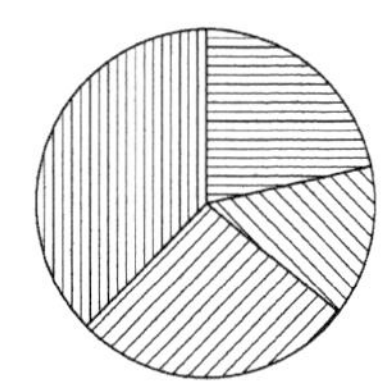

限行时段外通行：139辆（22.0%）
绕行：94辆（14.9%）
直闯：174辆（27.6%）
客车改货车：224辆（35.5%）

（c）实验2
Proportion=0.2

图 6.10　实验 0～实验 2 四种通行方式的货车通行量比例

由图 6.10 可知，当其他参数值不变时，调整参数 Proportion 的取值，即改变货车通行证的发放比例，无证通行货车的出行行为受到影响，违规通行的货车占无证通行货车总数量的比例发生变化。

实验 0 为初始状态，违规通行的货车数量所占百分比为 52%，超过一半比例；实验 1 将货车通行证发放比例提高 20%，实验 2 将货车通行证发放比例降低 20%。

由实验 1 和实验 2 可以看出，通行证发放比例变化会直接影响货车通行行为变化，导致货运违规比例变化。因此，本节研究做进一步实验，对通行证发放比例取值采取等差取值，得到的违规比例变化结果，如图 6.11 所示。

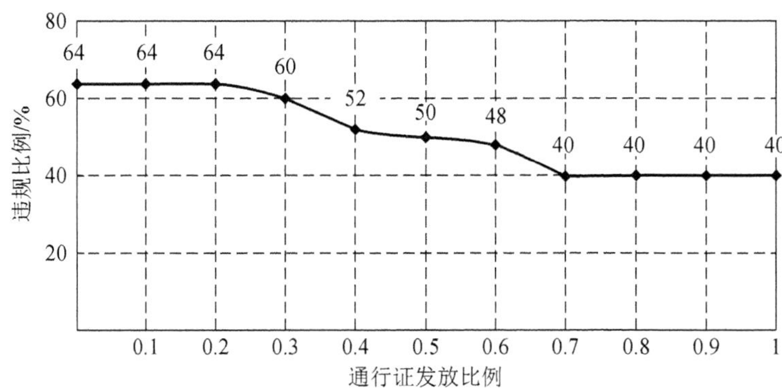

图 6.11　违规比例变化图

由图 6.11 可知，不同的通行证发放比例取值下，货运违规比例发生变化。根据实际调研发现，违规通行的产生除了因为通行证数量限制外，还有两个原因：

在一些区域设有禁行规定，无论是否拥有通行证都无法通行，但为了满足该区域的一些需求，势必出现违规通行；城市内的商超大多数不接受夜间收货，商超需求的时间与限行规定允许配送的时间冲突，导致配送企业违反规定进行配送。

结论一：通行证数量的限制并不是引起货车违规通行产生的唯一原因，通行证制度不能解决所有问题，需要配合其他措施来解决。

实验 0、实验 3 和实验 4 研究限制货车通行时间引起货车时间成本的变化，其对货车通行影响的仿真结果对比，如图 6.12 所示，图中显示了限行时段外通行、绕行、直闯和客车改货车四种通行方式的货车通行量变化情况。

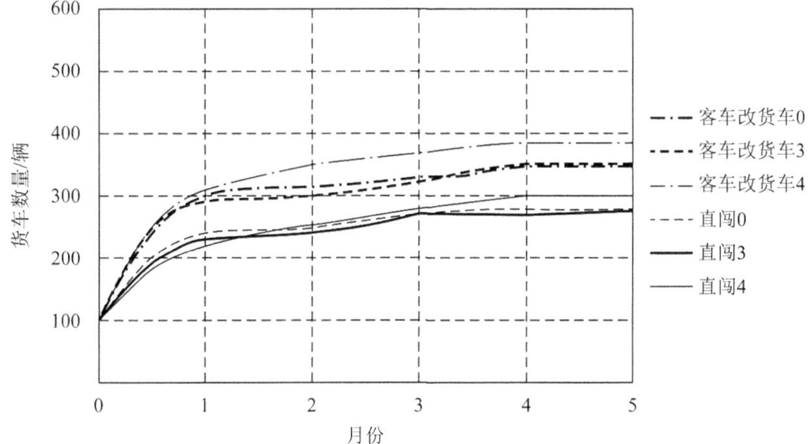

（a）实验0、实验3、实验4客车改货车、直闯通行方式的仿真结果对比图

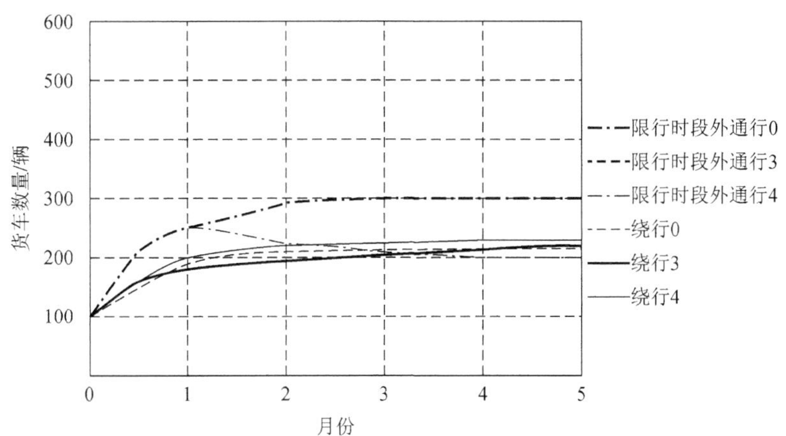

（b）实验0、实验3、实验4限行时段外通行、绕行通行方式的仿真结果对比图

图 6.12　实验 0、实验 3、实验 4 四种通行方式的仿真结果对比图

由实验 0 和实验 3 可知，其他参数取值不变，缩短限行时间，将 Time Cost 的取值减小，限行时段外通行、绕行、直闯和客车改货车四种出行方式的曲线变化趋势基本不变，即曲线逐渐增加然后趋于平稳，数量上几乎没有变化。这是由于北京对货车限行时间的规定为 6:00～22:00 限行，货运个体在一天 24 小时内的偏好通行时间主要集中在夜间 23:00 至早晨 6:00，进行配送的时间最多为 6 个小时，加之受限行类政策的影响，早高峰 7:00～9:00 禁行，因此可进行配送的时间仅占全天时间的 1/6，限行时间的缩短对货运个体的出行影响不大。对比实验 0 和实验 4 的仿真运行结果可知，当其他参数取值不变时，将 Time Cost 的取值增大，四种出行方式的货车数量均发生了变化，绕行、直闯和客车改货车方式的货车数量整体水平都有所增加，其中客车改货车的数量增幅相对较大，而夜间通行的货车曲线变化趋势发生了变化，曲线表现为短期内效果不明显且与初始实验一样逐渐增加，但后期达到一定数量后逐渐减小，最终趋于稳定状态。

这是因为限行时间的延长，货运个体选择限行时段外通行的效用减小，货运群体中的沉稳型个体数量增多，不断地选择限行时段外通行，而急躁型货运个体受时间价值的影响又逐渐地选择其他出行方式。初始实验的限行时间为 6:00～23:00，货运个体偏好的时间为上午，短期内选择等待的货运个体稍有增加，随着限行时间的继续延长，等待更没有意义，愿意选择等待的货运个体越来越少，为了满足需求，货运个体倾向选择违规通行，使违规货车数量增加。

结论二：货运个体每天可配送的有效时间较短，主要集中在白天的几个小时，出行行为受限行时间缩短的影响并不大，可以鼓励引导夜间配送和收货。

实验 5 和实验 6 研究限制货车通行区域引起货车绕行成本的变化，与实验 0 对比，其对货车通行影响的仿真结果如图 6.13 所示，它显示了四种通行方式的货车通行量变化。

由图 6.13 可知，对比实验 0、实验 5 和实验 6，不改变其他参数取值，仅改变限行区域，改变 Detour Cost 的取值，绕路通行的货车数量和违规通行的货车数量发生了变化，限行时段外通行的货车数量几乎保持不变。当 Detour Cost 的取值变小时，绕路通行的货车数量整体水平增加，违规通行的货车数量减少；当 Detour Cost 的取值变大时，绕路通行的货车数量曲线变化趋势发生变化，在仿真前期先保持实验 0 的水平逐渐增加，仿真后期稍有下降，最终达到稳定状态，违规通行的货车数量增加。

结论三：缩小限行区域的范围，有利于降低违法通行的货车数量，可以对特殊产品解除禁行规定。

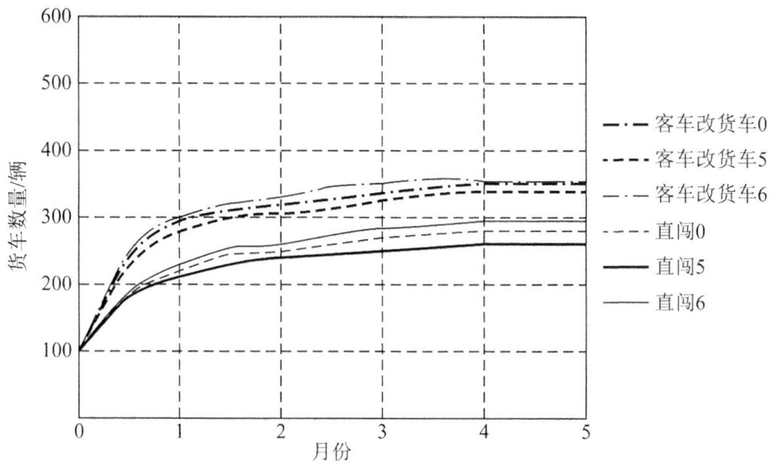

（a）实验0、实验5、实验6客车改货车、直闯通行方式的仿真结果对比图

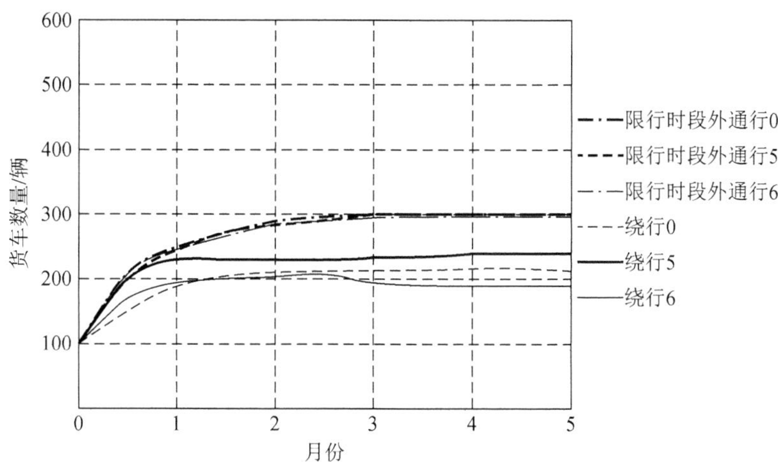

（b）实验0、实验5、实验6限行时段外通行、绕行通行方式的仿真结果对比图

图 6.13 实验 0、实验 5 和实验 6 四种通行方式的仿真结果图

实验 0、实验 7 和实验 8 的仿真结果，如图 6.14 所示，显示了四种通行方式的货车通行量变化情况。

对比实验 0、实验 7 的仿真结果可以看出，保持其他参数取值不变，仅将参数 Supervision Strength 取值增大，四种出行方式的曲线变化趋势基本不变，先增加达到一定数值后保持平稳状态。

随着监管力度的加大，违规直闯的货车数量曲线向下平移，整体水平有所下降，客车改货车的货车数量曲线向上平移，整体数量水平有所增加，但违规货车的比例总体几乎保持不变。这是由于监管力度的加大，谨慎型的货运个体数量逐渐增多，减少其违规直闯的行为，选择其他方式，而冒进型货运个体更多地选择客车改货车的出行方式。

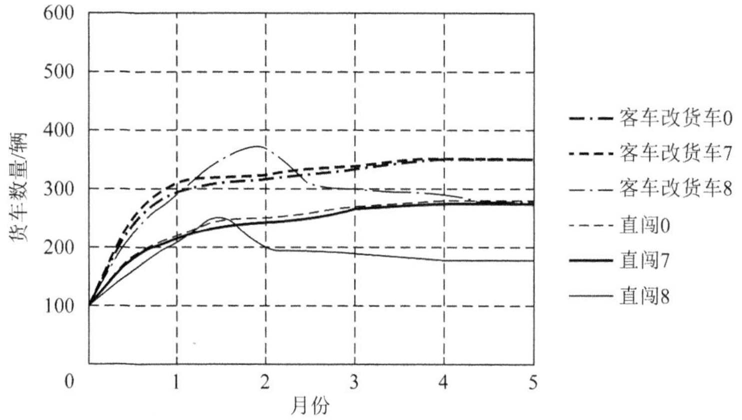

（a）实验0、实验7、实验8客车改货车、直闯通行方式的仿真结果对比图

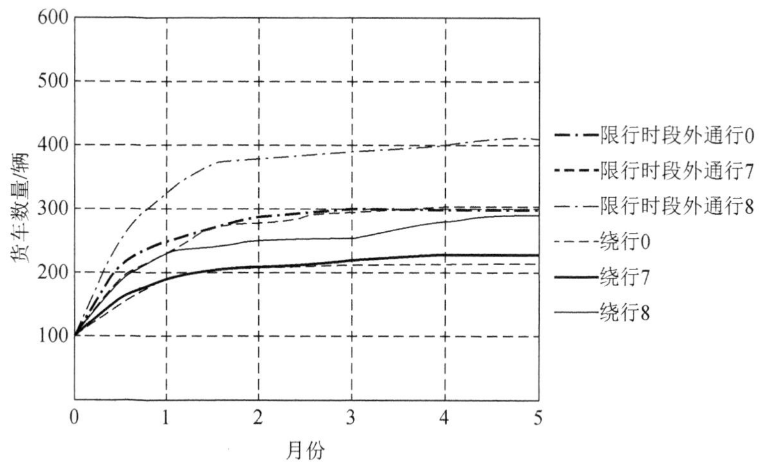

（b）实验0、实验7、实验8限行时段外通行、绕行通行方式的仿真结果对比图

图 6.14　实验 0、实验 7 和实验 8 四种通行方式仿真结果对比图

观察实验 8 可知，其他参数取值不变，将 Fine Cost 的取值增大，限行时段外通行和绕行的货车数量曲线变化趋势基本不变，先增加达到某一数值后保持平稳状态，违规直闯和客车改货车的货车数量曲线变化趋势发生变化，先增加，经过一段时间达到某个峰值后逐渐递减，最终达到稳定的状态。

对比实验 0 和实验 8 可以看出，仅将罚款金额加大，保持其他参数取值不变时，违规直闯和客车改货车的货车数量曲线都是短期内达到实验 0 原有的峰值，然后数量逐渐递减，最终保持在高于递增前的平稳状态，且客车改货车的货车数量比违规直闯的曲线后达到峰值。在短期内当加大罚款金额对于控制违规货车数量没有什么效果，长远来看，随着货运个体接收到越来越多的罚款信息，违规货车数量逐渐减少。

对比实验 7 和实验 8 可知，仅加大监管力度时，对违规货车行为的影响不大，而仅加大罚款金额时，对违规货车行为的影响效果较明显。

在实验 7 和实验 8 的条件下，城市配送中供需变化的仿真结果，如图 6.15 所示。

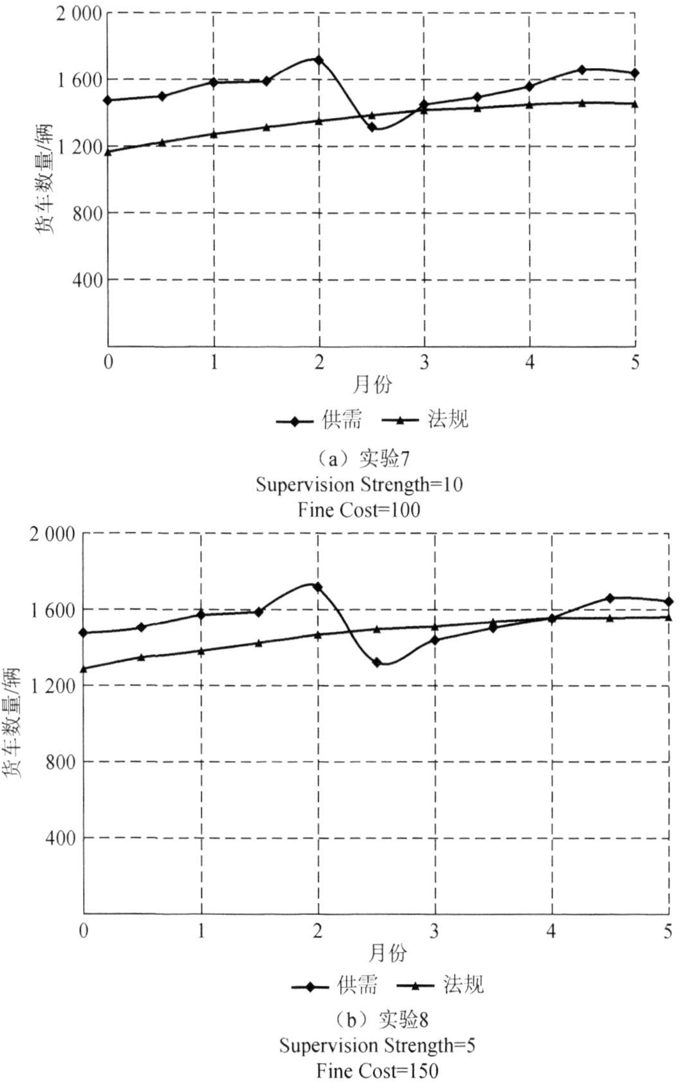

图 6.15　实验 7 和实验 8 供需变化的仿真结果图

由图 6.15 可知，实验 7 中当不改变其他参数值，增大 Supervision Strength 的值，城市配送供需缺口逐渐缩小，在仿真周期内满足小部分需求。实验 8 中当不改变其他参数值，仅仅增大 Fine Cost 的取值时，城市配送供需缺口也逐渐缩小，比实验 7 的缺口更小，在仿真周期内满足部分需求，满足需求的货运量超过实验 8。这是由于货运个体对增加罚款金额措施的敏感性要比加大监管力度的敏感性强，更多的货运个体采用合法通行的方式完成城市配送。

结论四：长远来看，罚款金额单因素对减少违规货车通行的作用效果优于监管力度单因素的作用，且更有利于快速弥补城市配送供需缺口。

实验 0、实验 9 的仿真结果图，如图 6.16 所示。

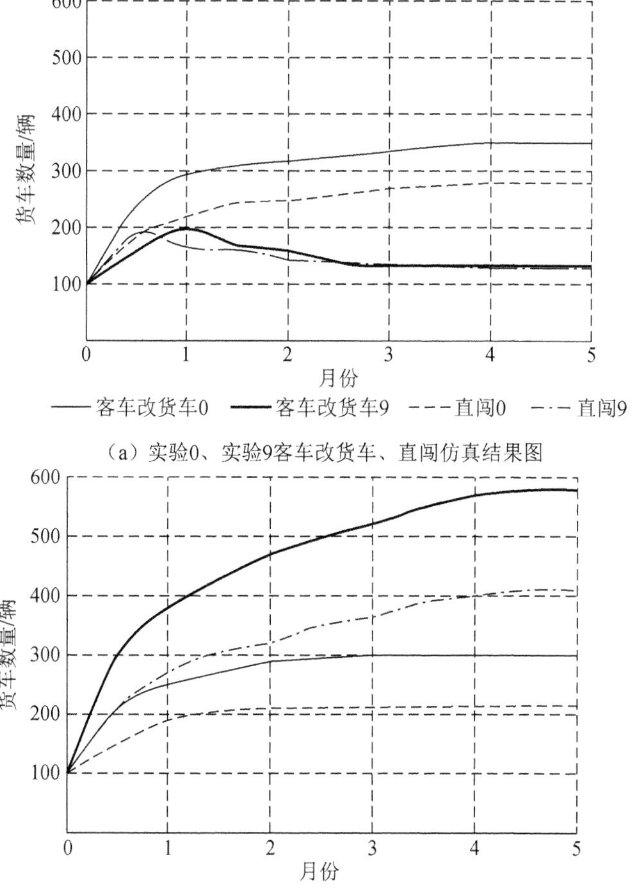

（a）实验0、实验9客车改货车、直闯仿真结果图

（b）实验0、实验9限行时段外通行、绕行仿真结果图

图 6.16　实验 0、实验 9 仿真结果图

观察实验 0 和实验 9 可知，当监管力度与罚款金额两个因素同时作用时，监管力度越大，罚款金额越大，违规货车数量水平下降幅度越大，违规货车数量水平越高。监管的加强使货运个体违规出行的效用减小，冒进型货运个体数量减少，更多选择合法通行。对比实验 7～实验 9 可以发现，随着监管力度和罚款金额的加大，违规行为的货车数量会迅速达到低于初始实验的峰值，峰值过后逐渐递减，达到低于仅罚款金额作用时的平稳状态。由于监管力度很严格，罚款金额也很大，对货运个体的监管敏感性影响更大，相比于实验 7、实验 8 单因素的作用，能在更短时间内迅速控制货运个体的违规行为。

在实验 9 的条件下，城市配送供需情况仿真结果，如图 6.17 所示。

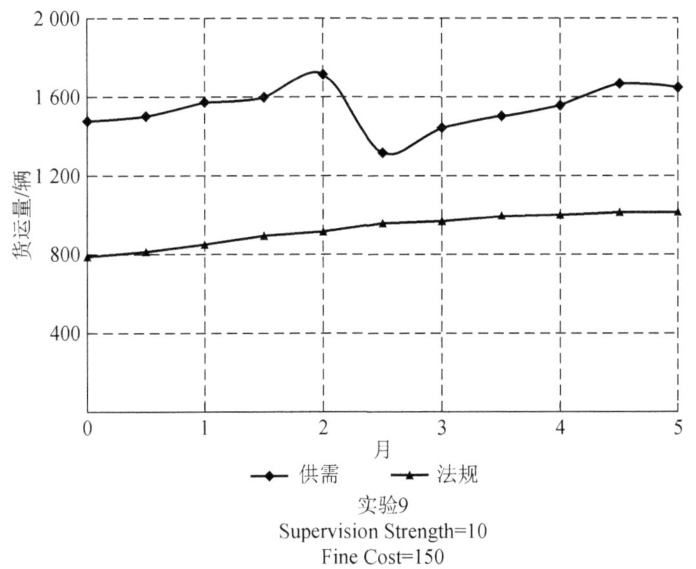

图 6.17　实验 9 中城市配送供需情况仿真结果图

由图 6.17 可以看出，当其他参数值保持不变时，同时增大 Supervision Strength 和 Fine Cost 两个参数的取值，由于监管力度严格及罚款成本高，在整个仿真实验中，城市配送供需始终存在缺口，缺口变得更大，不能满足城市配送需求。当监管力度过于严格，罚款成本太高时，违规货车数量大幅降低，但受限于通行证数量，很难满足城市配送需求，供需缺口加大。

结论五：监管力度和罚款金额两个因素同时作用，有利于降低违规通行货车数量，但监管过于严格且罚款成本太高，将加大城市配送供需缺口，需配合其他措施优化城市配送系统。

实验 0、实验 10 和实验 11 仿真结果对比，如图 6.18 所示。

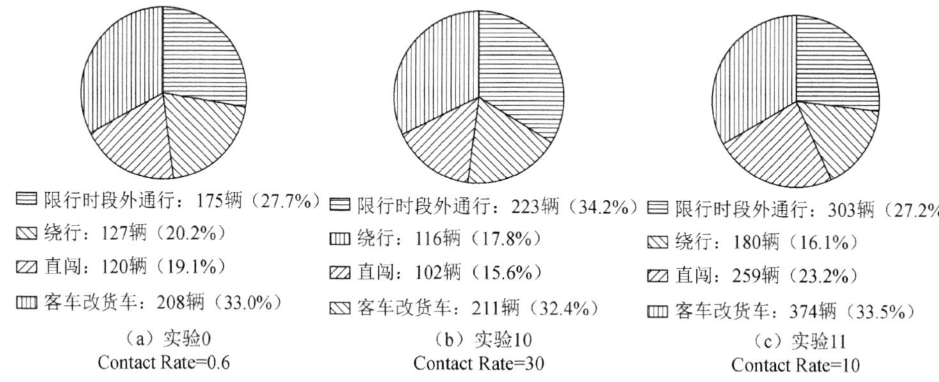

图 6.18　实验 0、实验 10 和实验 11 仿真结果对比图

假设货运群体间传递的是限行政策监管严格的信息，通过对比实验 0、实验 10、实验 11 可以看出，其他参数取值不变，将参数 Contact Rate 的取值增大，违规通行的货车数量百分比由实验 0 的 52%降为 48%，当参数 Contact Rate 的取值减小时，违规通行的货车数量百分比变为 56.7%。

对比实验 0、实验 10、实验 11 可以看出，货运个体的违规行为与群体 Contact Rate 有关。因此，本章做出进一步研究，研究在不同的群体 Contact Rate 对货运个体的违规比率，仿真结果如图 6.19 所示。

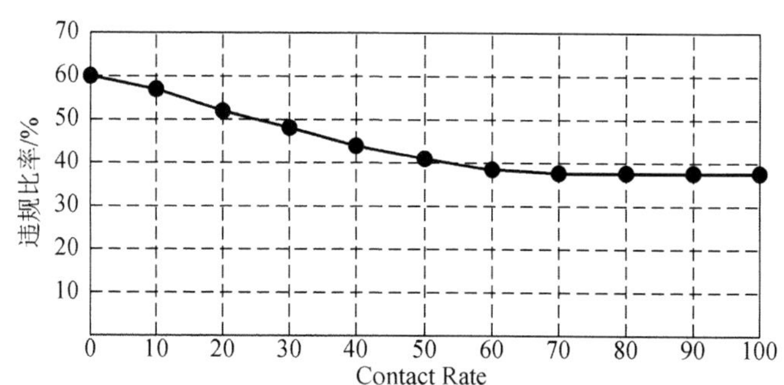

图 6.19　Contact Rate 对货运个体的违规比率仿真结果影响

由图 6.19 可以看出，不同的群体 Contact Rate 取值对违规比率有影响。当 Contact Rate 取值为 0 时，违规比率很高，达到 60%，随着 Contact Rate 取值的不断增大，违规比率逐渐降低，如 Contact Rate 取值为 70%时，违规比率为 38%，当 Contact Rate 取值继续增大，违规不再变化，保持平稳。

结论六：货运个体的违规行为与群体 Contact Rate 有关。通过媒体广泛宣传和公布城市货运监管信息，加大货运群体 Contact Rate，影响货运群体的偏好，从而有助于降低违规通行比例。

为实现城市配送系统的优化，减少违规货车的数量，并满足城市配送需求，综合以上的实验，实验 12 通过多次仿真实验选择较优的参数取值，同时调节三类不同规模企业构成比例的取值，得到实验 12 的仿真结果，如图 6.20 所示。

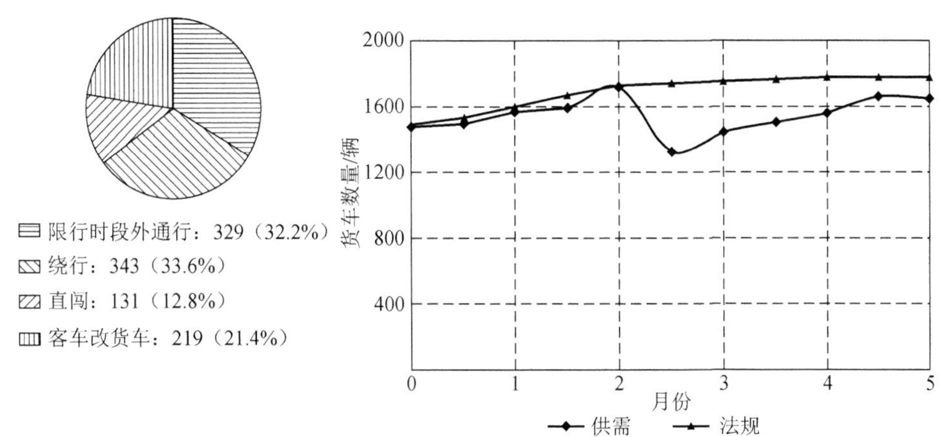

图 6.20　实验 12 的仿真结果图

由图 6.20 可知，通过仿真实验选取合适的参数值，同时调节小、中、大规模企业构成比例的取值，缩减小规模企业所占比例，增大中规模和大规模企业所占比例，因此违规通行货车数量大幅降低，四种通行方式中违规通行比例为 36%，优于以上所有实验，同时，城市配送供需情况在整个仿真实验周期内几乎一直保持供给稍大于需求，满足城市配送需求，仿真结果优于以上所有实验。

结论七：对货运市场中的货运企业结构进行调整，实现企业集约化，缩减小企业在市场中所占的比例，有利于城市配送系统良好运行。

6.3.3　相关建议

通过仿真及结果分析，本章研究提出一些相关建议，从而合理引导货运群体行为，指导城市配送系统资源优化配置，实现城市配送系统良好运行。

1. 完善货车通行证制度

通行证制度限制货运企业的配送车辆的数量，影响城市配送效率，间接增加了配送企业的成本，因此合理制定通行证制度很重要。发放通行证的比例过低，将刺激更多的货运企业选择违规通行，以弥补其运力不足造成的配送损失。适当地加大通行证发放的比例，有助于减少违规通行的货车数量，同时要完善通行证管理制度，为避免违法运营的产生，要定期对货运企业持证情况进行检查和更新。

2. 鼓励夜间配送和收货

目前货运企业偏好的配送时间主要集中在白天，大部分商超也不接受夜间收货，限行时间的缩短对货运企业的出行行为影响不大。建议政府出台相应的夜间配送政策，同时对配送企业和商超给予一定的补贴，倡导货运企业夜间配送，鼓励商超夜间收货，合理分流，减少白天的货车通行量，以此平衡白天和夜间的车流。

3. 开设生鲜配送特殊通道

可以为部分生活必需品解除部分区域的限行规定，为特殊产品开设特殊通道，有利于违规货车数量的降低。生鲜类产品具有易腐的特点，由于商家客户对生鲜产品需求时间的特殊性，大部分生鲜配送企业不得不违反货运限行的规定将生鲜产品送达。生鲜产品作为居民生活的必需品，应该与普通货运区别对待，可以开设生鲜配送特殊通道，发放特殊通行证，享有特殊的通行权利，保证生鲜产品顺利送达，满足城市居民的需求。该措施有利于降低违法通行的货车数量，满足城市配送需求，保障和改善民生。

4. 加大违规通行的惩罚成本

当违规通行的惩罚成本太低时，尽管加强了监管力度，往往对违规通行的货车也会失去有效控制，因此有必要加大罚款金额，同时配合适当的监管力度。该措施可以直接影响货运企业对违规通行方式成本的衡量，有利于减少货运企业的违规通行行为，转而选择合法的通行方式。

5. 监管信息宣传

货运群体间的信息交流有来自货运群体自身的经历和体验，也有来自媒体信息的宣传。加大媒体对监管信息的宣传和公布，可以快速向货运群体传递信息，迅速感知政策监管力度，影响货运企业违规与否的偏好，从而减少违规通行行为。

6. 改变货运企业结构

通过鼓励大规模货运企业对小规模企业采取收购、分包和合作等方式，整合货运市场中的小规模货运企业，从而形成城市配送规模化经营，实现企业集约化，提高城市配送的组织化程度和专业化水平。该措施有利于节约企业成本，提高企业信用水平，降低违规通行货运车辆，满足城市配送需求，实现城市配送系统良好运行。

6.4 本章小结

本章从货运限行类政策的实施影响出发，运用复杂系统理论方法，对城市配送系统的影响因素、货运限行类政策现状及各类群体的行为特征进行系统、客观、全面的研究。本章在对城市配送系统中货运企业的出行行为进行分析之后，进而研究货运限行类政策对货运企业出行行为产生的影响，然后应用 Agent 建模方法建立了城市配送系统模型，并运用 AnyLogic 软件对模型进行仿真。通过仿真研究，本章提出了完善货运通行证制度、鼓励夜间配送和收货、开设生鲜配送特殊通道、加大违规通行的惩罚成本、监管信息宣传以及改变货运企业结构等发展建议。

第 7 章　城市配送车型的选择*

国内越来越多的城市针对在城市中心区运行的配送车辆实施严格的限制政策。此类限制政策不允许重型配送车辆进入城市中心区，只允许有通行证的中小型配送车辆进入城市中心区。在此类限制政策实施下，合法运营的配送车辆无法完全满足城市配送的需求，导致许多企业只能采取“客车改货车”的方式来弥补合法运营配送车辆无法满足的这部分城市配送需求，因此大大增加了城市中心区运行的车辆数量，加剧了城市中心区的拥挤程度。然而，东京等城市对进入城市中心区的中小型配送车辆实行工作日 24 小时放行政策，同时允许符合标准的重型配送车辆进入城市中心区配送货物，城市中心区交通拥堵现象却并不严重。因此，有必要对国内外城市采取的城市配送车型组合情况进行研究，通过对不同车型组合的运营效果进行对比分析，为国内城市交通管理者制定城市配送车辆管理政策和选择适合的城市配送车型提供参考依据。

7.1　城市配送车型的界定

7.1.1　城市配送车型的划分

城市配送车辆种类繁多、形式各异，其车型具体的划分方法需要根据实际情况或研究的问题而定。目前，国内外对城市配送车辆类型的认定，在分类依据上较为一致，主要包括最大总质量、车厢结构、驱动燃料等，有时也将城市配送车辆的长、宽、高和排放标准作为重要的分类依据。然而，尽管国内外在城市配送车辆车型的分类依据上具有一致性，但在细节的规定上有所差异。当使用最大总质量作为城市配送车辆类型分类依据时，以中国、日本、美国、欧盟、澳大利亚、新加坡等国家和地区为例，城市配送车辆车型按最大总质量划分如表 7.1 所示。

根据研究的需要，本章研究对城市配送车辆车型的分类将在以最大总质量作为分类依据的基础上，同时从载重量，排放标准，长、宽、高，驱动燃料等技术指标来考虑城市配送车辆的车型界定问题，其中各技术指标的参考标准如表 7.2 所示。

---

* 经立．城市中心区配送车辆车型选择研究[D]．北京：北京工商大学，2012．

表 7.1 城市配送车辆车型按最大总重量划分 （单位：kg）

国家和地区	车型分类			
	微型	轻型	中型	重型
中国	≤1 800	>1 800 且≤3 500	>3 500 且≤12 000	>12 000
美国	≤3 900	>3 900 且<8 800	>8 800 且≤15 000	>15 000
日本	≤1 700	>1 700 且≤2 500	>2 500 且≤5 000	>5 000
欧盟	≤1 500	>1 500 且<3 500	>3 500 且≤12 000	>12 000
澳大利亚	0	≤3 500	>3 500 且≤17 000	>17 000
新加坡	0	≤3 500	>3 500 且≤16 000	>16 000

表 7.2 最大总重量、载重量、排放标准等技术指标的参考标准

技术指标	参照标准
最大总重量	《汽车、挂车及汽车列车外廓尺寸、轴荷及质量限值》（GB 1589—2016）
载重量	《汽车、挂车及汽车列车外廓尺寸、轴荷及质量限值》（GB 1589—2016）
排放标准	国Ⅰ、国Ⅱ、国Ⅲ、国Ⅳ、欧Ⅰ、欧Ⅱ、欧Ⅲ、欧Ⅳ、欧Ⅴ、欧Ⅵ、美国环境保护署排放标准（EPA Emission Standards）、加利福尼亚排放标准（California Emission Standards）、日本机动车燃油排放标准（JC08c）
长	《汽车、挂车及汽车列车外廓尺寸、轴荷及质量限值》（GB 1589—2016）
宽	《汽车、挂车及汽车列车外廓尺寸、轴荷及质量限值》（GB 1589—2016）
高	《汽车、挂车及汽车列车外廓尺寸、轴荷及质量限值》（GB 1589—2016）
驱动燃料	柴油、汽油、电力、压缩天然气、液化天然气、液化石油气

7.1.2 城市配送车辆管理措施

纵观国内外城市配送车辆管理经验，针对城市配送车辆采取的管理措施主要有车辆总质量限制、车辆通行时间限制、通行证政策、车辆大小限制、车辆排放标准限制、行驶道路限制等，但由于城市政策导向及城市本身实际情况的不同，各国城市制定的城市配送车辆管理措施呈现出不同的特点。以北京、上海、东京、伦敦和巴黎这些具有代表性的城市为例，各自制定的城市配送车辆管理措施如表 7.3 所示。

表 7.3 北京、上海、东京、伦敦和巴黎的城市配送车辆管理措施

城市	城市配送车辆管理措施					
	车辆最大总重量/kg	通行证政策	禁止通行时间	最大的车辆尺寸	最低排放标准	道路限行政策
北京	12 000	有，且总量有限	本市核发号牌：6:00～23:00［五环路（不含）以内道路］；外省、自治区、直辖市核发号牌：6:00～24:00［六环路（含）以内道路］	8m×2.5m×4m	欧Ⅲ	是

续表

城市	城市配送车辆管理措施					
	车辆最大总重量/kg	通行证政策	禁止通行时间	最大的车辆尺寸	最低排放标准	道路限行政策
上海	8 000	有，且按公司机动车总数量比例	部分路段工作日 7:00～20:00（有通行证车辆）	7m×2.5m×4m	国Ⅳ	是
东京	44 000	有，但总量没有限制	周六 22:00～周日 7:00（GVW≥8 000kg）	16.5m×2.5m×4.1m	JC08c（轻型车）、JE05（重型车）	是
伦敦	18 000	有，但总量无限制	7:00～21:00（GVW≥18 000kg）	15m×4m×4.4m	欧Ⅳ	是
巴黎	19 000	有，但总量没有限制	低排放量车无限制；17:00～22:00（<29m²）；7:00～22:00（>29m²且≤43m²）	43m²	欧Ⅳ	是

注：GVW 表示车辆总重量（gross vehicle weight）。

从表 7.3 可以看出，北京、上海、东京、伦敦、巴黎的城市配送车辆管理措施的类型基本相同，但具体规定各具特色。北京和上海在措施的制定方面最具限制性，巴黎和伦敦次之，东京最为宽松。在允许进城车辆的最大总质量规定方面，北京和上海明显低于东京、伦敦和巴黎，这意味着大货车无法在北京、上海的市区内执行城市配送任务；在通行证政策方面，虽然各城市都实施了这项政策，但北京和上海对通行证的总量有上限控制，这意味着具有通行证的货车可能无法满足城市配送的需求，进而导致“客车改货车”的现象；在禁止通行时间方面，北京、上海和伦敦较为相似，在白天部分时段对货车实施限行政策，巴黎主要在晚上部分时段实施限行，而东京在工作日对货车没有任何限制，只是在周六和周日对达到一定标准的大货车有限制；在允许进城车辆的最大尺寸规定方面，北京和上海明显小于东京、伦敦和巴黎；在最低排放标准规定方面，北京和上海主要参照欧盟的排放标准，但与伦敦和巴黎等城市相比，北京和上海执行的最低排放标准要低一个阶段，东京则执行其国内的标准。

7.2 城市配送车型策略

7.1 节对国内外有代表性城市的配送车辆管理措施进行了讨论，本节将在上节的基础上，结合本章的研究目的，设计三种在国内外的城市配送中较为典型的城市配送车型策略——以北京和上海等城市为代表的中小型车型策略、以东京为代表的大中型车型策略、以伦敦和巴黎等城市为代表的混合型车型策略（假定在三种车型策略中均不考虑配送车辆通行时间和道路限制政策的影响）。

7.2.1 中小型车型策略

在北京和上海等城市，交通管理部门只允许有通行证的中型以下的城市配送车辆进入市内，且对持有通行证的货运车辆总数量进行控制。在这种管理措施下，合法运营的城市配送车辆无法完全满足城市配送的需求，因而导致许多企业采取客车改货车的方式进行解决。因此，在北京和上海等城市执行配送任务的车辆主要为中型货车、轻型货车和微型面包车。

7.2.2 大中型车型策略

在东京，城市中心区建设了共同配送中心、专门卸货场地等基础设施，这些基础设施在城市配送中发挥了巨大的调节作用，因此政府没有针对城市配送车辆制定严格的限制性措施，符合标准的半挂车，重型、中型和轻型等货车都可以进入市内执行配送任务。但不同车型的车辆有明确分工，较大的半挂车只负责将货物运输到城市中心区的共同配送中心，重型、中型和轻型货车负责将货物从共同配送中心配送到各个服务点。因此，在东京执行城市配送任务的车辆主要为半挂车。

7.2.3 混合型车型策略

在巴黎和伦敦等城市，虽然政府针对城市配送车辆制定了最大总质量、最大尺寸等上限政策，但相比北京和上海而言，其城市配送车辆管理措施较为宽松，符合标准的重型货车允许进入市内执行配送任务。同时，巴黎和伦敦等城市的共同配送中心虽然也发挥了一定的作用，但相比日本而言，共同配送中心并未起关键承接作用，大多数的重型、中型和轻型货车是直接将货物从出发点配送到服务点的。因此，在巴黎和伦敦等城市执行配送任务的车辆主要为重型货车、中型货车和轻型货车。

7.3 基于利益相关者关注指标的配送车型选择指标体系构建

7.3.1 城市配送活动中的利益相关者

在 7.2 节中，设计了三种在国内外的城市配送中较为典型的城市配送车型策略；与此同时，在城市配送车辆执行配送任务的过程中，涉及众多的利益相关者，不同的利益相关者对配送车辆产生的各类影响关注程度不同，进而对各类城市配送车型管理政策也会持有不同的态度。

由于城市配送车型管理政策是众多利益相关者相互博弈、相互影响的结果，本节将从利益相关者的角度来考虑城市配送车辆车型的选择问题。首先，有必要识别各类利益相关者，对不同利益相关者所关注的指标进行分析，并将这些指标作为车型选择模型的目标函数。本节主要考虑以下四类主要利益相关者：①承运人（第三方物流公司）；②托运人（工业企业、商业企业）；③城市居民（顾客）；④城市交通管理者（交通政策制定者）。上述城市配送活动利益相关者的关系如图 7.1 所示。

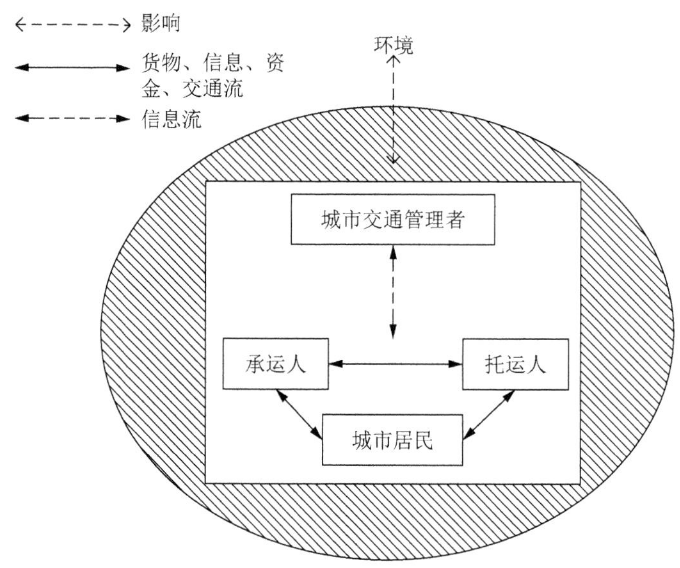

图 7.1 城市配送活动的利益相关者的关系

1. 承运人

承运人作为众多第三方物流公司中的一员，主要目的是以最小的成本将更多的货物准时送到托运人的店面或客户手中，其最大目标是实现自身利润的最大化。为了实现这一目标，承运人首先要考虑的是通过合理的车辆路径规划和车辆调度来降低运输过程中所产生的成本，如燃料成本、未按时送达到客户手中而产生的罚款；其次需要应社会和公众要求履行一定的环境责任，即尽可能减少城市配送车辆尾气排放量（CO、NO_x、HC、PM）。因此，承运人对城市配送车型管理政策最重要的评判指标是车辆的总配送成本和配送准时率，以及是车辆的行驶总里程和车辆尾气排放量。

2. 托运人

一方面，托运人在城市的商业活动中面临激烈的竞争；另一方面，其下游顾客的要求也越来越苛刻，希望托运人的产品物美价廉，因此托运人为了争取到更大的市场份额，需要尽可能地降低公司运营成本，如采购成本、制造成本、配送成本等。本节为了研究的需要，假定托运人的销售量和除配送成本以外的其他成本是固定的。因此，托运人对城市配送车型管理政策最重要的评判指标是车辆总配送成本，其次是车辆尾气排放量。

3. 城市居民

作为城市的主人，城市居民的首要目标是希望自己生活在良好的环境中，希望有良好的空气质量、较多可用的道路资源等，其次希望商品的价格更加优惠。为此，他们希望能够减少城市配送活动对城市环境的不利影响，同时尽可能地降低配送成本。因此，城市居民对城市配送车型管理政策最重要的评判指标是车辆尾气排放量、其次是车辆总配送成本、车辆占用道路的总面积和车辆总数量。

4. 城市交通管理者

实现城市的可持续发展是城市交通管理者的目标，包括经济、环境和社会三方面的内容，其中经济目标一般是指配送成本的最小化。探讨环境和社会方面的目标时，城市交通管理者关注的是通过制定合适的车辆最大总质量、尺寸，以及最低排放等标准来降低城市配送车辆对环境和社会的不利影响。然而，用车辆的最大总质量、最大尺寸、最低排放等标准很难衡量城市配送车辆影响的好坏。因此，在本章的研究中，将使用车辆占用道路的总面积、车辆总数量和车辆尾气排放量作为城市交通管理者衡量城市配送车型管理政策的评判指标。

7.3.2 基于利益相关者关注指标的配送车型选择指标体系

在制定城市配送车型管理政策时，相关利益者为了自身利益的实现会相互影响和博弈，城市交通管理者在选择城市配送车型管理政策时需要考虑不同利益相关者的利益诉求，因此有必要从不同利益相关者最关注的评判指标出发来构建一个基于利益相关者的城市配送车型选择指标体系，如承运人和托运人最优先考虑的目标是实现总配送成本的最小化，城市居民和城市交通管理者最优先考虑的目标是实现车辆尾气排放量的最小化。

在实际的城市配送活动中，承运人和托运人可以通过各种车型的组合和配送路径的优化来实现成本最小化，但城市居民和城市交通管理者若要通过各种车型的组合和配送路径的优化来实现车辆尾气排放量的最小化是不符合实际的，要想减少车辆尾气排放量，只能通过调整最低排放标准、载重量限制等政策来实现，这是因为城市配送活动的真正执行者是承运人和托运人，他们追求的目标是配送成本的最小化，而不是尾气排放的最小化。因此，在各种车型管理政策下，首先要实现的目标是总配送成本的最小化，其次在总配送成本最小化实现的基础上来考虑车辆尾气排放总量、车辆占用道路资源、车辆行驶总里程和车辆数量等问题，最后根据计算出来的指标来考虑各利益相关者会支持什么样的车型策略。

根据本节以上分析，研究归纳出一个基于利益相关者关注指标的配送车辆车型选择指标体系（表 7.4）。假设总配送成本为 C，商品配送准时率为 P，尾气排放量为 A，车辆占用道路总面积为 S，车辆行驶总里程为 L，车辆总数量为 F。表 7.4 中，$P \mid \min C$ 是指配送成本 C 最小化条件下 P 的值；$A \mid \min C$ 是指配送成本 C 最小化条件下 A 的值；$S \mid \min C$ 是指配送成本 C 最小化条件下 S 的值；$L \mid \min C$ 和 $F \mid \min C$ 分别类推之。

表 7.4　基于利益相关者关注指标的配送车辆车型选择指标体系

指标重要等级	利益相关者		
	承运人/托运人	城市居民	交通管理者
1	$\min C$	$A \mid \min C$	$S \mid \min C$
2	$P \mid \min C$	$S \mid \min C$	$F \mid \min C$
3	$A \mid \min C$ 和 $L \mid \min C$	$F \mid \min C$	$A \mid \min C$

7.4 城市配送车型选择模型

7.4.1 问题描述

在城市配送的日常活动中，供应商（零售商）经常需要从城市周边郊区的货场向城市中心区内若干家零售店面配送若干种商品，每个零售店面对商品和配送的时间有一定的要求，配送车辆在郊区货场装载货物发车后，把货物送到城市中心区的各个零售店，车辆在把所有装载的货物卸完货后，需要返回始发地。在执行配送任务时，供应商（零售商）经常会考虑外包的方式，由专业的第三方物流公司来完成配送业务，第三方物流公司需要按照供应商（零售商）的要求选择最合适的车辆车型和最合适的车辆行驶路径，来尽可能地降低总配送成本，同时城市居民和政府会要求第三方物流公司在执行配送任务时尽可能降低车辆的总数量、尾气排放总量和道路面积的占用量等。

一般来说，第三方物流公司会考虑两种配送方式：一是直接将商品从城市周边的物流基地配送到城市中心区内的各个零售店面；二是先将商品从城市周边的物流基地运输到城市中心区附近的共同配送中心，然后再将商品从共同配送中心配送到各个零售店面。图 7.2 为无共同配送中心的城市配送系统，图 7.3 为引入共同配送中心的城市配送系统。本节将上述两种配送方式的行驶路线进行对比，假定在中小型车型策略和混合型车型策略中城市配送车辆都按第一种方式行驶，在大中型车型策略中城市配送车辆按第二种方式行驶。

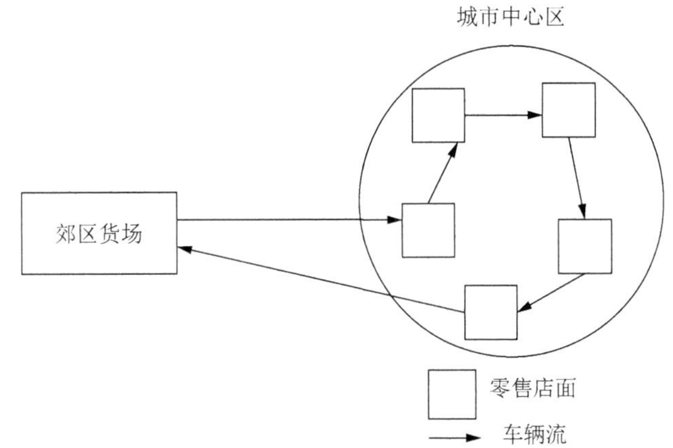

图 7.2　无共同配送中心的城市配送系统

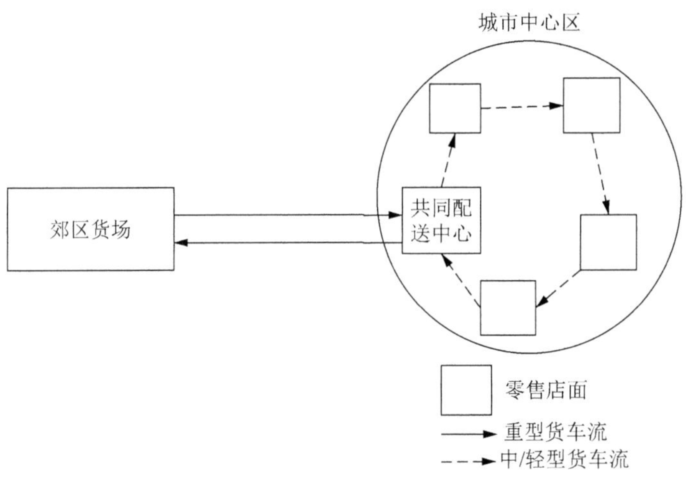

图 7.3　引入共同配送中心的城市配送系统

7.4.2　模型假设

由于城市配送系统是一个复杂的系统，涉及各种各样的货物，货物的规格也存在很大的差异性，配送车辆在行驶的过程中也会受到一系列条件的制约，要想将影响城市配送车辆的配送活动所有因素都纳入研究中是不现实的。从本章研究需要出发，针对模型构建提出以下几项假设。

1）城市配送车辆具有很好的兼容性，能够同时运输多种不同规格的商品。

2）只考虑单一的郊外货场和单一的共同配送中心，多部车辆负责配送，车场和郊外货场（或共同配送中心）之间的距离忽略不计，车辆从出发地完成配送任务后要返回出发地。

3）郊外货场有充足的货源，不会发生缺货的情况，能够充分满足零售店面的需求。

4）各零售店的位置和需求量均为已知，且零售门店的需求发生在节点上，各节点都有线连接。

5）配送车辆行驶的道路无方向性，可双向行驶。

6）若单个零售店的需求超出最小车型车辆的载重量的整数倍，整车部分单独派车配送，剩余部分应小于单车的载重量，当用一辆车来完成配送时，车辆不能满载，车辆的装载率没有得到有效利用，则应该考虑用这辆车来完成多个零售店面的配送任务，进行巡回配送。

7）各零售店都有时间窗要求，车辆要在指定的时间段配送，否则将产生惩罚成本。

8）各类尾气排放量与车辆行驶时间、车辆的输出功率成正相关。

9）各种车型车辆的已使用的年限未超过 3 年。

10）本章研究将实现总配送成本最小化作为第一目标，在此目标实现的基础上来考虑车辆总数量、尾气排放量、行驶里程和车辆占用的道路总面积等问题。

7.4.3 中小型车型策略和混合型车型策略的选择模型

将郊区货场、零售店都视为同一个网络中的节点，郊区货场中若干种不同车型车辆先在货场装载货物，然后向各个零售店面直接配送货物，车辆完成配送任务后要返回郊区货场。配送网络可用一个加权图 $G(V,E)$来表示（图 7.4），其中 $O=\{N_0,N_1,N_2,\cdots,N_n\}$ 为节点集，$E=\{(N_i,N_j):N_i,N_j\in O,i\neq j\}$ 为弧集。集合 O 由两个子集组成：$N=\{N_1,N_2,\cdots,N_n\}$ 为零售店面节点集，N_0 表示货场。对于每个节点 $N_i\in N$，表示该点存在配送需求；在节点 N_0 中拥有 K 种车型的车辆，车型和车辆数量保证可以完成任务，其中 $k=(1,2,\cdots,K)$ 型车的数量为 u_k；每个客户点 N_i 都有一个服务时间窗 $[\mathrm{et}_i,\mathrm{lt}_i]$，$\mathrm{et}_i$ 表示最早开始服务时间，lt_i 表示最迟开始服务时间。如果车辆到达客户点的时间先于最早开始服务时间或晚于最迟开始服务时间，就会产生时间惩罚成本。

为了简化该问题的数学模型，本节把数学模型中需要用到的集合、参数和变量定义如下。

零售店对应的节点编号为 $N_1,N_2,\cdots,N_n$；郊区货场的节点编号为 N_{n+1}。$r_{ijku}=(1,0)$ 表示若 k 型车的第 u 辆从店面 i 到店面 j，则 $r_{ijku}=1$，否则 $r_{ijku}=0$；d_{ij} 表示节点 i 到节点 j 的距离；n 表示总零售店数量；c_k 表示 k 型车单位距离的行驶成本；v_k 表示 k

型车单位时间的行驶距离；e_k 表示 k 型车单位距离的空驶成本；q_k 表示 k 型车的装载容量；s_k 表示每一辆 k 型车的占地面积；g_k 表示 k 型车的输出功率；z_k 表示 k 型车的排放标准；T_k 表示 k 型车行驶总时间；w_i 表示零售店 i 的货物需求量；T_{iku} 表示 k 型车的第 u 辆到达节点 i 的时间；t_{ijku} 表示 k 型车的第 u 辆从节点 i 到节点 j 的时间；t_{iku} 表示 k 型车的第 u 辆在节点 i 的卸货或装货时间；et_i 表示零售店 i 的最早开始服务时间；lt_i 表示零售店 i 的最晚开始服务时间；a 表示提前惩罚系数，即每提前单位时间到达的时间成本；b 表示延迟惩罚系数，即每推迟单位时间到达的时间成本。

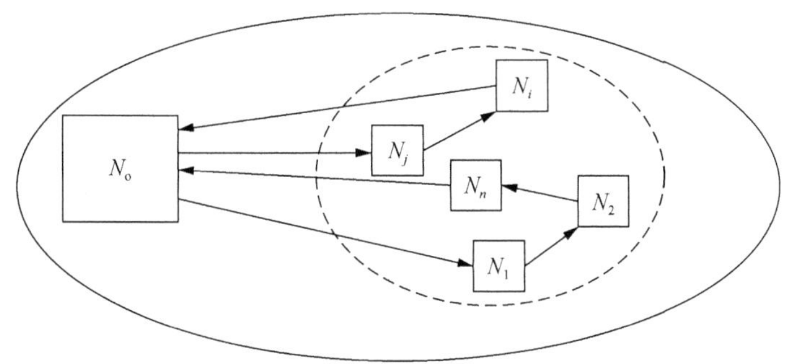

N_{n+1}:郊区货场
$N_i(i=1,2,\cdots,n)$:零售店

图 7.4　郊区货场和零售店构成的网络图

本模型的第一目标是总配送成本最小化，在此目标实现的基础上来考虑车辆总数量、尾气排放量、行驶里程和车辆占用的道路总面积等问题，其中总配送成本用 C 表示，商品配送准时率用 P 表示，尾气排放量用 A 表示，车辆占用道路总面积用 S 表示，使用的配送车辆总数用 F 表示，车辆行驶总里程用 L 表示。总配送成本由运输成本、空驶成本和时间惩罚成本构成，最小总成本数学模型如下：

$$\begin{aligned}\min C=&\sum_{i\in O}\sum_{j\in N}\sum_{k=1}^{K}\sum_{u=1}^{u_k} r_{ijku}d_{ij}c_k+\sum_{i\in N}\sum_{j=N_0}\sum_{k=1}^{K}\sum_{u=1}^{u_k} r_{ijku}d_{ij}e_k\\&+\sum_{i\in O}\sum_{j\in N}\sum_{k=1}^{K}\sum_{u=1}^{u_k} r_{ijku}[a\max(\mathrm{et}_j-T_{jk},0)]\\&+\sum_{i\in O}\sum_{j\in N}\sum_{k=1}^{K}\sum_{u=1}^{u_k} r_{ijku}[b\max(T_{jk}-\mathrm{lt}_j,0)]\end{aligned} \tag{7.1}$$

$$P=n_1\div n \tag{7.2}$$

$$A=\sum_{k=1}^{K}\sum_{u=1}^{u_k} r_{ijku}g_k z_k T_{ku} \tag{7.3}$$

$$S=\sum_{i=N_0}\sum_{j\in N}\sum_{k=1}^{K}\sum_{u=1}^{u_k}r_{ijku}s_k \tag{7.4}$$

$$F=\sum_{i=N_0}\sum_{j\in N}\sum_{k=1}^{K}\sum_{u=1}^{u_k}r_{ijku} \tag{7.5}$$

$$L=\sum_{i\in O}\sum_{j\in O}\sum_{k=1}^{K}\sum_{u=1}^{u_k}r_{ijku}d_{ij} \tag{7.6}$$

约束条件如下：

$$\sum_{i\in O}\sum_{j\in N}r_{ijku}w_j\leqslant q_k,\ k=1,\cdots,K;\ u=1,\cdots,u_k;\ i\neq j \tag{7.7}$$

$$\sum_{i\in O}\sum_{k=1}^{K}r_{ijku}\geqslant 1,\ j\in N;\ u=1,2,\cdots,u_k;i\neq j \tag{7.8}$$

$$\sum_{i\in O}r_{ihku}-\sum_{j\in O}r_{hjku}=0,\ k=1,\cdots,K;\ u=1,\cdots,u_k;\ h\in O;\ i\neq j\neq h \tag{7.9}$$

$$\sum_{i\in O}\sum_{k\in K}r_{ijku}(T_{iku}+t_{iku}+t_{ijku})=T_{jku},\ j\in O;\ i\neq j \tag{7.10}$$

$$T_{N_0ku}>0 \tag{7.11}$$

其中相关表达式的含义具体如下。

式（7.1）表示车辆的运输成本、空驶成本和时间惩罚成本之和最小化；

式（7.2）表示总配送成本最小化条件下商品配送准时率，n_1 表示在规定的时间窗内收到货物的零售店数量；

式（7.3）表示总配送成本最小化条件下尾气排放量；

式（7.4）表示总配送成本最小化条件车辆占道路总面积；

式（7.5）表示总配送成本最小化条件车辆总数量；

式（7.6）表示总配送成本最小化条件车辆行驶总里程；

式（7.7）表示每一车型配送车辆的配送量不能超过其容量的限制；

式（7.8）表示每一个零售店至少能被车辆服务一次；

式（7.9）表示在每一车型车辆的子路径上，车辆从货场出发，到达一个节点后再离开，最终返回货场；

式（7.10）表示 k 型车的第 u 辆车到达零售店 j 的时间；

式（7.11）表示初始时间从货场计时，且初始时间为 0。

7.4.4 大中型车型策略的选择模型

将郊区货场、共同配送中心、零售店都视为同一个网络中的节点，郊区货场中某一大型车辆先在货场装载货物，然后将货物运输到位于城市商业区周边的共同配送中心，大型车辆在共同配送中心卸完货物后要返回郊区货场，然后由位于共同配送中心中若干不同车型的车辆向零售店配送货物，车辆完成配送任务后要返回共同配送中心。配送网络可用一个网络图 $G(V,E)$来表示（图 7.5），其中 $O=\{N_0,N_1,N_2,\cdots,N_n,N_{n+1}\}$ 为节点集，$E=\{(N_i,N_j):N_i,N_j\in O,i\neq j\}$ 为弧集。集合 O 由两个子集组成：N_0 表示货场，N_1 表示共同配送中心，$N=\{N_2,\cdots,N_{n+1}\}$ 为零售店节点集，假设 $M=\{N_1,N_2,\cdots,N_{n+1}\}$。在货场 N_0 的大型货车车型为 K_0，在共同配送中心 N_1 中拥有 K 种车型的车辆，车型和车辆数量保证可以完成任务，其中 $k(k=1,2,\cdots,K)$ 型车的数量为 u_k，其他在模型中用到的参数和变量与前述相同。

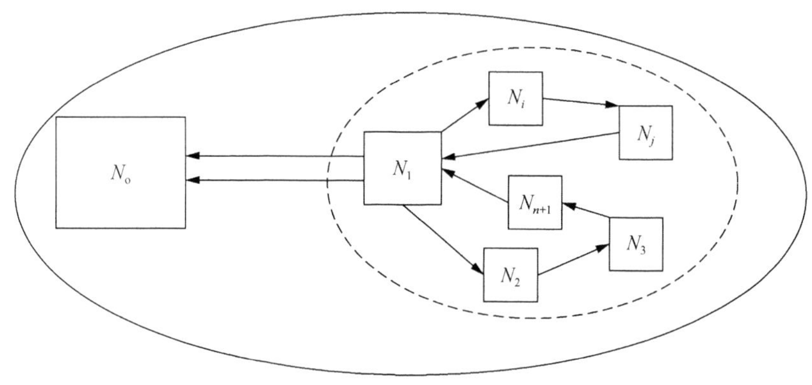

N_0：郊区货场
N_1：共同配送中心
$N_i(i=2,\cdots,n+1)$：零售店

图 7.5　郊区货场、共同配送中心和零售店面构成的网络图

本模型的第一目标是总配送成本最小化，在此目标实现的基础上来考虑车辆总数量、尾气排放量、行驶里程、车辆占用的道路总面积等问题。

由于在有共同配送中心的条件下，某一大型车辆只负责将货物由郊区货场送到共同配送中心，大型货车完成运输任务返回郊区货场，大型货车的行驶路径比较简单，一般不存在惩罚成本，其运输成本、空驶成本也可根据车辆参数和行驶距离直接计算出。因此，在模型的构建中只考虑共同配送中心到各个零售店的配送成本最小化问题，其数学模型如下：

$$\min C=\sum_{i\in M}\sum_{j\in N}\sum_{k=1}^{K}\sum_{u=1}^{u_k}r_{ijku}d_{ij}c_k+\sum_{i\in N}\sum_{j=N_1}\sum_{k=1}^{K}\sum_{u=1}^{u_k}r_{ijku}d_{ij}e_k$$
$$+\sum_{i\in M}\sum_{j\in N}\sum_{k=1}^{K}\sum_{u=1}^{u_k}r_{ijku}[a\max(\mathrm{et}_j-T_{jk},0)]+\sum_{i\in M}\sum_{j\in N}\sum_{k=1}^{K}\sum_{u=1}^{u_k}r_{ijku}[b\max(T_{jk}-\mathrm{lt}_j,0)] \quad (7.12)$$

$$P = n_1 \div n \tag{7.13}$$

$$A = \sum_{k=1}^{K} \sum_{u=1}^{u_k} r_{ijku} g_k z_k T_{ku} \tag{7.14}$$

$$S = \sum_{i=N_1} \sum_{j \in N} \sum_{k=1}^{K} \sum_{u=1}^{u_k} r_{ijku} s_k \tag{7.15}$$

$$F = \sum_{i=N_1} \sum_{j \in N} \sum_{k=1}^{K} \sum_{u=1}^{u_k} r_{ijku} \tag{7.16}$$

$$L = \sum_{i \in M} \sum_{j \in M} \sum_{k=1}^{K} \sum_{u=1}^{u_k} r_{ijku} d_{ij} \tag{7.17}$$

约束条件如下：

$$\sum_{i \in M} \sum_{j \in N} r_{ijku} w_j \leqslant q_k,\ k=1,\ \cdots,\ K;\ u=1,\ \cdots,\ u_k;\ i \neq j \tag{7.18}$$

$$\sum_{i \in M} \sum_{k=1}^{K} \sum_{u=1}^{u_k} r_{ijku} \geqslant 1,\ j \in N;\ i \neq j \tag{7.19}$$

$$\sum_{i \in M} r_{ijku} - \sum_{j \in M} r_{hjku} = 0,\ k=1,\ \cdots,\ K;\ u=1,\ \cdots,\ u_k;\ h \in M;\ i \neq j \neq h \tag{7.20}$$

$$\sum_{i \in M} \sum_{k=1}^{K} \sum_{u=1}^{u_k} r_{ijku} (T_{iku} + t_{iku} + t_{ijku}) = T_{jku},\ j \in M;\ i \neq j \tag{7.21}$$

$$T_{N_1 ku} > 0 \tag{7.22}$$

其中相关表达式的含义如下：

式（7.12）表示车辆从共同配送中心出发的运输成本、空驶成本和时间成本之和最小化；

式（7.13）表示总配送成本最小化条件下商品配送准时率，n_1表示在规定的时间窗内收到货物的零售店数量；

式（7.14）表示总配送成本最小化条件下尾气排放量；

式（7.15）表示总配送成本最小化条件车辆占道路总面积；

式（7.16）表示总配送成本最小化条件车辆总数量；

式（7.17）表示总配送成本最小化条件车辆行驶总里程；

式（7.18）表示每一车型配送车辆的配送量不能超过其容量的限制；

式（7.19）表示每一个零售店至少能被车辆服务一次；

式（7.20）表示在每一车型车辆的子路径上，车辆从货场出发，到达一个节点后再离开，最终返回货场；

式（7.21）表示 k 型车的第 u 辆车到达零售店 j 的时间；

式（7.22）表示 k 型车中的第 u 辆车在配送中心的初始时间不为零，而是等于大货车到达共同配送中心的时间。

7.5　模型的求解

在以往的带时间窗的车辆路径问题（vehicle routing problem with time windows，VRPTW）模型中，研究者一般假设单个服务点的需求量小于最大车型的载重量，但是在城市配送的日常活动中，单个服务点的需求量超过最大车型的载重量的现象是很常见的，本节构建的数学模型将从城市配送活动的实际情况出发，允许若干个服务点的需求量超过最大车型车辆的载重量。

为了求解此问题，本节将服务点的需求货物量进行拆分来进行配送，将需求货物量拆分为整车部分和非整车部分，整车部分是指需求量中能够通过若干辆满载的最大型车辆直接进行配送的货物量；非整车部分是指除整车部分的货物量，这部分的货物重量一般小于最小车型车辆的载重量。对于整车部分考虑单独派车进行配送，非整车部分考虑用一辆车完成多个服务需求，即通过不同车型车辆的组合优化进行巡回配送。

7.5.1　整车部分的求解方法

对于整车部分，本节考虑单独派若干辆最大型车辆进行配送，即实行点到点，这部分的配送成本、配送车辆到达服务点的时间和行驶里程可以根据已知的资料直接计算得出，整车部分的货物分配完毕后，每个服务点剩余的货物量应该小于最小型车辆的载重量。

7.5.2　非整车部分的求解方法

对于各服务点的非整车部分的货物配送，属于典型的带时间窗的车辆路径问题，这一类问题属于非确定性多项式 NP-hard（non-deterministic polynomial）问题，本节将采用遗传算法求解非整车部分配送的最优解。遗传算法的求解流程图如图 7.6 所示。

在本模型中城市配送车辆类型种类繁多，为了更好地解决多车型状况下配送车辆路径问题，本模型选择使用自然数编码的方式同时对货场、共同配送中心、需求点和车辆类型进行编码，即用序数 1，2，3，…，n+2，…，n+2+m 表示，其中 1 表示货场，2 表示共同配送中心，3～n+2 表示 n 个需求点，n+3～n+2+m 表示 m 种类型车辆，这些编码形成了一条染色体。假如有 8 位顾客，其编号为 3～10，同时车辆类型有三种，编号为 11～13，假设有一条可行路线的染色体为（3，5，11，4，7，8，13，6，10，9 和 12），那么这条染色体的结构可理解为：第一种类型的车辆从货场（或共同配送中心）出发经过客户 3 和客户 5 后，回到货场（或共同配送中心），形成子路径 1；第二种类型的车辆从货场（或共同配送中心）出发经过客户 4、客户 7、客户 8 后，回到货场（或共同配送中心），形成子路径 2；第三种类型的车辆从货场（或共同配送中心）经过客户 6、客户 10、客户 9 后，回到货场（或共同配送中心），形成子路径 3。同时，还可以直接计算出为了完成所有的配送任务，三种类型的车辆各使用了 1 辆。

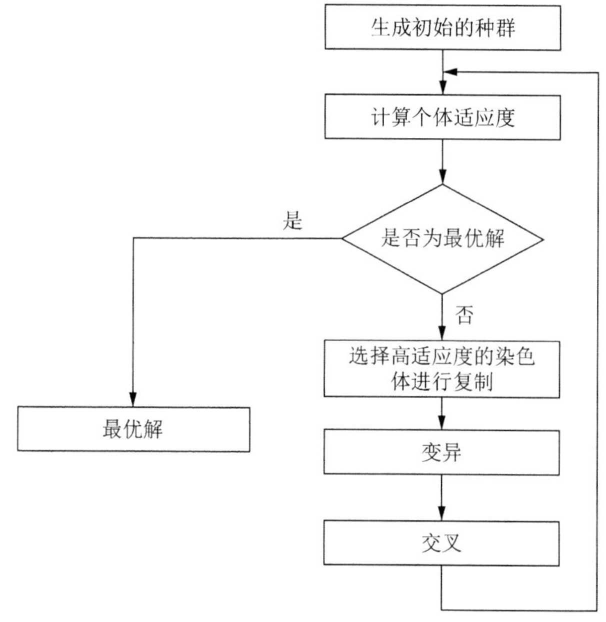

图 7.6 遗传算法的流程图

7.6 仿真研究

在实际的城市配送中，城市中心区每天的货物流量巨大，执行配送任务的车辆数量也较多，配送系统非常复杂，因此要将所有的货物配送情况进行仿真是不现实的。但是，由于整个城市配送系统是由许多配送公司的配送活动组成的，本节将利用建立的数学模型对某一配送公司的配送活动进行仿真，并假定配送公司在执行任务时可以选择本章提出的三种策略，最后对三种策略的仿真结果进行对比分析，并得出结论。

7.6.1 仿真数据

为了保证仿真的有效性，本节仿真中所使用的零售商数据取自实例，车辆数据主要来自三大渠道：一是通过对北京市区内货车司机的访谈；二是货车之家网站；三是欧盟、日本等国家和地区发布的车辆排放标准。

本节仿真所采用的城市道路网路如图 7.7 所示，其中①表示郊区货场，②表示城市中心区的共同配送中心，③～⑯表示需要服务的零售店，并且车辆在主干道和支路上的行驶速度不一样。某配送公司每天需要从城市郊区的货场（对应节点①）向城市中心区的 14 个零售店（对应节点③～⑯）送货，每个零售店要求公司将货物按照规定的时间段内送到，提前到达或晚点到达配送商都需承担一定的时间惩罚成本，本节假设配送公司提前和晚点到达零售店的单位时间惩罚成本分别为 1 元/min 和 2 元/min，其中 14 个零售店相关资料如附表 A1 所示，各节点之间的最短距离如附表 A2 所示。

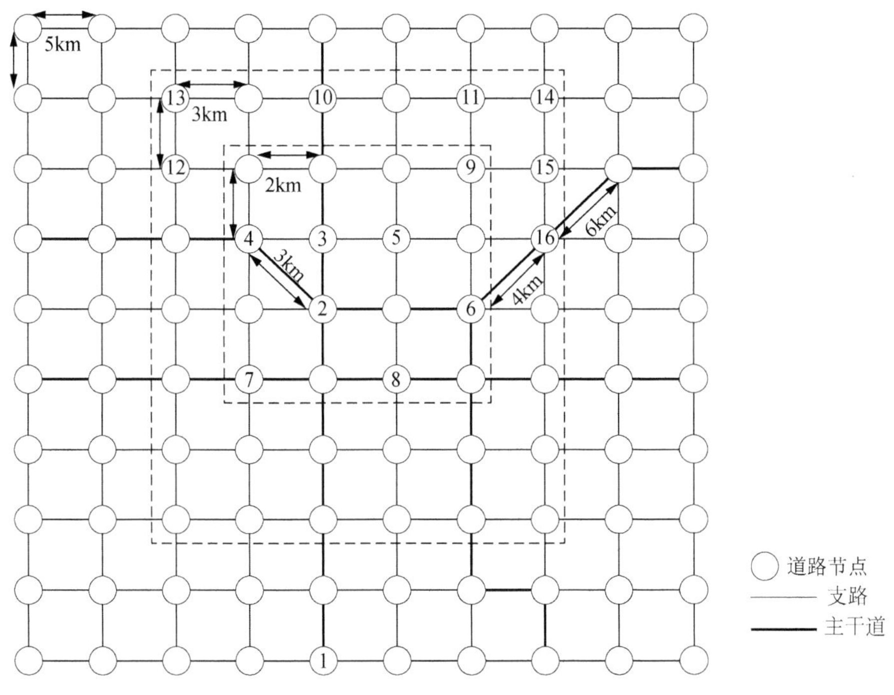

图 7.7 仿真的城市道路网路

配送公司可以选择采取本章提出的三种车型策略之一进行送货，中小型车型策略、大中型车型策略及混合型车型策略的各种车辆数据，如附表 A3～附表 A5 所示。其中，中小型车型策略和混合型车型策略的车辆直接从城市郊区货场向城市中心区的 14 个零售店送货；大中型车型策略的载重量最大的半挂车只负责将货物送往城市中心区的共同配送中心，重型货车、中型货车和轻型车的任务是负责将货物从共同配送中心送往各个零售店。考虑到三种车型策略的车辆装卸货时间差异及零售店时间窗要求，本节假定当配送公司选择中小型车型策略和混合型车型策略时，配送车辆在货场开始装货时间是 7:00；当配送公司选择大中型车型策略时，配送车辆在货场开始装货时间是 6:00。

7.6.2 中小型车型策略的仿真结果

1. 轻型车和中型车的数量在有限制条件下的仿真结果

在中小型车型策略下，货物由微面、轻型车和中型车直接从郊区货场配送到各个零售店，其中轻型车和中型车的数量有限，分别为 6 辆和 4 辆，载重量分别为 1.5t 和 6t，但是需求量大于等于 6t 的有 1、4、7、8、10、13 和 14 这 7 家零售店，需求量分别为 6t、7t、8t、10t、6t、6.5t 和 9t，因此 4 辆载重量为 6t 的中型车全部用于零售店整车部分的配送，根据最小总配送成本数学模型和附表 A3 的成本数据，可知配送商为了实现成本的最小化，4 辆中型车应服务于离郊区货场距离最远的零售店的整车部分，即服务于 7、8、10 和 13 这 4 家零售店，服务完毕后 4 家零售店还需配送的货物量分别为 2t、4t、0t 和 0.5t。

在 4 辆中型车全部被分配用于 7、8、10 和 13 这 4 家零售店的整车部分配送，各零售店的其他配送任务只能由轻型车和微型面包车来负责，但轻型车只有 6 辆，而且除 2、3、10 和 13 零售店外，其他零售店的需求量都大于或等于 1.5t，因此 6 辆轻型车也得全部用于服务离郊区货场距离最远的零售店的整车部分，同时根据最小总配送成本数学模型和附录 A 中附表 A3 的成本数据，可知配送商为了实现成本的最小化，6 辆轻型车应服务于 9、11 和 12 这 3 家零售店，分别派送的车辆数目为 3、2 和 1，服务完毕后 3 家零售店还需配送的货物量分别为 0.5t、0.5t 和 1t。

在轻型车和中型车全部用于配送货物后，各零售商需要配送的剩余货物量只能通过微型面包车来进行点对点的直接配送。根据最小总配送成本数学模型和第 6.4 节中提到的资料可以得出各类型车辆的行驶路线、用车数量及到达零售店的时间，如附表 A6 所示；再根据结果计算出各项指标值，如表 7.5 所示。

表 7.5 轻型车和中型车的数量有限制条件下各项指标值

各项指标		指标值	
总配送成本/元	运输成本	2 074.8	2 028.80
	时间惩罚成本		46
车辆占用道路的总面积/m^2		596	

续表

各项指标		指标值	
车辆总数量/辆	微型面包车数量	84	74
	轻型车数量		6
	中型车数量		4
行驶总里程/km	微型面包车里程	4012	3 432
	轻型车里程		358
	中型车里程		212
尾气排放量/kg	CO	91.9	39.53
	NO_x+ HC		48.66
	PM		3.71
配送准时率/%		65.29	

2. 轻型车和中型车的数量在没有限制条件下的仿真结果

（1）配送车辆出发时间为 7:00 时的仿真结果

本节对以北京和上海等城市为代表的中小型车型策略进行了仿真，并且对可使用的中型车和轻型车的数量有严格的限制，但为了研究的需要，本节将讨论在中型车和轻型车在没有数量限制条件下的中小型车型策略的仿真结果，各车型车辆在郊区货场开始装载货物的时间是 7:00。从附表 A1 可知，需求量大于等于 6t 的零售店有 1、4、7、8、10、13 和 14，它们的需求量超过了中型车的载重量，因此这 7 个零售店的货物配送需要拆分为整车部分和非整车部分。

1）整车部分的配送情况。零售店 1、4、7、8、10、13 和 14 的需求量分别为 6t、7t、8t、10t、6t、6.5t 和 9t，中型车的载重量为 6t，因此这 7 个零售店各需派一辆中型车进行整车部分配送，整车部分的配送任务分配完毕后，7 个零售店还需配送的货物量分别为 0t、1t、2t、4t、0t、0.5t 和 3t。根据附表 A1 和附表 A2，可以得出 7 个零售店整车部分的配送情况，如附表 A7 所示；再根据结果计算出各项指标值，如表 7.6 所示。

表 7.6　整车部分配送过程的各项指标值（出发时间为 7:00）

各项指标		指标值	
总配送成本/元	运输成本	278.4	278.4
	时间惩罚成本		0
车辆占用道路的总面积/m^2		140	
车辆总数量/辆	微型面包车数量	7	0
	轻型车数量		0
	中型车数量		7

续表

<table>
<tr><th colspan="2">各项指标</th><th colspan="2">指标值</th></tr>
<tr><td rowspan="3">行驶总里程/km</td><td>微型面包车里程</td><td rowspan="3">348</td><td>0</td></tr>
<tr><td>轻型车里程</td><td>0</td></tr>
<tr><td>中型车里程</td><td>348</td></tr>
<tr><td rowspan="3">尾气排放量/kg</td><td>CO</td><td rowspan="3">15.75</td><td>7.16</td></tr>
<tr><td>NO_x+ HC</td><td>8.18</td></tr>
<tr><td>PM</td><td>0.41</td></tr>
<tr><td colspan="2">配送准时率/%</td><td colspan="2">—</td></tr>
</table>

2）非整车部分的配送情况。在零售店 1、4、7、8、10、13 和 14 的整车部分的配送任务分配完毕后，各零售店非整车部分的货物需求量如附表 A8 所示，这些非整车部分的货物由微型面包车、轻型车和中型车通过优化组合来实现配送。对于非整车部分的配送任务属于典型的带时间窗的车辆路径问题，采用基于自然数编码的遗传算法来解决，并利用 MATLAB 语言在 MATLAB 7.13 平台上来实现优化结果的求解。

遗传算法中的参数取值：种群数 n=300，迭代次数 C=300，染色体长度 m=2，交叉概率 P_c=0.9，变异概率 P_m=0.05，求解 7 个零售店面非整车部分的配送情况如附录 A 中附表 A9 所示。再根据结果计算出各项指标值，如表 7.7 所示；整车部分和非整车部分全部配送完毕之后，各项指标值的汇总如表 7.8 所示。

表 7.7 非整车部分配送过程的各项指标值（出发时间为 7:00）

<table>
<tr><th colspan="2">各项指标</th><th colspan="2">指标值</th></tr>
<tr><td rowspan="2">总配送成本/元</td><td>运输成本</td><td rowspan="2">985.4</td><td>323.4</td></tr>
<tr><td>时间惩罚成本</td><td>662</td></tr>
<tr><td colspan="2">车辆占用道路的总面积/m^2</td><td colspan="2">106</td></tr>
<tr><td rowspan="3">车辆总数量/辆</td><td>微型面包车数量</td><td rowspan="3">6</td><td>0</td></tr>
<tr><td>轻型车数量</td><td>1</td></tr>
<tr><td>中型车数量</td><td>5</td></tr>
<tr><td rowspan="3">行驶总里程/km</td><td>微型面包车里程</td><td rowspan="3">347</td><td>0</td></tr>
<tr><td>轻型车里程</td><td>44</td></tr>
<tr><td>中型车里程</td><td>303</td></tr>
<tr><td rowspan="3">尾气排放量/kg</td><td>CO</td><td rowspan="3">16.96</td><td>7.70</td></tr>
<tr><td>NO_x+ HC</td><td>8.80</td></tr>
<tr><td>PM</td><td>0.46</td></tr>
<tr><td colspan="2">配送准时率/%</td><td colspan="2">—</td></tr>
</table>

表 7.8　轻型车和中型车的数量在没有限制条件下的各项指标值汇总（出发时间为 7:00）

各项指标		指标值	
总配送成本/元	运输成本	1 263.8	601.8
	时间惩罚成本		662
车辆占用道路的总面积/m^2		246	
车辆总数量/辆	微型面包车数量	13	0
	轻型车数量		1
	中型车数量		12
行驶总里程/km	微型面包车里程	695	0
	轻型车里程		44
	中型车里程		651
尾气排放量/kg	CO	32.71	14.86
	NO_x+ HC		16.98
	PM		0.87
配送准时率/%		28.57	

（2）配送车辆出发时间为 6:30 时的仿真结果

从表 7.8 可以看出，配送车辆出发时间为 7:00 时，总配送成本为 1 263.8 元，时间惩罚成本为 662 元，时间惩罚成本占总配送成本的 52.38%，所占的比例较高，时间惩罚成本主要是由时间安排问题所引起的，为了研究时间因素对总配送成本的影响，本节将配送车辆的出发时间由 7:00 调整为 6:30，并对其进行仿真。

1）整车部分的配送情况。零售店 1、4、7、8、10、13 和 14 的需求量分别为 6t、7t、8t、10t、6t、6.5t 和 9t，中型车的载重量为 6t，因此这 7 个零售店各需派一辆中型车进行整车部分配送，整车部分的配送情况，如附表 A10 所示；再根据结果计算出各项指标值，如表 7.9 所示。

表 7.9　整车部分配送过程的各项指标值（出发时间为 6:30）

各项指标		指标值	
总配送成本/元	运输成本	290.4	278.4
	时间惩罚成本		12
车辆占用道路的总面积/m^2		140	
车辆总数量/辆	微型面包车数量	7	0
	轻型车数量		0
	中型车数量		7
行驶总里程/km	微型面包车里程	348	0
	轻型车里程		0
	中型车里程		348

续表

各项指标		指标值	
尾气排放量/kg	CO	15.75	7.16
	NO_x+ HC		8.18
	PM		0.41
配送准时率/%		—	

2）非整车部分的配送情况。在零售店面 1、4、7、8、10、13 和 14 的整车部分的配送任务分配完毕后，各零售店面非整车部分的货物需求量如附表 A8 所示。非整车部分的配送优化同样采用遗传算法来解决，求解 7 个零售店面非整车部分的配送情况如附表 A11 所示；再根据结果计算出各项指标值，如表 7.10 和表 7.11 所示。

表 7.10　非整车部分配送过程的各项指标值（出发时间为 6:30）

各项指标		指标值	
总配送成本/元	运输成本	614.4	323.4
	时间惩罚成本		291
车辆占用道路的总面积/m^2		106	
车辆总数量/辆	微型面包车数量	6	0
	轻型车数量		1
	中型车数量		5
行驶总里程/km	微型面包车里程	347	0
	轻型车里程		44
	中型车里程		303
尾气排放量/kg	CO	16.96	7.70
	NO_x+ HC		8.80
	PM		0.46
配送准时率/%		—	

表 7.11　轻型车和中型车的数量在没有限制条件下的各项指标值汇总（出发时间为 6:30）

各项指标		指标值	
总配送成本/元	运输成本	904.8	601.8
	时间惩罚成本		303
车辆占用道路的总面积/m^2		246	
车辆总数量/辆	微型面包车数量	13	0
	轻型车数量		1
	中型车数量		12

续表

各项指标		指标值	
行驶总里程/km	微型面包车里程	695	0
	轻型车里程		44
	中型车里程		651
尾气排放量/kg	CO	32.71	14.86
	NO_x+ HC		16.98
	PM		0.87
配送准时率/%		35.72	

7.6.3　大中型车型策略的仿真结果

在以东京为代表的大中型车型策略下，载重质量最大的半挂车先将各个零售店的货物集中运送到位于城市中心区内的共同配送中心，其中半挂车开始装载货物的时间为 6:00，然后位于共同配送中心内的轻型车、中型车和重型车再将货物从共同配送中心配送到各个零售店。从附表 A1 可知，所有零售店货物需求量的总和是 70t，共需要 4 辆半挂车来执行配送任务，同时由于零售店 7、8 和 14 的需求量分别为 8t、10t 和 9t，大于或等于重型车的载重量，因此这 3 个零售店的货物配送可以分解为整车部分和非整车部分。

1）从郊区货场到共同配送中心的配送情况。根据附表 A2 和附表 A4，可以计算出半挂车的使用数量、到达共同配送中心时间、行驶里程和发生的配送成本等情况，具体各项指标值，如表 7.12 所示。

表 7.12　半挂车执行配送任务过程各项指标值

各项指标		指标值	
总配送成本/元	运输成本	331.2	331.2
	时间惩罚成本		0
车辆占用道路的总面积		120	
半挂车车辆数量		4	
行驶总里程		144	
尾气排放量/kg	CO	7.03	6.05
	NO_x+ HC		0.69
	PM		0.29
配送准时率		—	

2）整车部分的配送情况。零售店 7、8 和 14 的需求量分别为 8t、10t 和 9t，而共同配送中心中最大车型的车辆的载重量为 8t，因此零售店 7、8 和 14 各需派

送 1 辆重型车进行整车部分配送，其中重型车配送出发时间是 7:30，整车部分配送完毕后，3 个零售店还需配送的货物量分别为 0t、2t 和 1t。根据附表 A2 和附表 A4 可以得出零售店 7、8 和 14 整车部分的配送情况，如附表 A12 所示；再根据结果计算出各项指标值，如表 7.13 所示。

表 7.13 整车部分配送过程的各项指标值（出发时间为 7:30）

各项指标		指标值	
总配送成本/元	运输成本	59.8	59.8
	时间惩罚成本		0
车辆占用道路的总面积/m^2		75	
车辆总数量/辆	轻型车数量	3	0
	中型车数量		0
	重型车数量		3
行驶总里程/km	轻型车里程	46	0
	中型车里程		0
	重型车里程		46
尾气排放量/kg	CO	1.6	1.43
	NO_x+ HC		0.11
	PM		0.06
配送准时率/%		—	

3）非整车部分的配送情况。在零售店 7、8 和 14 的整车部分的配送任务分配完毕后，各零售店非整车部分的货物需求量如附表 A13 所示，这些非整车部分的货物由轻型车和重型车优化组合后实现配送，其中重型车和轻型车配送出发时间是 7:30。

非整车部分的求解结果如附表 A14 所示；再根据结果计算出各项指标值，如表 7.14 所示。整车部分和非整车部分全部都配送完毕之后，各项指标值的汇总情况如表 7.15 所示。

表 7.14 非整车部分配送过程的各项指标值（出发时间为 7:30）

各项指标		指标值	
总配送成本/元	运输成本	264	156
	时间惩罚成本		108
车辆占用道路的总面积/m^2		162	
车辆总数量/辆	轻型车数量	8	1
	中型车数量		5
	重型车数量		2

续表

各项指标		指标值	
行驶总里程/km	轻型车里程	162	17
	中型车里程		46
	重型车里程		9
尾气排放量/kg	CO	6.98	6.23
	NO_x+ HC		0.50
	PM		0.25
配送准时率/%		—	

表 7.15　大中型车型策略下各项指标值汇总（出发时间为 7:30）

各项指标		指标值	
总配送成本/元	运输成本	655	547
	时间惩罚成本		108
车辆占用道路的总面积/m^2		357	
车辆总数量/辆	轻型车数量	15	1
	中型车数量		5
	重型车数量		5
	半挂车数量		4
行驶总里程/km	轻型车里程	352	17
	中型车里程		102
	重型车里程		89
	半挂车里程		144
尾气排放量/kg	CO	15.62	13.71
	NO_x+ HC		1.31
	PM		0.6
配送准时率/%		64.29	

7.6.4　混合型车型策略的仿真结果

根据欧盟和中国对重型车的规定，载重量大于等于 8t（最大总重量为 12t）的货车为重型货车，在本章提出的混合型车型策略中重型车的载重量为 8t，但为了研究在混合型车型策略中重型车载重量变化对配送效果的影响，本节还将考虑重型车的载重量分别为 9t、10t 和 12t 三种情形。

1. 混合型车型策略中重型车载重量为 8t 时的仿真结果

（1）配送车辆出发时间为 7:00 时的仿真结果

在本章提出的混合型车型策略中，货物由轻型车、中型车和重型车直接从郊区货场配送到 14 个零售店，并且各车型车辆在郊区货场开始装载货物的时间是 7:00。

1）整车部分的配送情况。从附表 A1 可知，零售店 7、8 和 14 的需求量分别为 8t、10t 和 9t，大于或等于重型车的载重量，需要各派一辆重型车进行整车部分的配送。根据附表 A2 和附表 A5 可以得到零售店 7、8 和 14 整车部分的配送情况，如附表 A15 所示；再计算出整车部分配送过程中涉及的配送的各项指标值，如表 7.16 所示。

表 7.16 整车部分配送过程的各项指标值

各项指标		指标值	
总配送成本/元	运输成本	210.2	200.2
	时间惩罚成本		10
车辆占用道路的总面积/m^2		75	
车辆总数量/辆	轻型车数量	3	0
	中型车数量		0
	重型车数量		3
行驶总里程/km	轻型车里程	154	0
	中型车里程		0
	重型车里程		154
尾气排放量/kg	CO	8.49	3.86
	NO_x+ HC		4.41
	PM		0.22
配送准时率/%		—	

2）非整车部分的配送情况。在零售店 7、8 和 14 的整车部分的配送任务分配完毕后，各零售店非整车部分的货物需求量与附表 A13 中的需求量相同，这些非整车部分的货物由轻型车、中型车和重型车通过优化组合来实现配送，其中各车型车开始装载货物的时间是 7:00。对于非整车部分的配送优化，同样是通过遗传算法在 MATLAB 平台上来求解，非整车部分的求解结果如附表 A16 所示；再根据结果计算出各项指标值，如表 7.17 所示；各项指标值的汇总情况如表 7.18 所示。

表 7.17 非整车部分配送过程的各项指标值（出发时间为 7:00）

各项指标		指标值	
总配送成本/元	运输成本	761.1	403.1
	时间惩罚成本		358
车辆占用道路的总面积/m^2		162	

续表

各项指标		指标值	
车辆总数量/辆	轻型车数量	8	1
	中型车数量		5
	重型车数量		2
行驶总里程/km	轻型车里程	440	53
	中型车里程		275
	重型车里程		112
尾气排放量/kg	CO	25.80	12.94
	NO_x+ HC		12.03
	PM		0.83
配送准时率/%		—	

表7.18 配送车辆出发时间为7:00时各项指标值汇总

各项指标		指标值	
总配送成本/元	运输成本	971.3	603.3
	时间惩罚成本		368
车辆占用道路的总面积/m^2		237	
车辆总数量/辆	轻型车数量	11	1
	中型车数量		5
	重型车数量		5
行驶总里程/km	轻型车里程	594	53
	中型车里程		275
	重型车里程		266
尾气排放量/kg	CO	34.29	16.80
	NO_x+ HC		16.44
	PM		1.05
配送准时率/%		35.71	

（2）配送车辆出发时间为6:30时的仿真结果

从表7.18可以看出，配送车辆出发时间为7:00时，总配送成本为971.3元，时间惩罚成本为368元，时间惩罚成本占总配送成本的37.89%，所占的比例较高，由于时间惩罚成本主要是由时间安排问题所引起的，为了研究时间因素对总配送成本的影响，本节将配送车辆出发时间由7:00调整为6:30，并对其进行仿真。

1）整车部分的配送情况。从附表A1可知，零售店7、8和14的需求量分别为8t、10t和9t，大于或等于重型车的载重量，需要各派一辆重型车进行整车部分的配送。根据附表A2和附表A5中可以得出零售店7、8和14整车部分的配送情况如附表 A17 所示；再计算出整车部分配送过程中涉及的各项的配送指标值如表 7.19 所示。

表 7.19 整车部分配送过程的各项指标值（出发时间为 6:30）

各项指标		指标值	
总配送成本/元	运输成本	200.2	200.2
	时间惩罚成本		0
车辆占用道路的总面积/m^2		75	
车辆总数量/辆	轻型车数量	3	0
	中型车数量		0
	重型车数量		3
行驶总里程/km	轻型车里程	154	0
	中型车里程		0
	重型车里程		154
尾气排放量/kg	CO	8.49	3.86
	NO_x+ HC		4.41
	PM		0.22
配送准时率/%		—	

2）非整车部分的配送情况。在零售店 7、8 和 14 的整车部分的配送任务分配完毕后，这些非整车部分的货物由轻型车、中型车和重型车通过优化组合来实现配送，其中各车型车辆配送货物的时间是 6:30。对于非整车部分的配送优化，同样是通过遗传算法在 MATLAB 平台上来求解，非整车部分的求解结果如附表 A18 所示。再根据结果计算出各项指标值，如表 7.20 所示。整车部分和非整车部分全部都配送完毕之后，各项指标值的汇总情况如表 7.21 所示。

表 7.20 非整车部分配送过程的各项指标值（出发时间为 6:30）

各项指标		指标值	
总配送成本/元	运输成本	433.1	403.1
	时间惩罚成本		30
车辆占用道路的总面积/m^2		162	
车辆总数量/辆	轻型车数量	8	1
	中型车数量		5
	重型车数量		2
行驶总里程/km	轻型车里程	440	53
	中型车里程		275
	重型车里程		112

续表

各项指标		指标值	
尾气排放量/kg	CO	25.80	12.94
	NO_x+ HC		12.03
	PM		0.83
配送准时率/%		—	

表 7.21　配送车辆出发时间为 6:30 时各项指标值汇总（出发时间为 6:30）

各项指标		指标值	
总配送成本/元	运输成本	633.3	603.3
	时间惩罚成本		30
车辆占用道路的总面积/m^2		237	
车辆总数量/辆	轻型车数量	11	1
	中型车数量		5
	重型车数量		5
行驶总里程/km	轻型车里程	594	53
	中型车里程		275
	重型车里程		266
尾气排放量/kg	CO	34.29	16.80
	NO_x+ HC		16.44
	PM		1.05
配送准时率/%		64.29	

2. 混合型车型策略中重型车载重量为 9t 时的仿真结果

为了研究重型车载重量的变化对配送效果的影响，假定重型车的载重量变为 9t，轻型车和中型车的参数没有变化。其中载重量为 9t 的重型车车型参数如附表 A19 所示，车型参数来源于货车之家网站，同时为了减少时间因素对配送成本的影响，在这里，本节假定车辆的出发时间是 6:30。

1）整车部分的配送情况。从附表 A1 可以看出，零售店 8 和 14 的货物需求量分别为 10t 和 9t，大于等于重型车的载重量 9t，因此这两个零售店各需派一辆重型车进行整车配送，整车部分配送完毕后，这两个零售店还需配送的货物量分别为 1t、0t。根据附表 A2 和表 7.22 可以得出零售店 8 和 14 整车部分的配送情况，如附表 A19 所示；再根据结果计算出各项指标值，如表 7.23 所示。

表 7.22 混合型车型策略中重型车载重质量为 9t 时车辆仿真数据

技术指标		车辆类型		
		轻型车	中型车	重型车
载重量 q_k/t		1.5	6	9
车辆数量		无限制	无限制	无限制
单位车辆的占地面积 s_k/m^2		12	20	27
单位距离行驶成本 c_k/（元/km）		0.5	1	1.8
功率 g_k/kW		76	110	140
单位距离空驶成本 e_k/（元/km）		0.3	0.6	1.2
平均每次装载时间/（min/次）		15	25	35
平均每次卸货时间/（min/次）		5	10	13
驱动燃料		柴油	柴油	柴油
排放标准 z_k/[g/（kW・h）]	CO	5.5	5.0	3.5
	NO_x+ HC	7.5	4.0	4.0
	PM	0.6	0.3	0.2
速度 v_k/（km/h）	主干道	20	20	20
	支路	10	10	10

表 7.23 整车部分配送过程的各项指标值（出发时间为 6:30）

各项指标		指标值	
总配送成本/元	运输成本	153	153
	时间惩罚成本		0
车辆占用道路的总面积/m^2		54	
车辆总数量/辆	轻型车数量	2	0
	中型车数量		0
	重型车数量		2
行驶总里程/km	轻型车里程	102	0
	中型车里程		0
	重型车里程		102
尾气排放量/kg	CO	5.5	2.50
	NO_x+ HC		2.86
	PM		0.14
配送准时率/%		—	

2）非整车部分的配送情况。在零售店 8 和 14 的整车部分的配送任务分配完毕后，各零售店面非整车部分的货物需求量如附表 A20 所示。非整车部分配送优化，采用遗传算法求解，求解结果如附表 A21 所示，再根据结果计算出各项指标

值，如表 7.24 所示。各项指标值的汇总情况如表 7.25 所示。

表 7.24　非整车部分配送过程的各项指标值（出发时间为 6:30）

各项指标		指标值	
总配送成本/元	运输成本	700.8	500.8
	时间惩罚成本		200
车辆占用道路的总面积/m^2		213	
车辆总数量/辆	轻型车数量	10	1
	中型车数量		6
	重型车数量		3
行驶总里程/km	轻型车里程	517	44
	中型车里程		312
	重型车里程		161
尾气排放量/kg	CO	28.38	15.21
	NO_x+ HC		12.22
	PM		0.95
配送准时率/%		—	

表 7.25　混合型车型策略中重型车载重量为 9t 时各项指标值汇总

各项指标		指标值	
总配送成本/元	运输成本	853.8	653.8
	时间惩罚成本		200
车辆占用道路的总面积/m^2		267	
车辆总数量/辆	轻型车数量	12	1
	中型车数量		6
	重型车数量		5
行驶总里程/km	轻型车里程	619	44
	中型车里程		312
	重型车里程		263
尾气排放量/kg	CO	33.88	17.71
	NO_x+ HC		15.08
	PM		1.09
配送准时率/%		50	

3. 混合型车型策略中重型车载重量为 10t 时的仿真结果

假定重型车的载重量变为 10t，轻型车和中型车的参数没有发生变化，其中载重量为 10t 的重型车车型参数如表 7.26 所示，车型参数来源于货车之家网站，车辆的出发时间也是 6:30。

表 7.26 混合型车型策略中重型车载重量为 10t 时车辆仿真数据

<table>
<tr><th colspan="2" rowspan="2">技术指标</th><th colspan="3">车辆类型</th></tr>
<tr><th>轻型车</th><th>中型车</th><th>重型车</th></tr>
<tr><td colspan="2">载重质量 q_k/t</td><td>1.5</td><td>6</td><td>10</td></tr>
<tr><td colspan="2">车辆数量/辆</td><td>无限制</td><td>无限制</td><td>无限制</td></tr>
<tr><td colspan="2">单位车辆的占地面积 s_k /m^2</td><td>12</td><td>20</td><td>30</td></tr>
<tr><td colspan="2">单位距离行驶成本 c_k /（元/km）</td><td>0.5</td><td>1</td><td>2</td></tr>
<tr><td colspan="2">功率 g_k /kW</td><td>76</td><td>110</td><td>162</td></tr>
<tr><td colspan="2">单位距离空驶成本 e_k /（元/km）</td><td>0.3</td><td>0.6</td><td>1.4</td></tr>
<tr><td colspan="2">平均每次装载时间/（min/次）</td><td>15</td><td>25</td><td>40</td></tr>
<tr><td colspan="2">平均每次卸货时间/（min/次）</td><td>5</td><td>10</td><td>14</td></tr>
<tr><td colspan="2">驱动燃料</td><td>柴油</td><td>柴油</td><td>柴油</td></tr>
<tr><td rowspan="3">排放标准 z_k /[g/（kW·h）]</td><td>CO</td><td>5.5</td><td>5.0</td><td>3.5</td></tr>
<tr><td>NO_x+ HC</td><td>7.5</td><td>4.0</td><td>4.0</td></tr>
<tr><td>PM</td><td>0.6</td><td>0.3</td><td>0.2</td></tr>
<tr><td rowspan="2">速度 v_k /（km/h）</td><td>主干道</td><td>20</td><td>20</td><td>20</td></tr>
<tr><td>支路</td><td>10</td><td>10</td><td>10</td></tr>
</table>

1）整车部分的配送情况。从表 7.26 可以看出，零售店 8 的货物需求量为 10t，等于重型车的载重量，零售店 8 需要派一辆重型车进行整车配送，整车部分的配送任务分配完毕之后，零售店还需配送的货物量为 0t，根据附表 A2 和表 7.26 可以得出零售店 8 整车部分的配送情况，如附表 A22 所示；再根据结果计算出各项指标值，如表 7.27 所示。

表 7.27 整车部分配送过程的各项指标值（出发时间为 6:30）

<table>
<tr><th colspan="2">各项指标</th><th colspan="2">指标值</th></tr>
<tr><td rowspan="2">总配送成本/元</td><td>运输成本</td><td rowspan="2">85</td><td>85</td></tr>
<tr><td>时间惩罚成本</td><td>0</td></tr>
<tr><td colspan="2">车辆占用道路的总面积/m^2</td><td colspan="2">30</td></tr>
<tr><td rowspan="3">车辆总数量/辆</td><td>轻型车数量</td><td rowspan="3">1</td><td>0</td></tr>
<tr><td>中型车数量</td><td>0</td></tr>
<tr><td>重型车数量</td><td>1</td></tr>
<tr><td rowspan="3">行驶总里程/km</td><td>轻型车里程</td><td rowspan="3">50</td><td>0</td></tr>
<tr><td>中型车里程</td><td>0</td></tr>
<tr><td>重型车里程</td><td>50</td></tr>
</table>

续表

各项指标		指标值	
尾气排放量/kg	CO	3.12	1.42
	NO_x+ HC		1.62
	PM		0.08
配送准时率/%		—	

2）非整车部分的配送情况。在零售店 8 的整车部分的配送任务分配完毕后，各零售店非整车部分的货物需求量，如附表 A23 所示。非整车部分配送优化，采用遗传算法求解，求解结果如附表 A24 所示；再根据结果计算出各项指标值，如表 7.28 所示。

整车部分和非整车部分全部都配送完毕之后，各项指标值的汇总情况如表 7.29 所示。

表 7.28　非整车部分配送过程的各项指标值（出发时间为 6:30）

各项指标		指标值	
总配送成本/元	运输成本	690.6	643.6
	时间惩罚成本		47
车辆占用道路的总面积/m^2		270	
车辆总数量/辆	轻型车数量	9	0
	中型车数量		4
	重型车数量		5
行驶总里程/km	轻型车里程	443	0
	中型车里程		210
	重型车里程		233
尾气排放量/kg	CO	30.1	14.72
	NO_x+ HC		14.52
	PM		0.86
配送准时率/%		—	

表 7.29　混合型车型策略中重型车载重量为 10t 时各项指标值汇总

各项指标		指标值	
总配送成本/元	运输成本	775.6	728.6
	时间惩罚成本		47
车辆占用道路的总面积/m^2		300	
车辆总数量/辆	轻型车数量	10	0
	中型车数量		4
	重型车数量		6

续表

各项指标		指标值	
行驶总里程/km	轻型车里程	493	0
	中型车里程		210
	重型车里程		283
尾气排放量/kg	CO	33.22	16.14
	NO_x+ HC		16.14
	PM		0.94
配送准时率/%		71.43	

4. 混合型车型策略中重型车载重量为 12t 时的仿真结果

假定重型车的载重量变为 12t，轻型车和中型车的参数没有发生变化，其中载重量为 12t 的重型车车型参数如表 7.30 所示，车辆的出发时间也是 6:30。

表 7.30 混合型车型策略中重型车载重量为 12t 时车辆仿真数据

技术指标		车辆类型		
		轻型车	中型车	重型车
载重量 q_k /t		1.5	6	12
车辆数量		无限制	无限制	无限制
单位车辆的占地面积 s_k /m^2		12	20	32
单位距离行驶成本 c_k /（元/km）		0.5	1	2.2
功率 g_k /kW		76	110	172
单位距离空驶成本 e_k /（元/km）		0.3	0.6	1.5
平均每次装载时间/（min/次）		15	25	45
平均每次卸货时间/（min/次）		5	10	15
驱动燃料		柴油	柴油	柴油
排放标准 z_k /[g/（kW·h）]	CO	5.5	5.0	3.5
	NO_x+ HC	7.5	4.0	4.0
	PM	0.6	0.3	0.2
速度 v_k /（km/h）	主干道	20	20	20
	支路	10	10	10

从表 7.30 中可以看出，所有零售店面的货物需求量都小于重型车的载重量，因此可以直接进行配送的优化组合。采用遗传算法求解，求解结果如附表 A25 所示。再根据结果计算出相关指标值，如表 7.31 所示。

表 7.31 混合型车型策略中重型车载重量为 12t 时各项指标值汇总

各项指标		指标值	
总配送成本/元	运输成本	873.1	674.1
	时间惩罚成本		199
车辆占用道路的总面积/m²		272	
车辆总数量/辆	轻型车数量	10	0
	中型车数量		4
	重型车数量		6
行驶总里程/km	轻型车里程	525	0
	中型车里程		206
	重型车里程		319
尾气排放量/kg	CO	34.79	16.81
	NO_x+ HC		17.00
	PM		0.98
配送准时率/%		50	

7.6.5 仿真结果分析

1. 对重型车作为城市配送车辆的评价

本节分别对轻型车和中型车数量无限制的中小型车型策略、重型车载重量为 8t 的混合型车型策略、重型车载重量为 9t 的混合型车型策略、重型车载重量为 10t 的混合型车型策略、重型车载重量为 12t 的混合型车型策略进行仿真，仿真结果对比，如图 7.8 所示。

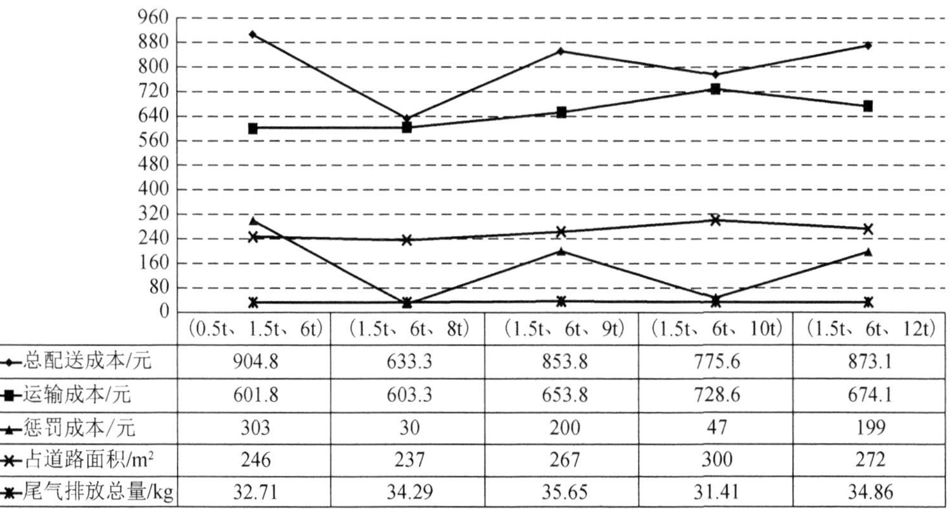

	(0.5t、1.5t、6t)	(1.5t、6t、8t)	(1.5t、6t、9t)	(1.5t、6t、10t)	(1.5t、6t、12t)
总配送成本/元	904.8	633.3	853.8	775.6	873.1
运输成本/元	601.8	603.3	653.8	728.6	674.1
惩罚成本/元	303	30	200	47	199
占道路面积/m²	246	237	267	300	272
尾气排放总量/kg	32.71	34.29	35.65	31.41	34.86

图 7.8 重型车载重量变化配送仿真结果对比

从图 7.8 可知，在（0.5t、1.5t、6t）中小型车型策略、（1.5t、6t、8t）混合型车型策略、（1.5t、6t、9t）混合型车型策略、（1.5t、6t、10t）混合型车型策略和（1.5t、6t、12t）混合型车型策略五种车型策略中，总配送成本最少的是（1.5t、6t、8t）混合型车型策略，其成本是 633.3 元；车辆占道路总面积最少的也是（1.5t、6t、8t）混合型车型策略，其面积值是 237m^2；各车型策略的尾气排放量值相差较小。从承运人、托运人和城市交通管理者的角度来看，（1.5t、6t、8t）混合型车型策略是五种策略中最好的车型策略，这也就意味着在中小型策略的基础上加入重型车有助于配送效果的改善，但配送效果不会随着重型车载重量不断变大而改善，而是存在一个最优载重量。

结论一：在中小车型策略的基础上加入重型车有助于配送效果的改善，同时配送效果存在最优值。

2. 对城市配送车辆总量或比例控制措施的评价

本节分别对轻型车、中型车数量有限的中小型车型策略和轻型车、中型车数量无限制的中小型车型策略进行了仿真研究，仿真结果的对比如图 7.9 所示。

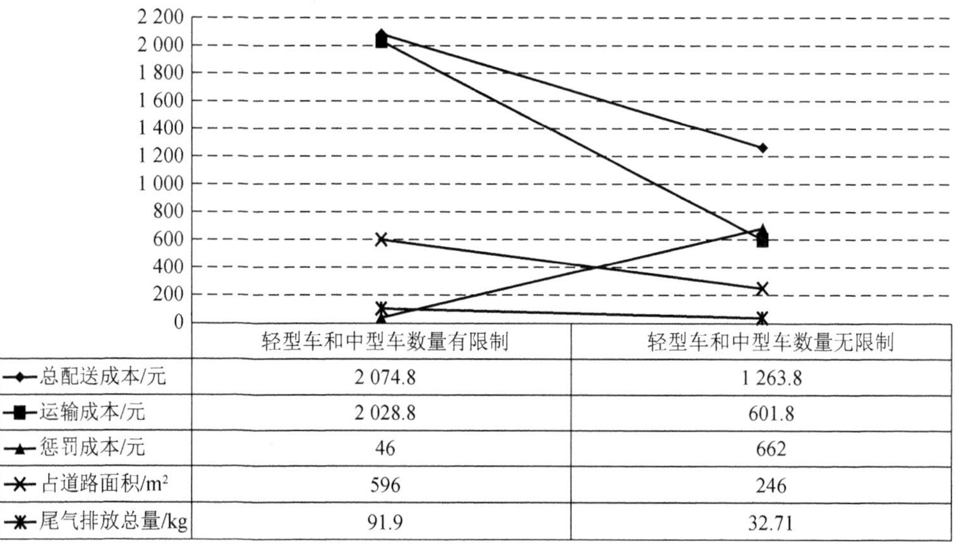

	轻型车和中型车数量有限制	轻型车和中型车数量无限制
总配送成本/元	2 074.8	1 263.8
运输成本/元	2 028.8	601.8
惩罚成本/元	46	662
占道路面积/m^2	596	246
尾气排放总量/kg	91.9	32.71

图 7.9 中小型车型仿真结果对比

由图 7.9 可知，在轻型车和中型车的数量有限制的条件下，总配送成本、运输成本、车辆占道路面积、尾气排放量分别为 2 074.8 元、2 028.8 元、596m^2 和 91.9kg；在轻型车和中型车的数量无限制的条件下的总配送成本、运输成本、车辆占道路面积、尾气排放量分别为 1 263.8 元、601.8 元、246m^2 和 32.71kg。从城市交通管理者、城市居民等利益相关者最关心的指标来看，轻型车和中型车的数量无限制措施要优于轻型车和中型车的数量有限制措施。

结论二： 若严格限制配送车辆中轻型车和中型车的数量，对城市交通管理者、城市居民等利益相关者来说，意味着配送车辆路径优化或车型组合优化空间受到限制，从而会带来更多不利的经济影响、社会影响和环境影响，故城市交通管理者应根据市场需求来增加轻型车和中型车的数量或者提高轻型车和中型车的比例。

3. 对城市配送车辆出发时间的评价

本节分别对轻型车和中型车的数量无限制的（0.5t、1.5t、6t）中小型车型策略和（1.5t、6t、8t）混合型车型策略在 7:00 和 6:30 出发时进行了仿真，四种情形下配送车辆出发时间变化对配送效果的影响如图 7.10 所示。

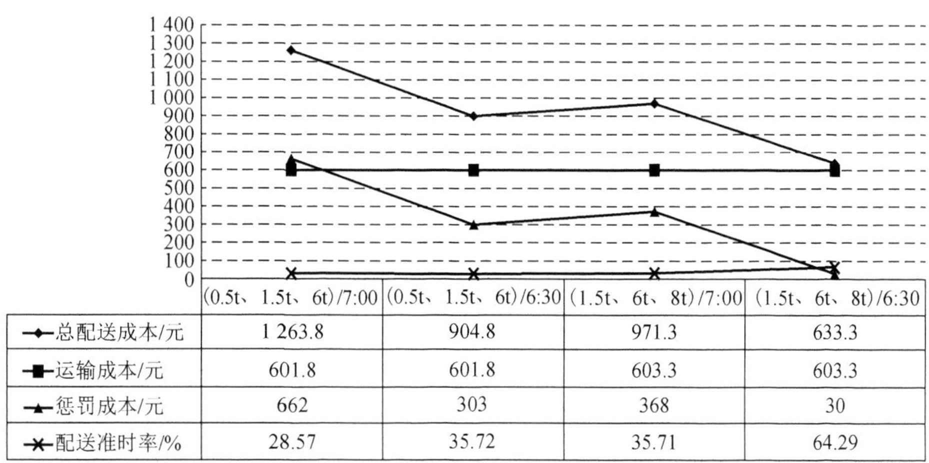

	(0.5t、1.5t、6t)/7:00	(0.5t、1.5t、6t)/6:30	(1.5t、6t、8t)/7:00	(1.5t、6t、8t)/6:30
总配送成本/元	1 263.8	904.8	971.3	633.3
运输成本/元	601.8	601.8	603.3	603.3
惩罚成本/元	662	303	368	30
配送准时率/%	28.57	35.72	35.71	64.29

图 7.10　配送车辆出发时间变化对配送效果的影响

从图 7.10 可知，配送公司采用轻型车和中型车数量无限制的（0.5t、1.5t、6t）中小型车型策略时，若配送车辆 7:00 出发，时间惩罚成本为 662 元，配送准时率为 28.57%，若配送车辆 6:30 出发，时间惩罚成本为 303 元，配送准时率为 35.72%，在两种情形下车辆运输成本都为 601.8 元；配送公司采用（1.5t、6t、8t）混合型车型策略时，若配送车辆 7:00 出发，时间惩罚成本为 368 元，配送准时率为 35.71%，若配送车辆 6:30 出发，时间惩罚成本为 30 元，配送准时率为 64.29%；在两种情形下车辆运输成本都为 603.3 元。因此，配送公司可以通过提前车辆出发时间，来减少时间惩罚成本和提高配送准时率。

结论三： 配送公司应针对大多数车辆行驶特点制定合适的车辆出发时间，在大多数车辆需要遍历的服务点比较多时，应通过提前车辆出发时间来降低时间惩罚成本和提高配送准时率；在大多数车辆需要遍历的服务点比较少时，可以按照正常时间出发。

7.7 发展建议

7.7.1 允许重型车辆进入城市中心区配送货物

目前在北京和上海等城市配送车辆以轻型车和中型车为主，重型车是不允许进入城区进行城市配送的，然而在东京、伦敦、巴黎等国外城市，重型车是允许进入城市中心区执行配送任务的。因此在国内出现了不少建议城市交通管理者对重型车“松绑”的声音，但是重型车到底能够对城市配送起到什么样的作用，国内研究还没形成确切的结论。根据仿真模型，从城市交通管理者的角度来看，（1.5t、6t、8t）混合型车型策略是五种策略中最好的车型策略，意味着在中小车型策略的基础上加入重型车有助于配送效果的改善；同时配送效果存在最优值，并不随着重型车载重量不断变大而不断改善。所以本章研究认为，北京和上海等城市交通管理者应该考虑允许重型车进入城市中心区配送货物以改善现有的配送系统，同时根据城市自身配送需求，确定最优载重量，修改城市中心区配送车型的标准。

7.7.2 放宽对城市配送车辆总量或比例的控制

目前在北京、上海等城市，城市交通管理者在向配送公司核发车辆通行证时按照的是实施总量或比例控制的原则，而不是按照市场配置的原则核发通行证。在这种措施下每家配送公司拥有通行证的轻型车和中型车的数量有限，结果衍生出“客车改货车”的现象。城市交通管理者是否应该放松对城市配送车辆总量或比例的控制，不同利益相关者的呼声不一。根据仿真模型，若对城市配送车辆数量进行严格限制，对城市交通管理者、城市居民等利益相关者来说意味着配送车辆路径优化或车型组合优化空间受到限制，从而带来更多不利的经济影响、社会影响和环境影响。所以本章研究认为，北京、上海等地的城市配送车辆总量或比例控制措施有待调整，城市交通管理者应根据市场需求来增加轻型车和中型车的数量或者提高轻型车和中型车的比例，同时放宽对配送车辆的通行权，允许更多的车辆进城进行配送活动。

7.7.3 激励配送公司进一步研究城市配送车辆的动态配置

通过仿真模型，本章研究认为城市交通管理者应该采取允许重型车辆进入城市中心区配送货物、放宽对城市配送车辆总量或比例的控制等措施，但是这些措施的实施意味着配送车辆晚到各服务点的可能性更大，配送时间的可控性较弱。

因此城市交通管理者应激励配送公司进一步研究城市配送车辆的动态配置，使现有的城市配送车辆动态配置理论和系统更加符合实际需要。

7.8 本章小结

本章对北京、上海、东京、伦敦和巴黎等城市配送车型管理政策进行了归纳和总结，并在此基础上提炼出三种较为典型的城市配送车型策略，即第一种是以北京、上海为代表的微型面包车、轻型车、中型车车型组合策略，且轻型车和中型车的数量有限；第二种是以东京为代表的半挂车、重型车、中型车、轻型车车型组合策略；第三种是以伦敦、巴黎为代表的重型车、中型车、轻型车车型组合策略。同时，本章构建了基于利益相关者关注指标的城市配送车型选择指标体系，并根据车型选择指标体系建立了相应的数学模型，最后利用建立的数学模型对三种车型策略进行了实例仿真研究。通过仿真研究，本章提出了允许重型车辆进入城市中心区配送货物、放宽对城市配送车辆总量或比例的控制、激励配送公司进一步研究城市配送车辆的动态配置等发展建议。

第 8 章　城市配送车辆动态配置*

城市配送的服务形式已经由多批量、少批次的定期式配送转变为小批量、多批次的随机式配送，由此订单的生成时间、配送地点、货物量与客户服务需求等都变成了未知变量，只有当订单生成后才能够准确获取这些信息。现有城市配送车辆静态配置的结果无法真正反映出客户的实际需求，服务商也无法对时变的订单信息及时做出调整，将必然导致及时到货率与客户满意度降低，最终造成客户大量流失，企业甚至有可能为市场所淘汰。因此有必要在满足客户需求的前提下，寻求提高配送车辆利用率、减少配送车辆运作时间的方法，从而使现有配送车辆配置理论更加符合实际需要，并为城市交通管理部门和企业提高城市配送服务水平、缓解社会环境压力提供新思路。

8.1　问题描述与前提假设

本章研究所关注问题可以描述为：面向多类型的客户对象、针对多元化的订单服务需求，城市配送服务提供商应如何根据不同时间段内不同客户的不同订单需求，将不同货物进行科学、合理的装载与运输，实现对订单的及时响应、保证货物及时到达；应如何对配送车辆进行优化配置，在满足客户需求的前提下，提高车辆的满载率，实现客户满意度与运作效益的最大化。

由于城市配送服务提供商所服务的客户几乎覆盖整个城市范围内的生产企业、商业企业及个体消费者，这些客户在任何时间点上都可能成为城市配送服务提供商所服务的目标客户，同时每个时间点上产生订单需求都不尽相同，如货物种类、配送地点、配送服务的时间要求均不相同。针对这些动态变化的客户类型与订单需求，城市配送服务提供商应如何做到及时响应，如何根据每个时间段内不同的订单信息对城市配送车辆进行动态配置，是本章研究所要重点研究的内容。

为了简化所研究的问题，本章提出了如下前提假设。

1）本章研究范围仅限于城市范围内的配送问题，而且只涉及货物从配送中心运送至目的地这段时间内的运作问题。

---

* 蔡珊珊．需求驱动下的城市配送车辆动态配置研究[D]．北京：北京工商大学，2011．

2）本章研究只考虑订单的分析处理以及货物的装载与运输阶段的问题，对配送运作过程中的收货、储存、补货和分拣等环节不予考虑。

3）城市配送服务提供商能够及时准确地获取客户订单。

4）客户对货物送达时间的要求存在一个浮动区间，即最早的货物送达时间与最晚的货物送达时间限制。

5）本章研究不考虑车辆抛锚或发生交通事故等特殊状况的影响。

8.2　模型总框架

本章研究构建了需求驱动下的城市配送车辆动态配置模型，该模型有效结合了需求驱动与车辆动态配置的优势，将客户订单作为车辆配置的驱动源，并根据各个时间段内的订单处理结果动态的配置车辆资源，使车辆配置结果在满足客户需求的同时实现车辆利用率与运作效益的最大化。

需求驱动下的城市配送车辆动态配置模型由以下两个子模型共同构成。

8.2.1　体现需求驱动理念的城市配送需求分析模型

由于在实际运作过程中，客户的需求是通过具体订单来表现的，为了实现需求驱动，可将需求订单分析作为城市配送运作的起点。该子模型的构建目的是分段处理动态更新的客户订单数据，全面挖掘、分析订单中的有用信息，并按照需求订单处理机制对订单进行分类，同时确定订单服务的优先级，而经过分析后的城市配送需求信息则可作为一切城市配送运作的出发点和依据。

8.2.2　发挥动态优势的城市配送车辆动态配置模型

该子模型的主要目的是根据各个服务周期的城市配送需求订单的分析结果，制定出相应周期内的车辆动态配置方案，明确每个服务周期内所需分配的车辆总数、车辆类型及每辆车所服务的客户数量、所承载的货物总量等。

这两个子模型间不是孤立存在、独立运作的，而是相辅相成、互为补充，共同构成了需求驱动下的城市配送车辆动态配置模型。需求驱动下车辆动态配置模型的总框架如图 8.1 所示。其中，第一个子模型的分析结果是第二个子模型运行的依据，同时也动态影响着第二个子模型的构建；而第二个子模型则是第一个子模型的延续，城市配送需求分析的根本目的是更好地为客户服务，而车辆配置是需求分析结果的具体化，只有将客户需求付诸具体运作才能实现对客户的服务。

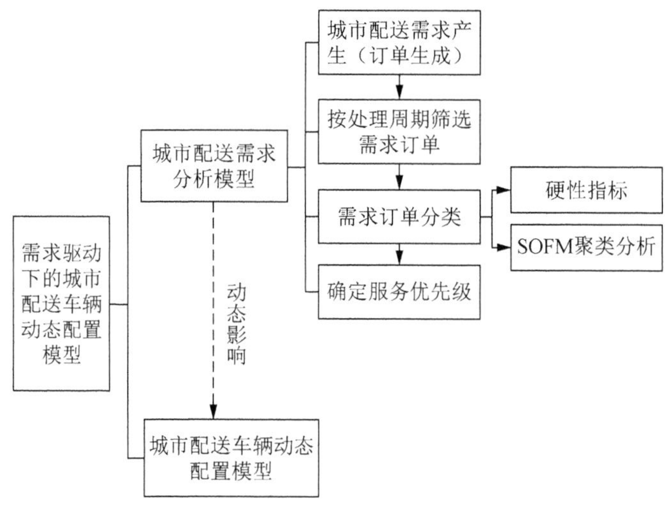

图 8.1 需求驱动下车辆动态配置模型的总框架

［注：SOFM 为自组织特征映射神经网络（self-organizing feature map）。］

8.3 城市配送需求分析模型

在需求驱动的指导下，城市配送运作需要与订单需求保持动态一致。城市配送服务提供商在进行实际操作时，需要实时地掌握客户订单信息，明确订单需求，并将客户订单的动态处理结果作为城市配送运作的主要依据，指导相关任务的完成，所以需求驱动下城市配送车辆动态配置模型的构建需要以订单需求处理为基础。本节研究从需求订单的筛选、需求订单的分类及客户服务优先级的确定三个阶段对订单信息进行深入分析，通过构建各阶段的订单需求处理模型，保证城市配送运作的准确性与合理性。

8.3.1 需求订单的筛选

需求订单筛选阶段的目的是按照客户订单处理周期确定每个周期内需要处理和服务的目标客户订单。从便于构建模型的角度考虑，本节研究假定客户订单处理周期是一个固定值，并且等于 T（周期 T 也包括了车辆的配置时间）。T 的取值可以根据企业的实际运作情况来定。在周期 T 开始时，企业需要检查客户的订单情况，将需要在该周期内处理的订单筛选出来，为之后的订单分类与车辆配置阶段做准备。

在周期 T 内处理的订单需要满足以下条件：

$$\underline{\mathrm{LT}} \leqslant \underline{T} - t_i \leqslant \overline{\mathrm{LT}} \tag{8.1}$$

$$\overline{T} \leqslant t_i' \tag{8.2}$$

式中，$\underline{\mathrm{LT}}$ 和 $\overline{\mathrm{LT}}$ 分别表示企业向客户承诺的订单处理的最短和最长的前置时间；$\underline{T}$ 和 $\overline{T}$ 分别表示订单处理周期 T 的开始和结束的时间；t_i 和 t_i' 分别表示客户 i 的订单生成时间与相应的发货期限。不等式（8.1）表示订单处理的前置时间约束，不等式（8.2）表示订单处理需在发货期限日之前完成。

订单处理周期 T 开始时需要从所有的客户订单中筛选出满足以上条件的订单，以进入下一阶段的分析处理。订单筛选过程示意图如图 8.2 所示。这种持续的订单筛选过程，既能避免客户订单的遗漏，又能保证客户订单的及时处理。

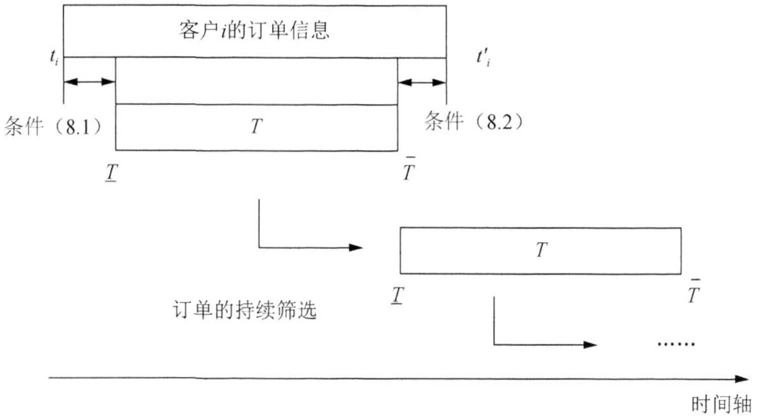

图 8.2　订单筛选过程示意图

8.3.2　需求订单的分类——两阶段分类法

通过订单筛选阶段选择出需要处理的订单后，就可以对这些订单进行分类处理。考虑到客户订单的多样性和复杂性，本节研究提出了两阶段的客户订单分类法。第一阶段主要是利用硬性指标对客户订单进行分类，基于车辆配置的运作需要，本节选取了配送区域与货物所需温度两个指标进行说明。第二阶段则是利用 SOFM 自动寻找样本内在特征的属性，对客户订单进行聚类分析。需求订单分类过程示意图如图 8.3 所示。

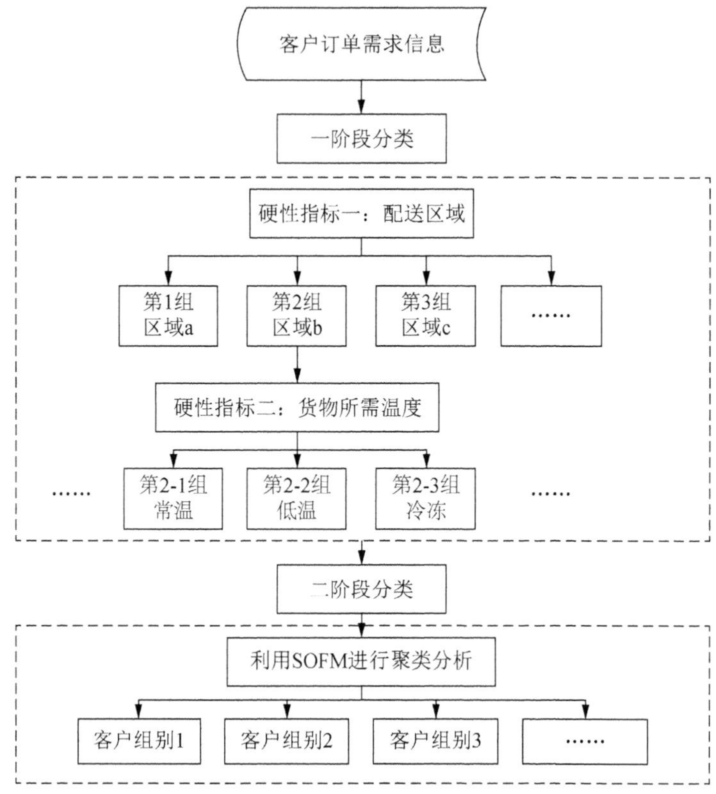

图 8.3　需求订单分类过程示意图

1. 一阶段分类——硬性指标

对于硬性指标的选取，本书主要基于以下考虑。

（1）硬性指标一：配送区域

将配送区域相同的客户订单归为一类，不仅可以便于车辆的路径选择与调度，而且符合现有物流企业的操作习惯。这样相同区域的配送服务需求可以通过共同的车辆资源来满足，从而可以提高城市配送效率、降低城市配送车辆的运作成本。因此，本节研究选择了配送区域作为订单分类的一个硬性指标。

（2）硬性指标二：货物所需温度

对于城市配送服务提供商来讲，其配送的商品种类复杂多样，各种商品对配送作业过程温度的要求也不尽相同。例如，某些食品、药品，为了保证新鲜度及药物活性，其不仅需要低温或冷冻保存，而且需要配置相应的车辆进行配送。所以，鉴于某些商品对特殊配送车辆（主要指低温车、冷冻车和冷藏车等）的需要，本节研究选择了商品所需温度作为订单分类的另一硬性指标。

2. 二阶段分类——SOFM 聚类分析

本阶段将利用 SOFM 对上述硬性指标分类后的各个小组订单进行进一步的聚类分析。

（1）SOFM 简述

SOFM 是一种无监督学习的人工神经网络计算方法。该方法可以采用各神经元（特征参数）之间的自动组织去寻找各类型间固有的、内在特征，从而进行映射分布和类别划分，即自动识别的聚类功能。本节研究利用 SOFM 的这种功能对客户订单需求进行二阶段分类。

（2）特征参数的选取

通过文献研究，结合车辆配置的需要，本节研究选取了四个特征参数作为该阶段的聚类评价对象。这四个特征参数分别定义如下。

1）x_{im}^1 表示小组 m 中客户 i 对应的发货期限。在实际操作中，将这些发货期限比较接近的客户订单进行汇总，并由共同车辆提供配送，有助于区分订单任务间的紧急程度差别，从而指导车辆配置环节的具体操作，所以本节研究将该特征参数作为聚类评价的对象之一。

2）x_{im}^2 表示小组 m 中客户 i 对应的订单货物所具有的价值。从某种程度上讲，这个价值可能取决于商品的市场价格。在实际的配送运作中，高价值的货物往往需要同其他货物分开配送，并采取特殊保护措施保证其安全送达，有时候甚至需要专车配送。

3）x_{im}^3 表示小组 m 中客户 i 对应的订单货物的外部兼容性。这个参数可以确保为同一组别内的客户提供有效的批量配送服务。一个组别内货物的外部兼容性越高，批量配送服务就越有效率。

4）x_{im}^4 表示小组 m 中客户 i 对应的订单货物的内部兼容性。这个参数可以用来判断客户 i 是否需要不同批次的配送服务。

（3）客户订单聚类

客户订单聚类的主要任务是对硬性指标分类后各小组的客户订单进行 SOFM 聚类。通过 SOFM 聚类，将各组细分为更小的客户组别，从而使这些客户组别中的订单拥有更高的相似性。

图 8.4 描述了需求订单的 SOFM 聚类思路，主要的学习算法步骤如下。

1）初始化：将输入层到输出层间的连接权值赋予较小的随机数，并进行归一化处理，得到 $\widehat{W}_j(j=1,2,\cdots,m)$；建立初始优胜邻域 $N_{j^*}(0)$；将学习率 μ 值初始化。

2）输入特征参数样本：将特征参数样本进行归一化处理并输入，得到 $\widehat{X}_p$，

$p \in \{1,2,\cdots,p\}$。

3）寻找获胜节点：计算 $\widehat{X}_p$ 与 $\widehat{W}_j (j=1,2,\cdots,m)$ 的点积，从中寻找点积最大的获胜结点 $j*$；如果输入样本没有经过归一化处理，则应该按照 $\|\widehat{X}-\widehat{W}_j\| = \min\limits_{j\in\{1,2,\cdots,m\}} \{\|\widehat{X}-\widehat{W}_j\|\}$ 计算欧氏距离，从中找出距离最小值所对应的输出节点 $j*$ 为获胜节点。

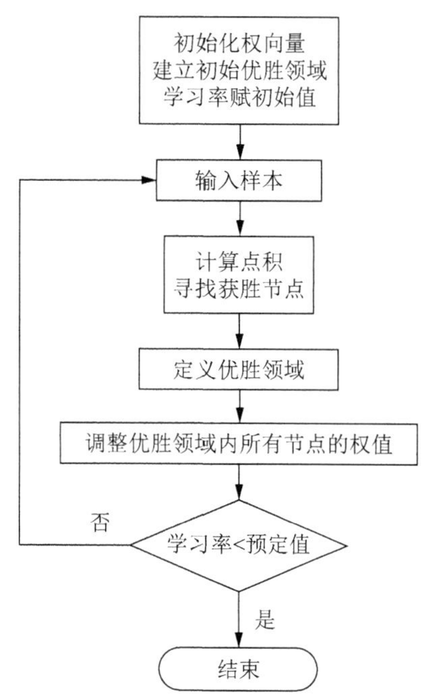

图 8.4　需求订单的 SOFM 聚类思路

4）定义优胜邻域 $N_{j^*}(t)$：以 $j*$ 为中心确定时刻的权值调整域，一般初始邻域 $N_{j^*}(0)$ 较大，训练过程中 $N_{j^*}(t)$ 随训练时间 t 逐渐收缩，邻域 N_{j*} 的收缩如图 8.5 所示。

5）调整权值：对优胜邻域 $N_{j^*}(t)$ 内的所有节点的权值进行调整，即

$$\omega_{ij}(t+1)=\omega_{ij}(t)+\mu(t,N)[x_i^p-\omega_{ij}(t)], \quad i=1,2,\cdots,n;\ j\in N_{j^*}(t)$$

式中，$\mu(t,N)=\mu(t)\mathrm{e}^{-N}$ 为训练时间 t 和邻域内第 j 个神经元与获胜神经元 j^* 之间的拓扑距离的函数。

6）结束检查：学习率 $\mu(t)$ 是否衰减到 0 或者小于某个预定的较小正数，若无则回到步骤 2）。

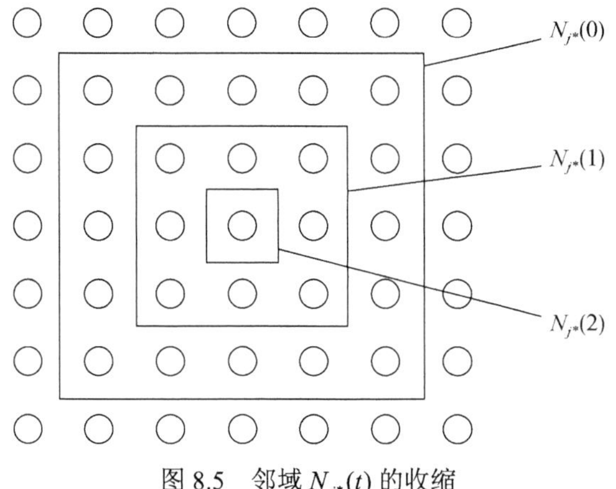

图 8.5　邻域 $N_{j*}(t)$ 的收缩

8.3.3　客户服务优先级的确定

这个阶段的主要目的是确定聚类后各个客户组别 g 的服务优先级。客户服务优先级的确定对车辆配置阶段起着重要作用。例如，企业可以根据客户服务优先级的高低来确定各个组别的配送顺序，对于优先等级高的组别可以优先安排车辆进行配送，从而避免发生紧急订单延迟发货的情况。

1. 单因素确定客户服务优先级

单因素确定客户服务优先级是以客户要求的到货时间为判断标准的，即客户服务优先级是指订单到货需求的紧急程度。若客户订单 a 要求货物在 1d 时间内送达，而客户订单 b 要求货物在 2d 时间内送达，则订单 a 的客户服务优先级高于订单 b，即客户要求的到货时间越接近，订单的紧急程度越高，客户服务优先级也就越高，据此就可以优先对紧急订单进行相应的车辆配置。

客户服务优先级的量化值由订单的到货时间要求和订单紧急程度决定，对于不同优先等级的订单车辆配置策略，如表 8.1 所示。

表 8.1　不同优先等级的订单车辆配置策略

客户要求的到货时间	订单紧急程度	客户服务优先级量化值	车辆配置策略
一天之内	非常紧急	1	优先配置
两天之内	比较紧急	2	优先配置
三天之内	一般紧急	3	尽快配置
四天之内	一般紧急	4	尽快配置
一周之内	不急	5	稍后配置

2. 多因素确定客户服务优先级

一般来讲，订单的客户服务顺序是按照订单到达时间的先后或到货时间来确定的，但是企业内不同的职能部门又有各自不同的要求。例如，计划部门常常要求按照订单的重要性与到货时间来安排配送顺序，财务部门则要求按照各订单利润额的多少来安排，而配送部门则希望以配送成本最小化为目标进行配送顺序的安排等。因此对城市配送服务提供商而言，需要合理权衡各种因素的影响，以提高企业的客户需求响应和整体效益水平为目标，对订单的客户服务优先级问题进行科学决策。

为了说明多因素确定客户服务优先级的过程，本节研究将客户订单 i 的各个影响因素抽象为 $f_i^1, f_i^2, f_i^3, \cdots, f_i^n$（$n$ 为影响因素的个数）。根据订单 i 的实际情况对这些影响因素分别进行评分，得到各因素的对应衡量值 $\tilde{x}_i^1, \tilde{x}_i^2, \tilde{x}_i^3, \cdots, \tilde{x}_i^n$。根据企业的运营状况确定各因素的权重，权重越大，说明该因素对客户服务优先级的影响越大，得到 $\omega^1, \omega^2, \omega^3, \cdots, \omega^n \left(\sum_1^n \omega^n = 1\right)$。最后，对各因素的分值与对应权重的乘积求和，得到每个订单的客户服务优先级量化值，如表 8.2 所示。

表 8.2 客户服务优先级量化值

影响因素	因素衡量值	权重	因素分值×权重	客户服务优先级量化值
f_i^1	$\tilde{x}_i^1$	ω^1	$\tilde{x}_i^1 \times \omega^1$	$\sum_{n=1}^{n} \tilde{x}_i^n \times \omega^n$
f_i^2	$\tilde{x}_i^2$	ω^2	$\tilde{x}_i^2 \times \omega^2$	
⋮	⋮	⋮	⋮	
f_i^n	$\tilde{x}_i^n$	ω^n	$\tilde{x}_i^n \times \omega^n$	

根据表 8.2 的计算结果，将订单的客户服务优先级按照从高到低的顺序排列，对于优先级高的订单，需要优先安排车辆。多因素客户服务优先级的确定相较于单因素而言，决策过程比较复杂，但是其考虑的因素较为全面，有助于企业对整体效益的把握。

8.4 城市配送车辆动态配置模型

城市配送车辆动态配置是城市配送的关键环节之一，其配置效果的好坏直接关系到能否按时、按量、有效地完成配送任务，从而直接影响到客户满意度的问题。同时，城市配送具有客户数量多、分布散、货物批量小、批次多、类型复杂、时效性要求高等特点，如何在保证对客户需求及时响应的前提下，降低相应的配送成本是城市配送服务提供商所面临的挑战。所以本节研究将重点研究城市配送车辆动态配置模型的构建与算法求解。

8.4.1　问题定义与描述

1. 问题定义

城市配送车辆动态配置是在各个订单处理周期内，以掌握准确的客户服务需求和配送信息为前提，对企业现有可用的车辆资源进行配置，使车辆及时、准确、低成本地完成各时间段内的城市配送任务，并满足一定的约束条件（车辆的载重量与容积、可用车辆的数量、城市配送任务的及时性要求、货物与车辆的匹配程度等）。城市配送车辆动态配置问题的实质是一个多目标、多约束的资源配置问题。它既要满足客户的到货时间要求，又要使相应的运作成本最低；既要实现对客户订单的及时响应，又要尽可能地提高车辆的装载率。

具体地说，车辆的配置一般需要满足以下约束条件。

1）车辆的载重量与容积：每个型号的车辆都有各自规定的最大载重量与容积，在货物装载时，货物的总重量与总体积都不能超过车辆的最大载重量与容积。

2）城市配送任务的及时性要求：其为每个客户对配送任务都有相应的时间要求，城市配送服务提供商必须在这个时间范围内完成相关的配送任务，否则就会产生惩罚成本，甚至失去客户。

3）货物与车辆的匹配程度：不同类型的货物对车辆的类型要求不同，城市配送服务提供商需要根据不同的货物种类匹配不同的车辆。

4）可用车辆的数量：这个约束条件与城市配送服务提供商所采用的配送策略有关，有些服务提供商的车辆总数是既定的，则其在每个服务周期内的可用车辆数就是动态变化的，因为有些车辆可能正在进行上个周期的配送任务仍未返回，这时就需要将可用车辆数的约束考虑进来；而有些服务提供商则通过租赁、外包或者合作的方式使其有足够的车辆资源可供调配，这样它的可用车辆数就不受限制了。

2. 问题描述

根据本节研究所构建的城市配送车辆动态配置模型，本部分将车辆动态配置问题描述如下。

在每个服务周期内，城市配送服务提供商按订单处理模型将所需服务的客户分成为各个客户组别 g，每个客户组别 g 所对应的客户服务优先度是不同的，而且每个客户组别 g 中不同客户的到货时间要求、配送地址、货物种类与数量也都不尽相同。根据这些订单信息，城市配送服务提供商应研究如何进行车辆配置，使不同的客户需求得到满足，并且降低相应的配送成本。

车辆配置的结果是确定在各个服务周期内，哪些类型的车需要被分配来执行配送任务？各类型的车分别需要多少辆？每辆车所服务的客户组别包括哪些？每辆车进行配送时应该按照什么样的配送次序等。

在研究城市配送车辆动态配置问题时，本节研究假定有以下几个前提条件。

1）客户所需要配送的货物基本上都是可以混装的，即可以分配一辆车来满足多个小批量货物订单的配送需求。

2）车辆必须停在配送中心的停车场，即车辆接到配送任务时，从配送中心出发，当完成配送任务时必须回到配送中心的停车场。

3）为了简化模型，假设配送中心的数量为 1。

4）一般城市配送服务提供商往往通过自有、租赁、外包或合作等方式保证其有足够的车辆资源，即用来满足各个服务周期客户配送需求的货运能力是足够的。

5）不考虑车辆抛锚、交通事故等特殊状况对城市配送的影响。

6）鉴于客户组别内订单的高度相似性，车辆配置将按客户组别为单位进行相应的运作。

8.4.2 模型目标

参照前述，城市配送车辆动态配置问题需要满足客户到货时间要求的同时使运作成本最低，以及在提高对客户订单响应度的同时，提高车辆的装载率。模型的构建目标是配送成本最少、配送时间最短、分派的车辆数最少、配送风险最小、车辆的空载率最低或者客户满意度最高等。一般地说，这些目标之间往往会存在冲突，因此在设定车辆动态配置模型的目标时，往往需要权衡各个目标对企业的影响，综合分析各个可行方案的优劣，并从中得到一个满意方案。一般来说，满足客户对到货时间的要求，达到配送成本低、配送路径短及分配的车辆数少，是实现配送运输合理化的主要指标，满足客户对到货时间的要求，也体现了城市配送的社会效益与经济效益。

针对城市配送时效性要求高、货物品种多、批量小、批次多、客户分布散等特点，本节研究对车辆动态配置模型构建三个主要目标，如图 8.6 所示。

1）首先需要满足客户对到货时间的要求，提高城市配送服务水平，这也是最重要的目标。该目标的确定符合城市配送的发展趋势，符合客户对城市配送服务提供商所提的需求及时响应的要求。在合理的时间内送达货物是体现服务水平的重要方面，服务水平不仅影响到城市配送服务提供商的信誉问题，而且影响到城市配送服务提供商的竞争力问题，甚至生存问题，所以应该把这个目标放在首要位置。

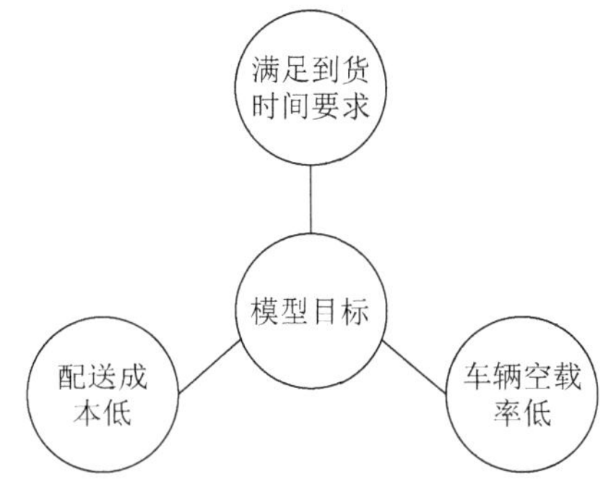

图 8.6　车辆动态配置模型的构建三个主要目标

2）实现配送成本的最低化，这是城市配送服务提供商在继上个目标之后的另一个重要目标。任何一个公司的存在都是为了获取利润，城市配送服务提供商也不例外，而成本是影响利润的主要方面，所以配送成本最低化可以作为第二个重要的目标。

3）通过混装方式，将不同客户的小批量货物集中装载，实现车辆的空载率最小，即实现配送车辆的载重量与容积的最大利用率。这样一方面，可以减少完成配送任务所需的车辆数，提高单个车辆的利用率，从而降低运作总成本；另一方面，也可以缓解日趋严重的城市交通拥挤问题，这也是维护城市公共利益的要求。

8.4.3　惩罚成本的确定

城市配送的成本不仅包括车辆的运行成本，还包括惩罚成本。由于客户对到货时间有一定的要求，如果城市配送服务提供商没有在既定的时间内将货物送达，则势必会产生惩罚成本，当车辆提前到达时产生等候成本，而当车辆延期到达时产生延期成本。为了综合权衡各项成本因素，使配送成本最小化，城市配送服务提供商需要将惩罚成本纳入考虑范畴中。惩罚成本产生的原因主要有以下几个方面。

1）客户为了减少库存压力而要求城市配送服务提供商提供及时配送服务，一般来说这些客户仅指生产商、批发商、零售商或连锁店等，而非终端客户如果配送车辆不能按照既定的时间送达货物，而是延期送达时，必须为客户赔偿一定的损失。

2）城市配送服务提供商可能会因为没有及时将货物送达而使自身的服务水平受到质疑，商业信誉也可能因此而受到影响，甚至会造成客户的流失，这种损失应该用适当的方法加以量化。

3）如果车辆在客户要求的时间之前将货物送达，而且客户的卸货区容量有限且正在被使用中，这时会导致收货等候。城市配送车辆在等候时，会造成人员闲置，而且没有实际产出，所以相应会产生车辆、人员的闲置成本和机会成本；另外，车辆的等候还可能因为停放不当造成城市的交通堵塞问题，在这种情况下，所涉及的成本还包括了社会成本。所以车辆等候期间所涉及的一切成本也是城市配送服务提供商的成本支出项。

虽然在订单处理阶段已经明确了客户的服务优先级，考虑了客户对货物送达时间的要求，但是由于其他条件（如装货时间）的限制，可能会存在某些客户的时间要求不能得到满足的情况，因此需要综合考虑为每个客户提供服务所花的成本，包括运作成本、等候成本与延期成本等，合理配置使整体成本达到最小。

综上所述，当客户的送达时间未能得到满足时，这部分的成本需要以一定的方法加以量化并体现在成本的计算中，以避免在车辆配置时为了单纯地节省车辆运作成本而造成对其他无形成本的忽略，即城市配送服务提供商的配送成本不仅需要体现有形的运作成本，也需要体现无形的延期成本与等候成本等。特别地，惩罚成本的额度往往是根据城市配送服务提供商与客户间所立的合同来决定的，而且该额度随着货物的实际送达时间与客户需求时间的偏离程度增大而增大，根据实际情况，这种关系可以表示为抛物线增长，也可以表示为指数增长。为了简化模型，本节研究假定惩罚成本额度随着时间偏离程度的增加而呈线性增长，则惩罚成本额度可以如下确定。

1）当车辆在客户要求时间 $[\underline{\mathrm{et}_i},\overline{\mathrm{et}_i}]$ 内将货物送达，则不会产生惩罚成本，即惩罚成本为 0。

2）当车辆在 $\underline{\mathrm{et}_i}$ 之前或者 $\overline{\mathrm{et}_i}$ 之后将货物送达，则需要负担一定的惩罚成本，这个成本随着时间偏离程度的增加而线性增加，时间差距越大，惩罚成本越大。

3）当货物的实际送达时间与客户需求时间的差距增加到一定程度后，客户可能会拒绝收货，所以这种情况下可以将惩罚成本看成一个无穷大的值 M。

因此，惩罚成本可以用式子表示为

$$\mathrm{PC}(\mathrm{rt}_i)=\begin{cases} a(\underline{\mathrm{et}_i}-\mathrm{rt}_i), & \mathrm{rt}_i<\underline{\mathrm{et}_i} \\ 0, & \underline{\mathrm{et}_i}\leqslant \mathrm{rt}_i\leqslant \overline{\mathrm{et}_i} \\ b(\mathrm{rt}_i-\overline{\mathrm{et}_i}), & \mathrm{rt}_i>\overline{\mathrm{et}_i} \end{cases} \tag{8.3}$$

式中，rt_i 为客户 i 的实际货物送达时间；$\mathrm{PC}(\mathrm{rt}_i)$ 为客户 i 的货物送达时间 t_i 所对应的惩罚成本；$\underline{\mathrm{et}_i}$ 为客户 i 所期望的最早到货时间；$\overline{\mathrm{et}_i}$ 为客户 i 所期望的最晚到货时间；a 为车辆等候单位时间的机会成本；b 为车辆延迟单位时间的机会成本，在实际的应用中，a 与 b 的值可以根据不同的情况做不同的选择。惩罚成本的函数图如图 8.7 所示。

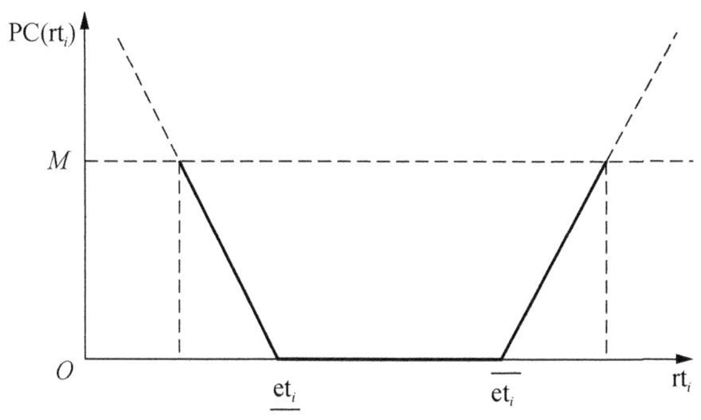

图 8.7　惩罚成本的函数图

需要特别说明的是，随着终端消费者对城市配送服务需求的增加，城市配送服务提供商的惩罚成本将有所改变。因为终端消费者对于到货时间的要求与企业性质的客户不同，他们需要的是快速的配送服务，而且不存在卸货区容量限制与库存压力，所以在这种情况下，货物的送达时间越早越好，不存在车辆等候成本，即 a 的取值为 0，此时惩罚成本的函数图如图 8.8 所示。因此对于客户类型多样的城市配送服务提供商来说，在进行成本计算时需要分清每类客户所对应的惩罚成本，合理确定 a 的取值，从而使车辆配置结果更具科学性与合理性。

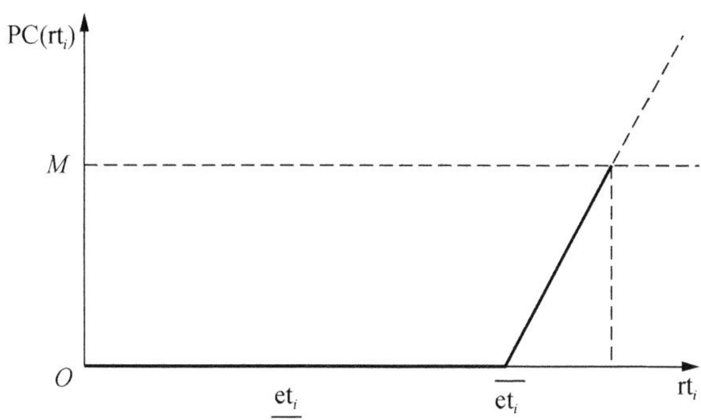

图 8.8　与终端消费者相对应的惩罚成本函数图

8.4.4　城市配送车辆动态配置模型的构建

根据问题描述，本节研究对以下参数进行了定义。

g：经过订单分类后的第 g 个客户组别，$g=1,2,\cdots,G$；

x：x 辆车，$x=1,2,3,\cdots,x$；

q_g：第 g 个客户组别的货物总重量；

v_g：第 g 个客户组别的货物总体积；

Q_x：第 x 辆车的最大装载量；

V_x：第 x 辆车的最大容积；

FC：每辆车的固定费用；

VC：每辆车运行单位距离的费用；

$d_{(g,h)}$：第 g 个客户组别与第 h 个客户组别之间的距离；

et_g：第 g 个客户组别的期望到货时间；

rt_g：第 g 个客户组别的实际到货时间；

$t_{(g,h)}$：从第 g 个客户组别到第 h 个客户组别的车辆行驶时间；

$y_{(g,h)}$：车辆是否从第 g 个客户组别直接抵达第 h 个客户组别，如果直接抵达，则该值为 1，否则该值为 0；

Z_{gx}：第 g 个客户组别的货物是否由第 x 辆车来配送，如果是，该值为 1，否则该值为 0。

城市配送车辆动态配置模型可以构建如下。

1）目标函数：

$$\min\left(x\times \mathrm{FC}+\sum_{g=1}^{G}\sum_{h=1}^{G}\mathrm{VC}\times d_{(g,h)}\times y_{(g,h)}\right)+\sum_{g=1}^{G}\mathrm{PC}(\mathrm{rt}_g) \qquad (8.4)$$

$$\min\sum_{g=1}^{G}-q_g Z_{gx} \qquad (8.5)$$

$$\min\sum_{g=1}^{G}-v_g Z_{gx} \qquad (8.6)$$

2）约束条件：

进出限制为

$$\sum_{g=2}^{G}y_{(g,h)}=\sum_{h=2}^{G}y_{(g,h)}=1(g\neq 1\text{且}h\neq 1) \qquad (8.7)$$

$$\sum_{g=1}^{G}y_{(g,h)}=\sum_{h=1}^{G}y_{(g,h)}=x\text{（注：组别 1 表示配送起点）} \qquad (8.8)$$

$$t_{(g,h)}=100(g=h) \qquad (8.9)$$

$$t_{(g,1)}=0 \qquad (8.10)$$

时间限制为

$$t_{(g,h)}=d_{(g,h)}/40 \qquad (8.11)$$

$$\mathrm{rt}_h=\sum_{g=1}^{G}\sum_{h=1}^{G}y_{(g,h)}\times \mathrm{rt}_g+\sum_{g=1}^{G}\sum_{h=1}^{G}y_{(g,h)}\times t_{(g,h)} \qquad (8.12)$$

$$\mathrm{rt}_1=0 \qquad (8.13)$$

$$\mathrm{rt}_g \leqslant \mathrm{et}_g \tag{8.14}$$

车辆容量限制为

$$\sum_{g=1}^{G} q_g Z_{gx} \leqslant Q_x \tag{8.15}$$

式中，$x=1,2,3,\cdots,x$。

$$\sum_{g=1}^{G} v_g Z_{gx} \leqslant V_x \tag{8.16}$$

式中，$x=1,2,3,\cdots,x$。

其他限制为

$$Z_{gx}=0 \text{ 或 } 1\text{，其中 } g=1,2,3,\cdots,G\text{；} x=1,2,3,\cdots,x \tag{8.17}$$

$$y_{(g,h)}=0 \text{ 或 } 1\text{，其中 } g,h=1,2,3,\cdots,G\text{；} x=1,2,3,\cdots,x \tag{8.18}$$

$$\mathrm{PC}(\mathrm{rt}_g)=a\sum_{g=1}^{G}\max[(\underline{\mathrm{et}_g}-\mathrm{t}_g),0]+b\sum_{g=1}^{G}\max[(\mathrm{rt}_g-\overline{\mathrm{et}_g}),0] \tag{8.19}$$

其中，目标函数式（8.5）与式（8.6）是为了保证配送车辆的利用率最大（载重量利用率最大与容积利用率最大），也即车辆的空载率最小。约束条件式（8.7）表示每个客户组别只能一进一出；约束条件式（8.8）表示所有车辆必须从点 1 出发并最终返回点 1；条件式（8.9）表示车辆不能从某一点出发并直接回到该点；条件式（8.10）表示所有车辆在配送完毕后必须回到点 1；条件式（8.11）表示车辆从第 g 个客户组别到第 h 个客户组别所需花费的时间；条件式（8.12）表示某个客户组别的到货时间等于其上个客户组别的到货时间加上该两个客户组别间的运输时间；条件式（8.13）表示点 1 是配送的起点，因此该点的车辆抵达时间为 0；条件式（8.14）表示客户的实际到货时间比客户期望的到货时间早，从而保证了客户满意度；条件式（8.15）与条件式（8.16）分别表示车辆所配送的货物总重量、货物总体积不能超过车辆的载重量与容积；条件式（8.17）与条件式（8.18）说明决策变量 Z_{gx} 与 $y_{(g,h)}$ 是 0-1 变量；条件式（8.19）表示为每个客户组别服务所对应的惩罚成本公式。

8.4.5　模型的求解思路与算法

1．求解思路

本节所研究的车辆动态配置包括配送车辆的选择、车辆的配载、车辆的任务分配与发车先后顺序的确定等方面的规划问题，是组合型的 NP 难题。本节研究选择了分派-节约启发式算法作为本模型的求解方法，同时采用该算法来寻找城市配送车辆动态配置问题的满意解。该方法将分派启发式算法与节约算法两者有效地结合起来，既能够最大限度地满足客户需求，又能够通过合理配置实现相应成本的降低。

2. 求解步骤

（1）确定本服务周期内所需分配的车辆数

根据服务周期内的客户配送量及车辆的载重量、容积限制，估算完成这些任务所需的车辆数 x，x 的值确定如下：

$$x = \max\left[\left(\sum_{g=1}^{G} q_g / \overline{Q_x}\right) + 1, \left(\sum_{g=1}^{G} v_g / \overline{V_x}\right) + 1\right] \tag{8.20}$$

式中，$\overline{Q_x}$ 为 x 辆车的平均载重量；$\overline{V_x}$ 为 x 辆车的平均容积。

（2）根客户的确定

本节研究根据以下规则对根客户进行选择。

1）按照客户的需求：将需要加急或者专车配送的客户确定为根客户。

2）按照每个客户组所需配送的货物量与车辆载重量、容积之间的关系：将货物量超过车辆载重量、容积一半的客户组$\left(\text{即}\sum_{g=1}^{G} q_g > 0.5Q \text{ 或者 } \sum_{g=1}^{G} v_g > 0.5V\right)$定为根客户，因为这些客户组别中的任何两组都不可能用同一辆车进行配送，否则将超过额定载重量或容积。

3）按照客户组与配送中心之间的距离：选取与城市配送距离较远的客户组作为根客户。

根据根客户的定义，所选取的根客户数量必须与该阶段所需分配的车辆总数 x 相等。根客户确定后，即可以将根客户的任务分配给相应的车辆。

（3）其他客户组的分配

经过根客户的选择，x 个客户组已经确定了配送车辆，而对于剩下的 $(G-x)$ 个客户组，则需要按照以下步骤来进行分配。

1）通过计算根客户的货物量与车辆载重量、容积之间的差值$\left(Q-\sum_{g=1}^{G} q_g \text{ 或者 } V-\sum_{g=1}^{G} v_g\right)$，确定其他可与该根客户共用同一车辆的客户组，即若某个客户组的货物量小于这个差值，则可以与该根客户进行混合配送。

2）计算各个根客户与对应的满足 1）条件的客户组之间的费用节约值。根据节约算法的原理，在城市配送中心（设为 1 点）与根客户（假定为 g）的配送任务之间插入一个客户组（h），则配送总费用的节约值可以表示为

$$
\begin{aligned}
s(g,h) &= C_{1g} + C_{h1} - C_{gh} \\
&= (\mathrm{FC} + \mathrm{VC}d_{1g}) + (\mathrm{FC} + \mathrm{VC}d_{h1}) - (\mathrm{FC} + \mathrm{VC}d_{gh}) \\
&= \mathrm{FC} + V
\end{aligned}
$$

由于本节研究考虑了惩罚成本的影响，需要对以上公式进行调整修正，即在原来的基础上再减去相应的等候成本或延期成本，这个差值才为最后的费用节约值。

3）将步骤 2）所算出的费用节约值按照从大到小的顺序排列。

4）将费用节约值最大的两个组别（其中一个是根客户）连接，重新计算车辆到达各个客户组别的时间。

5）回到步骤 1），计算剩余的车辆载重量、容积，并判定其他的客户组是否可以一起进行配送，就这样一直循环反复，直至所有的任务都分配完毕。

8.4.6　实例分析

为了验证需求驱动下的城市配送车辆动态配置模型的可行性与合理性，本节研究选取了 A 公司作为实例分析对象，该公司的城市配送业务与本节所研究的城市配送服务提供商的服务范畴相吻合，因此通过对比 A 公司现有的车辆配置策略与相同情况下采用本节研究所提方法后的车辆配置策略，即可说明本节研究所提模型的有效性。

1. 案例背景

（1）A 公司的基本情况概述

A 公司的母公司（下面称为 X 公司）是以食品冷链物流、食品制造、肉类屠宰加工、现代分销与专业市场为主导产业，以食品科研、信息技术、酒店服务、物业管理为重要支撑的大型企业，主要生产经营猪肉、牛肉、羊肉及其制品，禽蛋制品，海鲜及其制品，烟、酒、茶、调味品、糕点、水果、蔬菜、酱菜、豆制品、饮料，以及冷藏设备等 20 多个大类、万余种商品，其拥有的一批食品老字号与知名品牌，在市场上具有较高的知名度。

作为 X 公司的下属全资子公司和业务辅助单位，A 公司拥有着一个大规模的冷藏储运集散地和一个上万吨的大型冷库，冷库面积达 36 000m^2，冷藏容积达 66 000m^3，配有专用公路、月台及大面积停车场，分别设有常温、恒温、中温库及急冻库。它能够满足客户的不同储存需要，是一家集物流、仓储、配送加工、运输为一体的服务性企业，其市内配送能力较强，能够保证货物在客户规定的时间内安全到达。它的主要客户群不仅包括宾馆、食品加工厂、连锁餐馆与便利店等，还包括个体户。

（2）城市配送业务概况

A 公司可以为市内的机关团体、宾馆饭店等客户提供各类食品团购及统一配送业务，也可以为个体户提供相应的配送服务。目前，A 公司与其他公司合作接了几个项目，其中一个项目是为北京市的某个连锁便利店提供配送服务。针对这个项目，A 公司采用了自营与外包相结合的策略，具体的城市配送运作流程如图 8.9 所示。其中，运输与仓储部分都是外包给其他公司来完成的。当连锁便利店有订货需求时，会将订货信息用邮件的方式发送给 A 公司的客户部；客户部的主要职责是对这些订货邮件进行汇总，并制定销售明细表，同时通过电子邮件发给运输外包商；运输外包商根据销售明细表明确各个客户的送货地址、送货量及对到货时间的要求等制定派车单，同时将派车单发给仓储商；仓储商根据派车单，以车为单位进行分拣作业，准备好需要配送的货物，当运输外包商将车辆发派到仓库时，仓储商负责将这些配送货物进行装车，而具体的配送过程则是由运输外包商执行与决定。A 公司自有的储运部门主要负责监督和协调外包商的工作，同时在出现问题时及时与客户进行沟通。

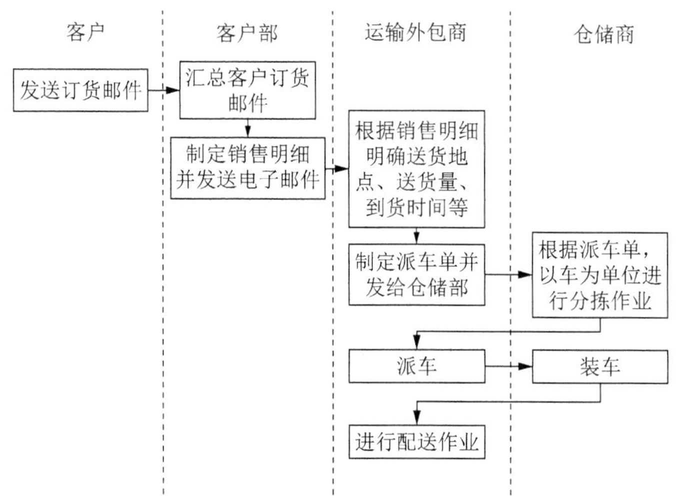

图 8.9　A 公司现有的城市配送运作流程

虽然该公司有效地利用了外部物流资源，但这个配送过程也存在一些问题。概括地说，这些问题主要包括以下三点。

1）A 公司的客户部对订单汇总的频次较少，一般为一天一次或者一天两次，从而未能对客户的需求做出及时响应，不排除存在汇总后仍有部分客户需要及时配送到货的情况，特别是在突发缺货需要紧急补货时更是如此。

2）运输商对车辆分派计划和车辆装载计划的制定主要是依靠个人经验与个人判断，缺乏科学性与合理性，而且未对客户及货物进行区分，容易造成配送作业的混乱。

3）整个运作流程的效率不高，需要实现信息同步共享。针对这些问题，A 公司需要提高对客户订单的及时响应能力，增加订单的汇总频次，保证配送的时效性；采用科学的订单处理机制和车辆配置方法，做到分客户、分货物、分区域、分条件、有条理、按时地完成相应的配送任务；在相关的合作商之间构建信息系统，实现信息的同步共享，避免造成信息传递的滞后性与误差。

2. 模型的应用与求解

（1）数据收集

为了说明本节研究所提方法在实际运作中的优势，本书作者及其课题组联系了 A 公司负责该项目的一位工作人员，并获取了一部分客户订单信息和派车单信息来生成模型所需的参数及样本数据。但鉴于本节所研究的城市配送车辆动态配置方法是针对随机的、不确定的客户订单而提出的，于是本书作者及其课题组从该公司的订单处理数据中随机抽取了某一天的客户订单信息和派车订单信息作为模型的运算样本。

1）订单客户的地理位置分布。通过对资料进行初步整理，明确这些订单客户的地理关系，即配送地址的区位联系，如图 8.10 所示。北京地区连锁商店多位于

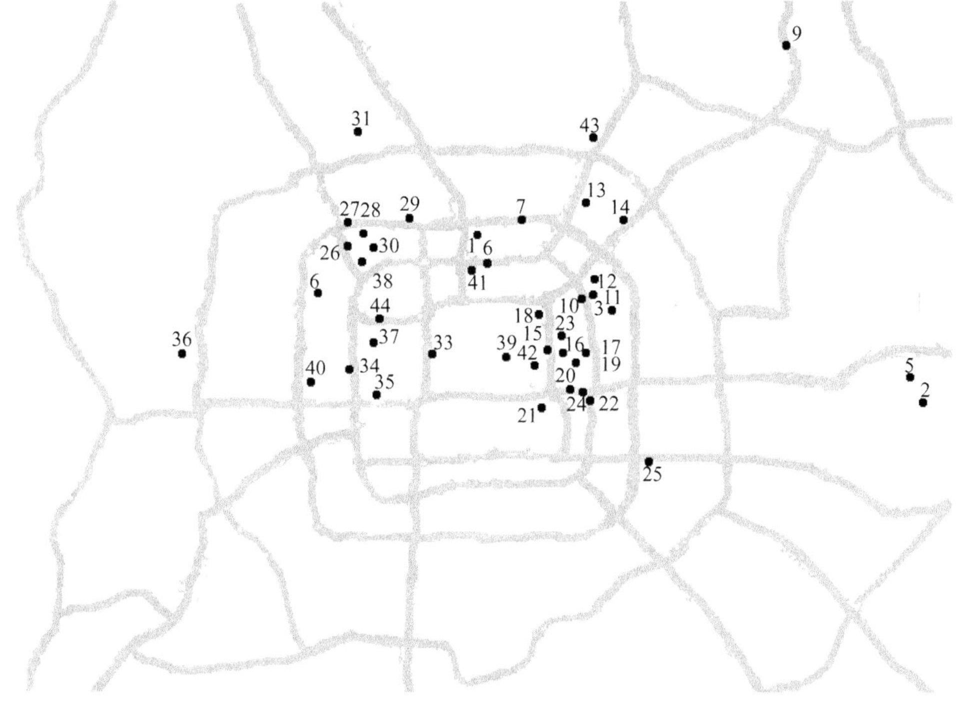

图 8.10　客户的地理位置示意图

三环内，且多集中于东二环和东三环交界处及北二环和北三环交界处；连锁商店在郊区分布较少；以长安街为界线，连锁商店多集中于长安街北部，在南部分布较少。本节研究根据实际订单与北京市的区域划分情况将这些客户地址分成 8 个配送服务区，一方面与该公司现有的操作习惯相符，另一方面也有利于城市配送的实际运作。

2）可用的车辆及其规格。运输外包商可用的车型有 2t、3t 和 5t 的常温车与冷藏车，具体规格如表 8.3 所示。

表 8.3 车辆规格

车辆吨位/t	车辆尺寸（车厢内尺寸）
2	4 113mm×1 740mm×1 660mm
3	4 900mm×1 890mm×1 750mm
5	7 335mm×2 335mm×2 230mm

3）订单其他信息。本节研究还分析提取了订单中的货物质量、到货时间需求和货物的温度需求等信息，这些信息都是客户订单处理和车辆配置阶段的重要依据，如表 8.4 所示。

表 8.4 订单其他信息

订单号	货物质量/kg	到货时间需求	货物的温度需求	订单号	货物质量/kg	到货时间需求	货物的温度需求
1	58 800	12h 内送达	常温	17	495 500	4h 内送达	冷藏
2	972 000	10h 内送达	冷藏	18	8 100	3h 内送达	冷藏
3	304 020	9h 内送达	常温	19	414 000	4h 内送达	冷藏
4	109 000	14h 内送达	冷藏	20	81 000	2h 内送达	常温
5	820 000	10h 内送达	冷藏	21	38 880	3h 内送达	常温
6	11 800	14h 内送达	冷藏	22	162 000	2h 内送达	常温
7	64 800	12h 内送达	常温	23	81 000	4h 内送达	冷藏
8	80 700	12h 内送达	常温	24	81 000	2h 内送达	常温
9	246 400	14h 内送达	冷藏	25	111 850	4h 内送达	冷藏
10	405 000	9h 内送达	常温	26	81 000	14h 内送达	冷藏
11	335 000	9h 内送达	常温	27	22 060	14h 内送达	冷藏
12	486 000	9h 内送达	常温	28	67 000	14h 内送达	冷藏
13	97 200	12h 内送达	常温	29	81 000	14h 内送达	冷藏
14	78 200	12h 内送达	常温	30	24 300	14h 内送达	冷藏
15	49 680	3h 内送达	冷藏	31	179 040	14h 内送达	冷藏
16	324 000	4h 内送达	冷藏	32	350 580	14h 内送达	冷藏

续表

订单号	货物质量/kg	到货时间需求	货物的温度需求	订单号	货物质量/kg	到货时间需求	货物的温度需求
33	790 000	5h 内送达	冷藏	39	158 000	3h 内送达	冷藏
34	13 390	7h 内送达	冷藏	40	790 000	7h 内送达	冷藏
35	162 000	7h 内送达	冷藏	41	158 000	12h 内送达	常温
36	239 880	5h 内送达	冷藏	42	395 000	3h 内送达	冷藏
37	746 720	7h 内送达	冷藏	43	316 000	12h 内送达	常温
38	32 400	14h 内送达	冷藏	44	79 000	7h 内送达	冷藏

（2）需求分析模型的应用与求解

将所获取的订单资料按照本节研究所提的客户订单处理方法进行处理，即首先按照二阶段分类法对订单进行分类处理，其次根据订单客户对货物送达的时间要求确定客户服务的优先级。需要说明的是，该项目中不存在关于订单处理时间的承诺，所以对于订单筛选阶段就不予考虑。

1）指标的选择与量化。由于该项目所需配送的货物均为便利食品（包括干冻湿货），内部兼容性与外部兼容性都较好，本节研究仅选择了配送区域、货物送达时间要求和货物对温度的需求三个指标作为客户订单的分类依据。在进行具体分类前，需要对这些指标加以量化，如表 8.5 所示。将 44 个客户订单按照量化标准进行量化，即可得到客户订单分类的样本数据。

表 8.5　客户订单分类指标量化

配送区域指标量化				货物送达时间量化		货物所需温度量化	
配送区域	量化值	配送区域	量化值	送达时间	量化值	温度需求	量化值
崇文	1	西城	5	上午送达	1	常温	1
东城	2	石景山	6	下午送达	2	冷藏	2
朝阳	3	通州	7	晚上送达	3	—	—
海淀	4	顺义	8	晚间送达	5	—	—

2）客户订单的分类与结果分析。为了方便操作，本节研究将配送区域、货物送达时间要求与货物所需温度这三个指标统一作为 SOFM 的聚类评价指标，而量化的客户订单即是 SOFM 的聚类评价对象。本节研究将借助 MATLAB 软件平台来构建相应的 SOFM 网络，从而获取客户订单的聚类结果。首先，利用 newsom 函数创建一个 SOFM 网络，其代码为：net=newsom(minmax(***P***)，[6 3])，其中，***P*** 为输入向量，即量化的客户订单；minmax(***P***)表示输入向量的最大值与最小值，[6 3]表示所创建网络的竞争层为 6×3 结构，该结构可以根据实际情况进行相应调整，由于此处的样本量较小，选择这样的竞争层是合适的；然后分别利用函数 train

和仿真函数 sim 对网络进行训练和仿真。由于训练步数的大小对网络的聚类性能有着重要影响，主要表现在训练步数越大聚类结果就越细化，本节研究将设置三个训练步数（分别为 5、100 和 2 000）对聚类性能进行观察并分析其相应的结果。相应的 MATLAB 代码如附图 B1 所示。

当训练步数为 5 时，SOFM 的聚类结果如附图 B2 所示。其中值为 18 的各个订单为同一组别，值为 1 的各订单为同一组别，以此类推，可以得到聚类分析表，如表 8.6 所示。

表 8.6 训练步数为 5 所对应的聚类分析表

客户组别	订单号
组别 1	1、3、7、8、10、11、12、13、14、41、43
组别 2	2、4、5、9、32
组别 3	6、26、27、28、29、30、31、38
组别 4	15、18、20、21、22、24、39、42
组别 5	16、17、19、23、25
组别 6	33、36
组别 7	34、35、37、40、44

当训练步数为 100 和 2 000 时，SOFM 的聚类结果分别如附图 B3 和附图 B4 所示。仔细观察可以发现，这两个聚类结果是一致的，根据训练步数对聚类性能的影响作用可知，这个结果是该 SOFM 网络最为细化的分类结果。另外，该结果所显示的客户组别间的相似程度更高，具体表现为区域位置更接近、货物送达时间更一致。因此，本节研究将把训练步数为 100 和 2 000 时所对应的聚类分析表作为订单客户分组结果，如表 8.7 所示，该表不仅显示了客户分组的最终结果，同时也列明了客户组别号与相应的订单服务优先级。

表 8.7 订单客户分组结果

客户组别	订单号	客户服务优先级
组别 1	1、7、8、13、14、41、43	3
组别 2	2、5	2
组别 3	3、10、11、12	2
组别 4	4、9、32	5
组别 5	6、26、27、28、29、30、31、38	3
组别 6	15、18、21、39、42	1
组别 7	16、17、19、23、25	1
组别 8	20、22、24	1
组别 9	33、36	2
组别 10	34、35、37、40、44	2

（3）城市配送车辆动态配置模型的应用与求解

在明确 44 个客户订单所属的客户组别及相应的客户服务优先级后，即可进入第二个子模型的求解阶段，也即城市配送车辆的动态配置阶段。

1）相关数据的整理。由于 A 公司采用的冷藏车自带隔板，能满足常温货物与冷藏货物的共同需求，对于该项目，A 公司统一采用冷藏车进行配送，即冷藏货物与常温货物可进行共同配送，而且该项目的货物多为小质量商品，配送统一采用载重质量为 2t 的货车。车辆的固定成本为 140 元，变动成本为 5 元/km，同时每辆车的平均行驶速度是 40km/h。10 个客户组别间的距离如表 8.8 所示。

表 8.8　各客户组别间的距离　（单位：km）

客户组别	1	2	3	4	5	6	7	8	9	10
1	0	25.9	5.8	12.1	5.3	5.5	5.8	9.7	9.1	6
2	25.9	0	22.7	32.9	28.8	20.8	15.4	19.2	34.8	36
3	5.8	22.7	0	19.5	10.1	2.9	2.8	6.5	13.4	11
4	12.1	32.9	19.5	0	23.1	21.8	19.9	26.9	32.2	26.4
5	5.3	28.8	10.1	23.1	0	8.4	9.8	16.8	10.2	6.2
6	5.5	20.8	2.9	21.8	8.4	0	1.8	4	6.8	7.5
7	5.8	15.4	2.8	19.9	9.8	1.8	0	3	7.1	9.6
8	9.7	19.2	6.5	26.9	16.8	4	3	0	8.9	15.2
9	9.1	34.8	13.4	32.2	10.2	6.8	7.1	8.9	0	4.2
10	6	36	11	26.4	6.2	7.5	9.6	15.2	4.2	0

2）模型的编程。考虑到 LINGO 软件在解决规划类问题中的优越性，具体表现为建模语言直观、易懂，而且拥有一整套快速、内建的求解器，执行速度非常快，因此，本节研究将城市配送车辆动态配置模型用该软件进行编程，具体程序如附图 B5 所示。

3）程序的运行与结果。将车辆数据、10 个客户组的距离信息以及客户组对到货时间的期望值等代入模型中，并运行程序，可以得到车辆动态配置结果如表 8.9 所示。表 8.9 不仅列明了这些订单需要用 7 辆车来完成配送，而且也指出了车辆的配送路线、客户组别间的配送顺序以及每辆车所负责的客户订单号。

表 8.9　城市配送车辆动态配置结果

车辆	配送路线	配送的客户组别	负责的客户订单号
1	1→2→5→1	1、4	1、7、8、13、14、41、43、4、9、32
2	1→3→1	2	2、5

续表

车辆	配送路线	配送的客户组别	负责的客户订单号
3	1→4→1	3	3、10、11、12
4	1→8→1	7	16、17、19、23、25
5	1→9→7→6→1	8、6、5	20、22、24、15、18、21、39、42、6、26、27、28、29、30、31、38
6	1→10→1	9	33、36
7	1→11→1	10	34、35、37、40、44

另外，从图 8.11 和图 8.12 可知，该模型的最优目标成本为 1 803.01 元，其中总变动成本为 823 元，固定成本为 980 元，惩罚成本为 0 元，即货物送达时间均满足客户需求，未产生相应的延期成本。

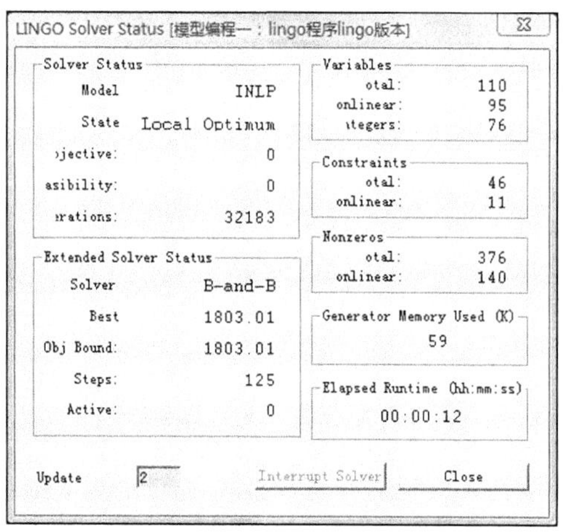

图 8.11 LINGO 求解状态

Solution Report - 模型编程一：lingo程序lingo版本

```
Local optimal solution found at iteration:          32183
Objective value:                                 1803.008

          Variable           Value        Reduced Cost
                 X        7.000044            0.000000
                 B        10000.00            0.000000
                BC        0.000000            0.000000
                VC        5.000000            0.000000
               TVC        823.0014            0.000000
             GOGAL        1803.008            0.000000
                FC        140.0000            0.000000
```

图 8.12 模型运算结果

为了客观评价本节研究所提方法对城市配送运作的优势，本节研究将模型运算结果与该公司原有的配送策略进行比较，具体如表 8.10 所示。

表 8.10　模型运行结果与原有策略的比较

项目	现有策略	原有策略	改进比例/%
运作成本/元	1 803.01	2 358	23.54
车辆平均运作时间/h	7.7	8	3.75
是否延期	不存在延期的情况	偶尔延期到货	—

由表 8.10 可知，本节研究所提的需求驱动下的城市配送车辆动态配置模型对于改善运作成本、缩短运作时间及减少延期到货等方面具有一定的作用。

首先，该方法的优势表现为运作成本的减少。根据运算结果，将客户订单聚类与车辆配置进行有效结合可以提高城市配送的效益，从而使运作成本降低了23.54%。

其次，通过合理的订单整合与有效的车辆配置，车辆的平均运作时间也减少了 3.75%。这样不仅可以直接缩短到货时间，而且可以增加车辆的配送频率，从而能够满足更多客户的订单需求。

再次，本节研究的模型考虑了惩罚成本的影响，因此该公司延期到货情况的发生频率由偶尔降低为 0，从这个层面上说，该模型可以有效提高城市配送的服务质量、保证目标客户的满意度。

最后，本节研究所提方法的另一个潜在优点还体现在计算的效率性上，特别是处理大规模订单数据时，这种基于需求分析模型的车辆配置方法的优势就更为显著，因为它可以节省大量的运算时间，从而保证公司的运作效率。

综上所述，本节研究所提方法的优越性显而易见，但本节研究旨在提供一种思路，即将客户需求分析与车辆配置相结合，实现订单信息的全面挖掘与车辆运作的有效衔接，从而使城市配送运作更具可行性与科学性。

8.5 本章小结

本章从配送需求分析和配送车辆动态配置两个方面构建了需求驱动下的城市配送车辆动态配置模型，其中配送需求分析是配送车辆动态配置的基础和运算依据。首先，本章提出了城市配送需求分析模型，即需求订单筛选、需求订单分类和客户服务优先级的确定。在订单分类阶段，本章采用了二阶段分类法，即综合考虑了配送区域、货物所需温度等硬性指标的影响，同时利用 SOFM 对客户订单进行聚类分析，使组别内的兼容性和相似性较高，从而使订单批量配送更具可行性和科学性；在客户服务优先级的确定阶段，本章提出了单因素与多因素的优先级确定方法，以供企业参考使用。其次，本章以对城市配送需求进行全面分析为前提，以运作成本、及时到货（惩罚成本）和车辆空载率作为模型目标的构成要素，以进出限制、时间限制和车辆容量限制等作为约束条件，构建了更加贴合实际的多目标城市配送车辆动态配置模型，并采用了分派-节约启发式算法作为模型的求解方法。最后，本章选取 A 公司作为实例分析对象，验证了需求驱动下的城市配送车辆动态配置模型的可行性与合理性。

第 9 章　结论与展望

9.1 主 要 结 论

随着城市经济的发展，城市物流面对前所未有的发展机遇和挑战。城市物流是为实现城市经济社会的可持续发展，通过对城市范围内的各类商品的流动，特别是对货物运输进行统筹协调、合理规划、整体控制，解决交通阻塞、环境污染、能源浪费等一系列物流问题，减轻城市环境负担，实现城市范围物流活动的整体最优的过程。因此研究城市物流系统的运行规律、有效地管理城市物流系统，在我国城市化背景下，对于预防和治理“城市病”，保持经济平稳较快发展、保障民生、建设环境友好型社会具有重要的现实意义。

1. 全面分析城市物流发展现状

本书的研究从三个方面剖析了我国城市的物流业务、物流基础设施以及物流产业对我国城市物流发展现状进行分析，可以发现，我国城市物流系统尚处于初级发展阶段，缺乏对城市物流的长远化、综合化、集散合理化考虑，导致低效、无序运输占用道路资源，造成交通拥堵等城市问题。这些问题激发了货运车辆运输与城市物流政策限制之间的矛盾，运力资源利用率较低与城市物流需求之间的矛盾以及物流业“多、小、散、弱”与城市物流集约化发展的矛盾，这些城市物流问题制约城市物流系统的优化以及城市经济的发展。

2. 城市物流与城市发展之间相互影响

城市产业发展影响城市物流的发展。城市经济的发展，包括政府政策的倾斜、城市经济及产业结构的变化，产业结构与城市配送总量之间有很显著的正相关关系，同时第一、第二和第三产业的不同比重分布还会影响城市配送商品的结构。工业管理模式的革新、连锁商业形式的出现、销售渠道和消费方式的改变、现代服务业快速发展、电子商务技术在更多的领域应用以及城市商业模式呈现多样化都表明城市经济运行的形态和模式正朝着多元化的方向发展。因此，城市物流应该遵循城市发展的规律，提升城市物流服务水平。

城市物流对城市交通产生很大影响，从而影响城市经济的发展。现代物流以电子信息技术为基础，注重服务、人员、技术、信息与管理的综合集成，为城市交通问题的解决提供了新的思路。主张优先发展城市公共交通，大力发展公共货车行业，是缓解城市交通拥堵、提高城市运转效率、实现城市可持续发展的有效手段，是改善宜居城市公共环境、建设资源节约型社会的重要举措。

3. 城市货运政策对城市物流有很大影响

本书的研究利用复杂系统理论，研究货运限行政策下的货运群体行为，构建限行政策下的城市配送系统模型。运用复杂系统理论，针对城市配送系统的影响因素、货运限行政策现状以及各类群体的行为特征，系统、客观、全面地研究城市配送系统中货运企业的出行行为，通过对货运企业的行为进行分析，研究货运限行政策对货运企业出行行为产生的影响。不同的货运企业行为属性不同，对限行政策的敏感度不一样，做出的反应不同，即服从或不服从货运限行政策。本书的研究通过对城市配送系统仿真对象的分析，对智能体进行分类，确定智能体的属性，分析其行为规则，建立货运限行政策下的货运行为模型。从微观层面分析货运企业的行为，发现宏观的城市配送系统运行规律。对仿真结果进行分析，改善货运限行政策，从而得到优化的城市配送系统。

4. 完善城市物流运营管理

从宏观和微观上分析影响物流运营管理的重要因素。宏观上，政府政策的倾斜以及经济环境的变化，如工业管理模式的革新、连锁商业形式的出现、销售渠道及消费方式的改变等，为城市配送的发展提供了良好的条件，对出现的城市物流问题能够快速响应，政策实施更加有效。微观上，企业在政府出台的政策范围内，对企业物流资源进行优化和配置，分析车型的选择、车辆的动态配置的发展对提升城市配送服务的重要作用，城市配送服务水平的提升促进服务类型的多元化与服务水平的优质化。

9.2 存在的问题及未来研究方向

城市物流系统是一个复杂的动态系统，有众多的影响和约束因素，适合选用复杂系统理论的方法进行分析研究。经过对复杂系统理论知识的系统学习以及大量文献资料的查阅，本书的研究取得了一定的研究成果，但是仍存在很多不足之处，在未来的研究中还要关注以下几个方面。

1）从研究对象来看，城市物流体系的建立和完善还需要完善各个要素。①本书的研究对我国几个典型城市的物流系统做了初步分析，并不能涵盖所有城市物流系统问题。在下一步的研究过程中，将考虑更多影响城市发展的物流问题，满足现代城市物流发展的要求，以有利于宏观战略和政策的制定。②虽然运输是城市物流与城市配送的主要实现方式，但是城市物流的园区、物流中心等，以及影响配送实现的包装、流通加工、信息平台等对城市物流发展也非常重要。

2）从研究层次上看，城市物流体系涉及政府、企业，城市居民等多个主体，可从政府、企业及城市居民拓展到所有参与城市物流体系的各个要素，研究不同要素对城市物流及城市发展的相互作用，构造一个城市物流优化系统，实现城市经济发展和功能布局的改善。

3）从研究方法来看，本书的研究应用复杂系统理论方法对城市物流相关问题进行研究，但是对复杂系统理论的研究还有待加强；在分析物流相关问题和构建模型时考虑的因素还较少，有些因素由于难以量化未能考虑进模型。应进一步进行实地调研，不断完善新的变量，优化模型，进行深入研究，使模型更接近实际情况。

参 考 文 献

[1] 骆温平. 现代物流与供应链管理[M]. 北京：电子工业出版社，2007.

[2] 刘学林，马俊，张雅蕊. 城市物流发展中的问题与对策研究：以湖北省襄阳市为例[J]. 改革与战略，2014（11）：24-27.

[3] 谷永芬，何记东. 现代物流产业发展对城市范围内经济发展的促进作用[J]. 物流科技，2003，26（6）：1-3.

[4] 刘晓岚，范晔. 江苏省商贸物流业与城市产业结构升级协同发展研究[J]. 中国经贸导刊（中），2018（29）：29-30.

[5] 刘玉国，贾洪飞，张枭雄. 现代物流业的发展与产业结构的优化[J]. 工业技术经济，2003，22（5）：99-100.

[6] 李金辉，白雪洁. 现代物流：产业结构演变的“润滑剂”[J]. 改革与战略，2002（10）：3-5.

[7] 田源，徐寿波，宋伯慧，等. 物流与经济发展关系研究[J]. 北京交通大学学报（社会科学版），2008，7（2）：21-26.

[8] 季小立，阎立. 城市物流成本控制与经济结构优化：国际经验及借鉴[J]. 上海经济研究，2014（7）：90-96.

[9] 张可明，乔丽. 城市产业结构对物流需求的影响[J]. 铁道运输与经济，2006，28（7）：30-32.

[10] 王潇，王卉娜. 基于协整检验的物流业发展与城市经济关系研究[J]. 内蒙古财经大学学报，2020，18（4）：137-140.

[11] 苗青，白玲，曲鹏飞. 符合区域经济增长模式的现代物流经济的研究[J]. 物流技术，2004（3）：25-26.

[12] 卢胜. 现代物流业对城市经济的影响及对策[J]. 经济体制改革，2003（2）：131-134.

[13] 谭传龙. 山东半岛物流产业集聚水平测度与结构特征分析[D]. 青岛：中国海洋大学，2015.

[14] 苏开拓，李松庆. 基于 TOPSIS 法的城市物流与城市经济发展协调性评价研究：以广州市为例[J]. 商业经济，2010（3）：89-90.

[15] 张文松. 物流园区发展模式研究[J]. 商业研究，2003，10（2）：157-159.

[16] 王平平，龚国华，江从发. 城市物流规划方法探讨[J]. 物流技术，2003（2）：28-29.

[17] 王仕首. 浅谈工业城市物流经济发展对城市交通网络的影响[J]. 智能城市，2019，5（8）：143-144.

[18] ZIMMER K. Supply chain coordination with uncertain just-in-time delivery[J]. International journal of production economics, 2002, 7(1): 1-15.

[19] 史毅飞. 关于地铁兼具载客、物流功能的可行性分析[J]. 物流技术，2014，33（1）：197-199.

[20] 赵娆，李彩. 基于太原地铁的城市地下物流系统可行性分析[J]. 企业科技与发展，2020（9）：56-58.

[21] MOTRAGHI A, MARINOV M V. Analysis of urban freight by rail using event based simulation[J]. Simulation modelling practice and theory, 2012, 25(16): 73-89.

[22] VAN DUINA J H R, KORTMANNA R, VAN DEN BOOGAARDA S L. City logistics through the canals? A simulation study on freight waterborne transport in the inner-city of Amsterdam[J]. International journal of urban sciences, 2014, 18(2): 186-200.

[23] DE OLIVEIRA L K, BÁRBARA REGINA PINTO E OLIVEIRA B, VAGNER DE ASSIS CORREIA V. Simulation of an urban logistic space for the distribution of goods in Belo Horizonte, Brazil[J]. Procedia-social and behavioral sciences, 2014, 125: 496-505.

[24] MUÑUZURI J, CORTÉS P, GROSSO R, et al. Selecting the location of minihubs for freight delivery in congested downtown areas[J]. Journal of computational science, 2012, 3(4):228-237.

[25] 李亚东. 快递“最后一公里”配送模式改进研究[J]. 科技创新导报，2020（19）：165-166.

[26] 王飞跃，戴汝为，张嗣瀛，等. 关于城市交通、物流、生态综合发展的复杂系统研究方法[J]. 复杂系统与复杂性科学，2004；1（2）：60-69.

[27] TANIGUCHI E, THOMPSON R G, YAMADA T. Recent trends and innovations in modelling city logistics[J]. Procedia-social and behavioral sciences, 2014,125: 4-14.

[28] BROWNE M, ALLEN J, NEMOTO T, et al. Reducing social and environmental impacts of urban freight transport: a review of some major cities[J]. Procedia-social and behavioral sciences, 2012, 39: 19-33.

[29] 郭兴海，计明军，温都苏，等. “最后一公里”配送的分布式多无人机的任务分配和路径规划[J]. 系统工程理论与实践，2021（4）：946-961.

[30] MARTENSSON L. Volvo’s environmental strategy for next generation trucks[C]. Proceedings of BESTUFS Conference—Truck Corporation Environmental Affairs. 2005.

[31] SCHOEMAKER J, ALLEN J, HUSCHEBEK M, et al. Quantification of urban freight transport effects[R]. BESTUFS Consortium, 2006.

[32] QUAK H, KOSTER R. The impacts of time access restrictions and vehicle weight restrictions on food retailers and the environment[J]. European journal of transport and infrastructure research, 2006, 6(2): 131-150.

[33] 徐文瑞. 城市物流配送系统的环境影响分析[J]. 中国商论，2017（2）：48-49.

[34] BROWNE M, ALLEN J, NEMOTO T, et al. Light goods vehicles in urban areas[J]. Procedia-social and behavioral sciences, 2010, 2(3): 5911-5919.

[35] 王涛. 城市物流外部不经济问题研究[D]. 武汉：武汉理工大学，2007.

[36] 张志耀，叶梓余. 城市交通拥堵的成因与治理[J]. 浙江经济，2008（17）：46-47.

[37] 朱鸿东. 交通拥堵频发形势下城市物流配送的发展思考[J]. 中国物流与采购，2020（10）：36-37.

[38] TAYLOR J. Urban congestion and pollution-is road pricing the answer?[J]. Proceedings of the institution of civil engineers-municipal engineer, 1992, 93(94): 227-228.

[39] 刘爽. 基于系统动力学的大城市交通结构演变机理及实证研究[D]. 北京：北京交通大学，2009.

[40] 王荣辉，尹相勇. 从系统动力学角度分析大力发展城市公共交通的重要性[J]. 城市公共交通，2005（10）：35-38.

[41] 张林峰. 交通影响下的城市中心演化系统动力学模型及仿真研究[J]. 系统工程，2004，22（5）：61-65.

[42] 张毅媚. 城市交通拥挤的机理探析[D]. 上海：同济大学，2006.

[43] 何建伟. 基于系统动力学的城市交通流网络管控系统分析与建模[D]. 天津：河北工业大学，2009.

[44] 靳玫. 北京市交通结构演变的系统动力学模型研究[D]. 北京：北京交通大学，2007.

[45] 韩家福. 系统动力学视角下兰州市城市交通拥堵治理研究[D]. 兰州大学，2020.

[46] 丁俊发. 《物流业调整和振兴规划》的重点与亮点[J]. 中国流通经济，2009，23（7）：11-14.

[47] 成耀荣，胡小文. 物流政策的制定及其评估方法研究[J]. 综合运输，2004（2）：33-36.

[48] 杨铭. 物流政策评价及体系构建：基于上海、深圳、宁波的对比[J]. 企业经济，2011（5）：72-75.

[49] MUÑUZURI J, LARRAÑETA J, ONIEVA L, et al. Solutions applicable by local administrations for urban logistics improvement[J]. Cities, 2005, 22(1): 15-28.

[50] 莫鸿，陈圻，刘豫. 中国物流业发展中的体制性障碍因素调查：江苏省实地调查报告[J]. 统计研究，2008，25（8）：35-39.

[51] MUÑUZURI J, CORTÉS P, GUADIX J, et al. City logistics in Spain: why it might never work[J]. Cities, 2012, 29(2): 133-141.

[52] HOLGUÍN-VERAS J, MARQUIS R, BROM M. Economic impacts of staffed and unassisted off-hour deliveries in New York city[J]. Procedia-social and behavioral sciences, 2012, 39: 34-46.

[53] HOLGUÍN-VERAS J, WANG C, BROWNE M, et al. The New York city off-hour delivery project: lessons for city logistics[J]. Procedia-social and behavioral sciences, 2014, 125: 36-48.

[54] DOUGLAS J G. Strategies for managing increasing truck traffic: a synthesis of highway practice [M]. Washington D C: Transportation Research Board of the National academies , 2003.

[55] FORKENBROCK D J, HANLEY P F. Industry issue paper: benefits, costs, and financing of truck-only highway lanes[J]. Journal of the transportation research forum, 2005, 44(2): 99-109.

[56] 严世同. 货车对高速公路安全的影响与对策[J]. 重庆职业技术学院学报，2006，15（3）：134-136.

[57] 蔡晓萌. 基于仿真的高速公路货车影响的改善措施研究[D]. 长沙：湖南大学，2010.
[58] 李开国，赵雪峰. 大货车交通影响机理及对策研究[J]. 上海公路，2009（3）：50-53.
[59] 张艳. 专业化：物流装备业发展的重要方向：访中国物流与采购联合会副会长戴定一[N]. 现代物流报，2011-02-25（C4）.
[60] 欧开培，罗谷松，赖长强. 物流配送车辆对广州城市交通的影响及对策研究[J]. 现代城市研究，2012（4）：77-81.
[61] BOOGAARD H, JANSSEN N A H, FISCHER P H, et al. Impact of low emission zones and local traffic policies on ambient air pollution concentrations[J]. Science of the total environment, 2012, 435-436: 132-140.
[62] 胡凯军，严季. 汽车运货进城的法律问题探讨[J]. 交通世界（运输车辆），2010（4）：127-129.
[63] 戴炜. 城市货运交通政策体系研究[J]. 城市交通，2008，6（1）：54-58.
[64] 刘延宇. 城市道路交通的可持续发展[J]. 硅谷，2010（8）：111.
[65] 桑小娟. 交通管制下城市配送问题分析[J]. 现代商贸工业，2012（22）：164-166.
[66] 李彦林，华光，孙东泉. 我国城市货运车辆交通管理政策对物流影响分析[J]. 交通建设与管理，2013（11）：74-77.
[67] 胡云超，申金升，黄爱玲. 城市货运交通管制情景下城市配送多目标优化效益研究[J]. 交通运输系统工程与信息，2012，12（6）：119-125.
[68] 杨锦冬，徐丽群. 城市物流中心车辆配送配载调度指派模型研究[J]. 同济大学学报（自然科学版），2014，32（11）：1452-1456.
[69] 李顺勇，但斌，葛显龙. 多通路网络下多车型低碳城市配送问题[J]. 计算机集成制造系统，2019，25（11）：2973-2982.
[70] 翟永平. 城市配送车走向规范化[J]. 中国物流与采购，2015（14）：44-45.
[71] ROBIN H, OLU A, DAVID B. Transitions to low carbon transport futures strategic conversations from London and Delhi[J]. Joumnal of Transport Geography,2011,196.
[72] WANG Q, HU J G.Behavioral analysis of decisions in choice of commercial vehicular mode in urban areas[J].Transportation Research Record Journal of the Transportation Research Board, 2012, 2269 (7) :58-64.
[73] CAVALCANTE R, ROORDA M J.A disaggregate urban shipment size/vehicle-type choice model[C]//Washington: Transportation Research Board 89th Annual Meeting, 2010.
[74] LEMP J D, KOCKELMAN K M. Quantifying the external costs of vehicle use: evidence from america’s top-selling light-duty models[J]. Transportation research part d: transport and environment, 2008, 13 (8): 491-504.
[75] HOSOYA R, SANO KIEDA H, et al. Evaluation of logistic policies in the Tokyo metropolitan area using a micro-simulation model for urban goods movement[J]. Journal of the Eastern Asia society for transportation studies, 2003 (5): 3097-3109.
[76] RUSSO F, COMI A. a modelling system to simulate goods movements at an urban scale[J]. Transportation，2010, 37(6): 987-1009.
[77] ALLEN J, THORNE G , BROWNE M. BEST urban freight solutions (BESTUFS)[R]. BESTUFS Administration Centre, 2007.
[78] ANDERSON S, ALLEN J, BROWNE M. Urban logistic—how can it meet policy makers’ sustainability objectives?[J]. Journal of transport geography, 2005, 13(1): 71-81.
[79] AWASTHI A, PROTH J M. A systems-based approach for city logistics decision making[J]. Journal of advances in management research，2006, 3(2): 7-17.
[80] 张红霞，黄晓霞. 物流企业配送车辆调度问题研究综述[J]. 电脑知识与技术，2009，5（13）：3419-3421.
[81] 杨福兴，张琪. 物流配送车辆优化调度仿真研究[J]. 计算机仿真，2017，34（8）：179-183.
[82] 王泽，杨信丰，刘兰芬. 考虑电量消耗的车辆调度优化研究[J]. 工业工程，2020，23（4）：140-147.
[83] 林鑫，邵乾虔，杨珍花等. 基于实际路网情境的配送车辆调度优化[J]. 运筹与管理，2019，28（3）：13-23.

[84] 张倩，鲁渤，杨华龙. 物流配送车辆路径问题的鲁棒优化方法[J]. 系统科学与数学，2017，37（1）：79-88.
[85] 彭其华. 一种车辆路径优化调度算法的研究与仿真[J]. 计算机仿真，2014，31（5）：143-146.
[86] 张婷，赖平仲，何琴飞，等. 基于实时信息的城市配送车辆动态路径优化[J]. 系统工程，2015，33（7）：58-64.
[87] 王绍光. 实际约束条件下多配送中心物流车辆调度优化[J]. 科学技术与工程，2018，18（36）：216-220.
[88] 陈姝宇，毕有利，王凯凯，等. 基于层次分析法的呼和浩特农产品物流配送中心选址模型研究[J]. 河北企业，2020（6）：109-112.
[89] DRO'ZDZIEL P, WIŃSKA, MONIKA, MADLEŇÁK, RADOVAN, et al. Optimization of the Post Logistics Network and Location of the Local Distribution Center in Selected Area of the Lublin Province[J]. Procedia Engineering, 2017,192:250-255.
[90] PHAM T Y, MA H M, YEO G T. Application of Fuzzy Delphi TOPSIS to Locate Logistics Centers in Vietnam:The Logisticians'Perspective[J]. The Asian Journal of Shipping and Logistics, 2017,33(4):211-219.
[91] DAVARI S, ZARANDI M H F, TURKSEN I B. A greedy variable neighborhood search heuristic for the maximal covering location problem with fuzzy coverage radii[J]. Knowledge-Based Systems, 2013,41:68-76.
[92] CONTRERAS I, CORDEAU J F, LAPORTE G. Stochastic uncapacitated hub location[J]. European Journal of Operational Research,2011,212(3):518-528.
[93] ALUMUR S A, NICKEL S, SALDANHA-DA-GAMA F. Hub location under uncertainty[J]. Transportation Research Part B:Methodological, 2012,46(4):529-543.
[94] 徐小平，张东洁. 求解物流中心选址问题的猴群算法[J]. 系统仿真学报，2018，30（6）：2272-2278.
[95] 叶一芃，张小宁. 基于随机运输路径选择的物流中心选址模型[J]. 管理科学学报，2017，20（1）：41-52.
[96] 何永贵，周颖. 基于成本优化的城市地下物流节点选址研究[J]. 管理现代化，2018，38（6）：66-69.
[97] 鄂丽媛. 浅析物流仓储保管的服务体系[J]. 物流工程与管理，2016，38（7）：96-97.
[98] 李艳. 论物资采购与仓储保管环节内部控制[J]. 现代商业，2011（21）：95.
[99] 施博洋，钱晓贤，张刚. 仓储保管从信息化到智能化的探讨[J]. 粮食与食品工业，2016，23（6）：73-75.
[100] 陈伊菲，刘军. 仓储拣选作业路径 VRP 模型设计与应用[J]. 计算机工程与应用，2006，42（6）：209-212.
[101] 吴伟，王爽，周永豪，等. 物流自动化背景下物料拣选系统设计与实现[J]. 中国新通信，2020，22（12）：104.
[102] 甘俊伟，罗利，寇然. 可持续逆向物流网络设计研究进展及趋势[J]. 控制与决策，2020，35（11）：2561-2577.
[103] 何恩东. 物联网环境下流通加工集成优化问题研究[D]. 广东工业大学，2014.
[104] 敖兴龙. 工业工程方法在农产品流通加工中的应用研究[J]. 居舍，2019（5）：159.
[105] 杨双林. 基于流通加工环节的物流运输合理化策略分析[J]. 科技信息，2009（19）：174.
[106] CHOW H K H, CHOY K L, LEE W B, et al. Design of a RFID case-based resource management system for warehouse operations[J]. Expert systems with applications, 2006, 30(4): 561-576.
[107] 何恩东，屈挺，王宗忠，等. 公共仓库中基于 RFID 的流通加工智能管理系统[J]. 物流科技，2014，37（8）：1-6.
[108] 赵绍辉. 确立原则，攻关技术，智慧调配：应急物流管理大数据平台建设方案[J]. 中国应急管理，2020（7）：54-56.
[109] 姜明君，刘永悦，胡津瑞，等. 基于大数据技术的农产品冷链智慧物流信息平台构建[J]. 国际公关，2020（11）：240-241.
[110] 陈伟祥. 智慧物流公共服务平台规划分析[J]. 中国物流与采购，2020（10）：52-53.
[111] 刘爱玲，黄春艳. 广西智慧物流公共服务信息平台建设研究[J]. 沿海企业与科技，2019（6）：40-44.
[112] 吴文利. 道路货运物流公共信息平台服务质量评价研究[D]. 北京交通大学，2017.
[113] 冉泽松. 论物流新职能：流通加工[J]. 物流科技，2008，31（8）：3-4.

附录 A　城市车型选择仿真数据表

附表 A1　零售店的位置、需求量和时间窗

零售店编号	1	2	3	4	5	6	7
对应位置	③	④	⑤	⑥	⑦	⑧	⑨
W_i/t	6	1	0.5	7	1.5	3.5	8
时间段	8:00～8:30	8:00～8:30	8:00～8:30	8:00～8:30	8:00～8:30	8:00～8:30	8:30～9:00
a /（元/min）	1	1	1	1	1	1	1
b /（元/min）	2	2	2	2	2	2	2
零售店编号	8	9	10	11	12	13	14
对应位置	⑩	⑪	⑫	⑬	⑭	⑮	⑯
W_i/t	10	5	6	3.5	2.5	6.5	9
时间段	8:00～8:30	8:30～9:00	8:30～9:00	8:30～9:00	8:30～9:00	8:30～9:00	8:00～8:30
a /（元/min）	1	1	1	1	1	1	1
b /（元/min）	2	2	2	2	2	2	2

注：a 为配送公司提前到达零售店的单位时间惩罚成本；b 为配送公司晚点到达零售店的单位时间惩罚成本。下同。

附表 A2　郊区货场、共同配送中心和零售店等对应节点之间的最短距离　（单位：km）

i	i															
	1	2	3	4	5	6	7	8	9	10	11	12	13	14	15	16
1	0	18/0	20/0	21/0	22/2	22/0	18/0	18/0	26/4	25/0	29/7	26/5	30/6	32/6	29/3	26/0
2	18/0	0	2/0	3/0	4/2	4/0	4/0	4/0	8/4	7/0	11/7	8/5	12/6	14/6	13/3	8/0
3	20/0	2/0	0	2/0	2/2	6/0	6/0	6/0	6/2	5/0	9/7	7/5	10/8	12/10	9/7	7/3
4	21/0	3/0	2/0	0	4/4	7/0	4/4	7/0	8/6	7/2	11/9	6/3	9/6	14/12	12/12	9/9
5	22/2	4/2	2/2	4/4	0	4/2	8/2	4/4	4/4	7/2	7/7	9/7	12/10	10/10	7/7	5/5
6	22/0	4/0	6/0	7/0	4/2	0	8/0	4/0	4/4	11/0	7/7	13/5	16/8	10/6	7/3	4/0
7	18/0	4/0	6/0	4/4	8/2	8/0	0	4/0	12/4	11/0	15/7	9/9	12/12	18/6	15/3	12/0
8	18/0	4/0	6/0	7/0	4/4	4/0	4/0	0	8/4	11/0	11/7	12/5	15/8	14/6	11/3	8/3
9	26/4	8/4	6/2	8/6	4/4	4/4	12/4	8/4	0	7/4	3/3	9/9	12/12	6/6	3/3	5/5
10	25/0	7/0	5/0	7/2	7/2	11/0	11/0	11/0	7/4	0	6/6	8/5	6/6	9/9	10/7	12/7
11	29/7	11/7	9/7	11/9	7/7	15/7	15/7	11/7	3/3	6/6	0	12/12	15/15	3/3	6/6	8/8
12	26/5	8/5	7/5	6/3	9/7	9/9	9/9	12/5	9/9	8/5	12/12	0	3/3	15/15	12/12	14/14
13	30/6	12/6	10/8	9/6	12/10	12/12	12/12	15/8	12/12	6/6	15/15	3/3	0	15/15	15/15	17/17
14	32/6	14/6	12/10	14/12	10/10	18/6	18/6	14/6	6/6	9/9	3/3	15/15	15/15	0	3/0	6/0

续表

i	i															
	1	2	3	4	5	6	7	8	9	10	11	12	13	14	15	16
15	29/3	13/3	9/7	12/12	7/7	15/3	15/3	11/3	3/3	10/7	6/6	12/12	15/15	3/0	0	3/0
16	26/0	8/0	7/3	9/9	5/5	12/0	12/0	8/3	5/5	12/7	8/8	14/14	17/17	6/0	3/0	0

注：表中斜杠前后分别为总距离和总距离中支路的长度。

附表 A3 中小型车型策略的车辆仿真数据

技术指标		车辆类型		
		微面	轻型车	中型车
载重量 q_k /t		0.5	1.5	6
车辆数量/辆		无限制	6	4
单位车辆的占地面积 s_k /m^2		6	12	20
单位距离行驶成本 c_k /（元/km）		0.6	0.5	1
功率 g_k /kW		29	76	110
单位距离空驶成本 e_k /（元/km）		0.4	0.3	0.6
平均每次装载时间/（min/次）		10	15	25
平均每次卸货时间/（min/次）		3	5	10
驱动燃料		汽油	柴油	柴油
排放标准 z_k /[g/（kW・h）]	CO	5.5	5.0	3.5
	NO_x+ HC	7.5	4.0	4.0
	PM	0.6	0.3	0.2
速度 v_k /（km/h）	主干道	20	20	20
	支路	10	10	10

附表 A4 大中型车型策略的车辆仿真数据

技术指标	车辆类型			
	轻型车	中型车	重型车	半挂车
载重量 q_k /t	1.5	6	8	20
车辆数量/辆	无限制	无限制	无限制	无限制
单位车辆的占地面积 s_k /m^2	12	20	25	30
单位距离行驶成本 c_k /（元/km）	0.5	1	1.6	2.8
功率 g_k /kW	76	110	136	240
单位距离空驶成本 e_k /（元/km）	0.3	0.6	1	1.8
平均每次装载时间/（min/次）	15	25	30	35
平均每次卸货时间/（min/次）	5	10	12	15
驱动燃料	柴油	柴油	柴油	柴油

续表

技术指标		车辆类型			
		轻型车	中型车	重型车	半挂车
排放标准 z_k/[g/（kW·h）]	CO	5.0	5.0	5.0	3.5
	NO_x+ HC	0.4	0.4	0.4	0.4
	PM	0.2	0.2	0.2	0.17
速度 v_k/（km/h）	主干道	20	20	20	20
	支路	10	10	10	10

附表 A5　混合型车型策略下车辆仿真数据

技术指标		车辆类型		
		轻型车	中型车	重型车
载重量 q_k/t		1.5	6	8
车辆数量/辆		无限制	无限制	无限制
单位车辆的占地面积 s_k/m^2		12	20	25
单位距离行驶成本 c_k/（元/km）		0.5	1	1.6
功率 g_k/kW		76	110	136
单位距离空驶成本 e_k/（元/km）		0.3	0.6	1
平均每次装载时间/（min/次）		15	25	30
平均每次卸货时间/（min/次）		5	10	12
驱动燃料		柴油	柴油	柴油
排放标准 z_k/[g/（kW·h）]	CO	5.5	5.0	3.5
	NO_x+ HC	7.5	4.0	4.0
	PM	0.6	0.3	0.2
速度 v_k/（km/h）	主干道	20	20	20
	支路	10	10	10

附表 A6　中小型车辆数量有限制情况下行驶线路、车辆数量及车辆到达各零售店的时间

零售店编号	车辆情况					时间情况			
	使用车型	行驶线路	用车数量/辆	行驶时间/min	装卸时间/min	时间段	到达时间	提前时间/min	晚到时间/min
1	微型面包车	1→3→1	12	120	13	8:00～8:30	8:10	—	—
2	微型面包车	1→4→1	2	126	13	8:00～8:30	8:13	—	—
3	微型面包车	1→5→1	1	144	13	8:00～8:30	8:22	—	—
4	微型面包车	1→6→1	14	132	13	8:00～8:30	8:16	—	—
5	微型面包车	1→7→1	3	108	13	8:00～8:30	8:04	—	—
6	微型面包车	1→8→1	7	108	13	8:00～8:30	8:04	—	—
7	微型面包车	1→9→1	4	180	13	8:30～9:00	8:40	—	—
	中型车		1	180	35		8:55	—	—

续表

零售店编号	车辆情况					时间情况			
	使用车型	行驶线路	用车数量/辆	行驶时间/min	装卸时间/min	时间段	到达时间	提前时间/min	晚到时间/min
8	微型面包车	1→10→1	8	150	13	8:00～8:30	8:25	—	—
	中型车		1	150	35		8:40	—	10
9	微型面包车	1→11→1	1	216	13	8:30～9:00	8:58	—	—
	轻型车		3	216	20		9:03	—	3
10	中型车	1→12→1	1	186	35	8:30～9:00	8:58	—	—
11	微型面包车	1→13→1	1	216	13	8:30～9:00	8:58	—	—
	轻型车		2	216	20		9:03	—	3
12	微型面包车	1→14→1	2	108	13	8:30～9:00	9:04	—	4
	轻型车		1	108	20		9:09	—	9
13	微型面包车	1→15→1	1	192	13	8:30～9:00	8:46	—	—
	中型车		1	192	35		9:01	—	1
14	微型面包车	1→16→1	18	156	13	8:00～8:30	8:28	—	—

注：行驶线路1→3→1，即从郊区货场1配送到零售店3，配送结束后再返回郊区货场1。余同。

附表A7　中小型车辆出发时间为7:00情况下整车部分行驶线路、车辆数量及车辆到达各零售店的时间

零售店编号	车辆情况					时间情况			
	使用车型	行驶线路	用车数量/辆	行驶时间/min	装卸时间/min	时间段	到达时间	提前时间/min	晚到时间/min
1	中型车	1→3→1	1	120	35	8:00～8:30	8:25	—	—
4	中型车	1→6→1	1	132	35	8:00～8:30	8:31	—	1
7	中型车	1→9→1	1	180	35	8:30～9:00	8:55	—	—
8	中型车	1→10→1	1	150	35	8:00～8:30	8:40	—	10
10	中型车	1→12→1	1	186	35	8:30～9:00	8:58	—	—
13	中型车	1→15→1	1	192	35	8:30～9:00	9:01	—	1
14	中型车	1→16→1	1	156	35	8:00～8:30	8:43	—	13

附表A8　中小型车辆各零售店面非整车部分的货物需求量

零售店编号	1	2	3	4	5	6	7
对应位置	③	④	⑤	⑥	⑦	⑧	⑨
W_i/t	0	1	0.5	1	1.5	3.5	2
时间段	8:00～8:30	8:00～8:30	8:00～8:30	8:00～8:30	8:00～8:30	8:00～8:30	8:30～9:00
a/（元/min）	1	1	1	1	1	1	1
b/（元/min）	2	2	2	2	2	2	2

续表

零售店编号	8	9	10	11	12	13	14
对应位置	⑩	⑪	⑫	⑬	⑭	⑮	⑯
W_i/t	4	5	0	3.5	2.5	0.5	3
时间段	8:00～8:30	8:30～9:00	8:30～9:00	8:30～9:00	8:30～9:00	8:30～9:00	8:00～8:30
a /（元/min）	1	1	1	1	1	1	1
b /（元/min）	2	2	2	2	2	2	2

附表 A9 中小型车辆出发时间为 7:00 情况下非整车部分行驶线路、车辆数量及车辆到达各零售店的时间

零售店编号	车辆情况					时间情况			
	使用车型	行驶线路	用车数量/辆	行驶时间/min	装卸时间/min	时间段	到达时间	提前时间/min	晚到时间/min
2	中型车	1→4→7→8→1	1	153	55	8:00～8:30	8:28	—	—
3	轻型车	1→5→1	1	144	20	8:00～8:30	8:21	—	—
4	中型车	1→6→9→16→1	1	198	55	8:00～8:30	8:31	—	1
5	中型车	1→4→7→8→1	1	153	55	8:00～8:30	9:02	—	32
6	中型车	1→4→7→8→1	1	153	55	8:00～8:30	9:24	—	54
7	中型车	1→6→9→16→1	1	198	55	8:30～9:00	9:05	—	5
8	中型车	1→10→15→1	1	222	45	8:00～8:30	8:40	—	10
9	中型车	1→11→1	1	216	35	8:30～9:00	9:13	—	13
11	中型车	1→13→14→1	1	312	45	8:30～9:00	9:03	—	3
12	中型车	1→13→14→1	1	312	45	8:30～9:00	10:38	—	98
13	中型车	1→10→15→1	1	222	45	8:30～9:00	9:41	—	41
14	中型车	1→6→9→16→1	1	198	55	8:00～8:30	9:45	—	75

附表 A10 中小型车辆出发时间为 6:30 情况下整车部分行驶线路、车辆数量及车辆到达各零售店的时间

零售店编号	车辆情况					时间情况			
	使用车型	行驶线路	用车数量/辆	行驶时间/min	装卸时间/min	时间段	到达时间	提前时间/min	晚到时间/min
1	中型车	1→3→1	1	120	35	8:00～8:30	7:55	5	—
4	中型车	1→6→1	1	132	35	8:00～8:30	8:01	—	—
7	中型车	1→9→1	1	180	35	8:30～9:00	8:25	5	—
8	中型车	1→10→1	1	150	35	8:00～8:30	8:10	—	—
10	中型车	1→12→1	1	186	35	8:30～9:00	8:28	2	—
13	中型车	1→15→1	1	192	35	8:30～9:00	8:31	—	—
14	中型车	1→16→1	1	156	35	8:00～8:30	8:13	—	—

附表 A11　中小型车辆出发时间为 6:30 情况下非整车部分行驶线路、车辆数量及车辆到达各零售店的时间

零售店编号	车辆情况					时间情况			
	使用车型	行驶线路	用车数量/辆	行驶时间/min	装卸时间/min	时间段	到达时间	提前时间/min	晚到时间/min
2	中型车	1→4→7→8→1	1	153	55	8:00～8:30	7:58	2	—
3	轻型车	1→5→1	1	144	20	8:00～8:30	7:51	9	—
4	中型车	1→6→9→16→1	1	198	55	8:00～8:30	8:01	—	—
5	中型车	1→4→7→8→1	1	153	55	8:00～8:30	8:32	—	2
6	中型车	1→4→7→8→1	1	153	55	8:00～8:30	8:44	—	14
7	中型车	1→6→9→16→1	1	198	55	8:30～9:00	8:35	—	—
8	中型车	1→10→15→1	1	222	45	8:00～8:30	8:10	—	—
9	中型车	1→11→1	1	216	35	8:30～9:00	8:43	—	—
11	中型车	1→13→14→1	1	312	45	8:30～9:00	8:33	—	—
12	中型车	1→13→14→1	1	312	45	8:30～9:00	10:08	—	68
13	中型车	1→10→15→1	1	222	45	8:30～9:00	9:11	—	11
14	中型车	1→6→9→16→1	1	198	55	8:00～8:30	9:15	—	45

附表 A12　大中型车辆整车部分行驶线路、车辆数量及车辆到达各零售店的时间

零售店编号	车辆情况					时间情况			
	使用车型	行驶线路	用车数量/辆	行驶时间/min	装卸时间/min	时间段	到达时间	提前时间/min	晚到时间/min
7	重型车	2→9→2	1	36	42	8:30～9:00	8:35	—	—
8	重型车	2→10→2	1	21	42	8:00～8:30	8:20	—	—
14	重型车	2→16→2	1	24	42	8:00～8:30	8:23	—	—

注：行驶线路 2→9→2，即从城市的共同配送中心 2 配送到零售店 9，配送结束后再返回城市共同配送中心 2。余同。

附表 A13　大中型车辆各零售店面非整车部分的货物需求量

零售店编号	1	2	3	4	5	6	7
对应位置	③	④	⑤	⑥	⑦	⑧	⑨
W_i/t	6	1	0.5	7	1.5	3.5	0
时间段	8:00～8:30	8:00～8:30	8:00～8:30	8:00～8:30	8:00～8:30	8:00～8:30	8:30～9:00
a /（元/min）	1	1	1	1	1	1	1
b /（元/min）	2	2	2	2	2	2	2
零售店编号	8	9	10	11	12	13	14
对应位置	⑩	⑪	⑫	⑬	⑭	⑮	⑯
W_i/t	2	5	6	3.5	2.5	6.5	1
时间段	8:00～8:30	8:30～9:00	8:30～9:00	8:30～9:00	8:30～9:00	8:30～9:00	8:00～8:30
a /（元/min）	1	1	1	1	1	1	1
b /（元/min）	2	2	2	2	2	2	2

附表 A14　大中型车辆非整车部分行驶线路、车辆数量及车辆到达各零售店的时间

零售店编号	车辆情况					时间情况			
	使用车型	行驶线路	用车数量/辆	行驶时间/min	装卸时间/min	时间段	到达时间	提前时间/min	晚到时间/min
1	中型车	2→3→2	1	12	35	8:00～8:30	8:01	—	—
2	重型车	2→4→6→2	1	42	54	8:00～8:30	8:09	—	—
3	轻型车	2→5→16→2	1	72	21	8:00～8:30	8:03	—	—
4	重型车	2→4→6→2	1	42	54	8:00～8:30	8:42	—	12
5	重型车	2→7→15→2	1	111	54	8:00～8:30	8:12	—	—
6	中型车	2→8→14→2	1	132	45	8:00～8:30	8:07	—	—
8	中型车	2→10→13→2	1	111	45	8:00～8:30	8:16	—	—
9	中型车	2→11→2	1	108	35	8:30～9:00	8:48	—	—
10	中型车	2→12→2	1	78	35	8:30～9:00	8:34	—	—
11	中型车	2→10→13→2	1	111	45	8:30～9:00	9:01	—	1
12	中型车	2→8→14→2	1	132	45	8:30～9:00	9:17	—	17
13	重型车	2→7→15→2	1	111	54	8:30～9:00	9:18	—	18
14	轻型车	2→5→16→2	1	72	21	8:00～8:30	8:36	—	6

附表 A15　混合型车辆车载重量为 8t 出发时间为 7:00 情况下整车部分行驶线路、车辆数量及车辆到达各零售店的时间

零售店编号	车辆情况					时间情况			
	使用车型	行驶线路	用车数量/辆	行驶时间/min	装卸时间/min	时间段	到达时间	提前时间/min	晚到时间/min
7	重型车	1→9→1	1	180	42	8:30～9:00	9:00	—	—
8	重型车	1→10→1	1	150	42	8:00～8:30	8:45	—	15
14	重型车	1→16→1	1	156	42	8:00～8:30	8:48	—	18

附表 A16　混合型车辆车载重量为 8t 出发时间为 7:00 情况下非整车部分行驶线路、车辆数量及车辆到达各零售店的时间

零售店编号	车辆情况					时间情况			
	使用车型	行驶线路	用车数量/辆	行驶时间/min	装卸时间/min	时间段	到达时间	提前时间/min	晚到时间/min
1	中型车	1→3→1	1	120	35	8:00～8:30	8:25	—	—
2	重型车	1→4→6→1	1	150	54	8:00～8:30	8:33	—	3
3	轻型车	1→5→16→1	1	180	25	8:00～8:30	8:27	—	—
4	重型车	1→4→6→1	1	150	54	8:00～8:30	9:06	—	36

续表

零售店编号	车辆情况					时间情况			
	使用车型	行驶线路	用车数量/辆	行驶时间/min	装卸时间/min	时间段	到达时间	提前时间/min	晚到时间/min
5	重型车	1→7→15→1	1	204	54	8:00～8:30	8:24	—	—
6	中型车	1→8→14→1	1	228	45	8:00～8:30	8:19	—	—
8	中型车	1→10→13→1	1	219	45	8:00～8:30	8:40	—	10
9	中型车	1→11→1	1	216	35	8:30～9:00	9:13	—	13
10	中型车	1→12→1	1	186	35	8:30～9:00	8:58	—	—
11	中型车	1→10→13→1	1	219	45	8:30～9:00	9:26	—	26
12	中型车	1→8→14→1	1	228	45	8:30～9:00	9:29	—	29
13	重型车	1→7→15→1	1	204	54	8:30～9:00	9:30	—	30
14	轻型车	1→5→16→1	1	180	25	8:00～8:30	9:02	—	32

附表 A17 混合型车辆车载重量为 8t 出发时间为 6:30 情况下整车部分行驶线路、车辆数量及车辆到达各零售店的时间

零售店编号	车辆情况					时间情况			
	使用车型	行驶线路	用车数量/辆	行驶时间/min	装卸时间/min	时间段	到达时间	提前时间/min	晚到时间/min
7	重型车	1→9→1	1	180	42	8:30～9:00	8:30	—	—
8	重型车	1→10→1	1	150	42	8:00～8:30	8:15	—	—
14	重型车	1→16→1	1	156	42	8:00～8:30	8:18	—	—

附表 A18 混合型车辆车载重量为 8t 出发时间为 6:30 情况下非整车部分行驶线路、车辆数量及车辆到达各零售店的时间

零售店编号	车辆情况					时间情况			
	使用车型	行驶线路	用车数量/辆	行驶时间/min	装卸时间/min	时间段	到达时间	提前时间/min	晚到时间/min
1	中型车	1→3→1	1	120	35	8:00～8:30	7:55	5	—
2	重型车	1→4→6→1	1	150	54	8:00～8:30	8:03	—	—
3	轻型车	1→5→16→1	1	180	25	8:00～8:30	7:57	3	—
4	重型车	1→4→6→1	1	150	54	8:00～8:30	8:36	—	6
5	重型车	1→7→15→1	1	204	54	8:00～8:30	7:54	6	—
6	中型车	1→8→14→1	1	228	45	8:00～8:30	8:19	—	—
8	中型车	1→10→13→1	1	219	45	8:00～8:30	8:10	—	—
9	中型车	1→11→1	1	216	35	8:30～9:00	9:43	—	—

续表

零售店编号	车辆情况					时间情况			
	使用车型	行驶线路	用车数量/辆	行驶时间/min	装卸时间/min	时间段	到达时间	提前时间/min	晚到时间/min
10	中型车	1→12→1	1	186	35	8:30～9:00	8:58	—	—
11	中型车	1→10→13→1	1	219	45	8:30～9:00	8:56	—	—
12	中型车	1→8→14→1	1	228	45	8:30～9:00	8:59	—	—
13	重型车	1→7→15→1	1	204	54	8:30～9:00	9:00	—	—
14	轻型车	1→5→16→1	1	180	25	8:00～8:30	8:32	—	2

附表 A19　混合型车辆车载重量 9t 出发时间为 6:30 情况下整车部分行驶线路、车辆数量及车辆到达各零售店的时间

零售店编号	车辆情况					时间情况			
	使用车型	行驶线路	用车数量/辆	行驶时间/min	装卸时间/min	时间段	到达时间	提前时间/min	晚到时间/min
8	重型车	1→10→1	1	150	48	8:00～8:30	8:20	—	—
14	重型车	1→16→1	1	156	48	8:00～8:30	8:23	—	—

附表 A20　混合型车辆车载重量为 9t 时各零售店面非整车部分的货物需求量

零售店编号	1	2	3	4	5	6	7
对应位置	③	④	⑤	⑥	⑦	⑧	⑨
W_i/t	6	1	0.5	7	1.5	3.5	8
时间段	8:00～8:30	8:00～8:30	8:00～8:30	8:00～8:30	8:00～8:30	8:00～8:30	8:30～9:00
a /（元/min）	1	1	1	1	1	1	1
b /（元/min）	2	2	2	2	2	2	2
零售店编号	8	9	10	11	12	13	14
对应位置	⑩	⑪	⑫	⑬	⑭	⑮	⑯
W_i/t	1	5	6	3.5	2.5	6.5	0
时间段	8:00～8:30	8:30～9:00	8:30～9:00	8:30～9:00	8:30～9:00	8:30～9:00	8:00～8:30
a /（元/min）	1	1	1	1	1	1	1
b /（元/min）	2	2	2	2	2	2	2

附表 A21　混合型车辆车载重量为 9t 出发时间为 6:30 情况下非整车部分行驶线路、车辆数量及车辆到达各零售店的时间

零售店编号	车辆情况					时间情况			
	使用车型	行驶线路	用车数量/辆	行驶时间/min	装卸时间/min	时间段	到达时间	提前时间/min	晚到时间/min
1	中型车	1→3→1	1	120	35	8:00～8:30	7:55	5	—
2	重型车	1→4→9→1	1	195	61	8:00～8:30	8:08	—	—

续表

零售店编号	车辆情况					时间情况			
	使用车型	行驶线路	用车数量/辆	行驶时间/min	装卸时间/min	时间段	到达时间	提前时间/min	晚到时间/min
3	轻型车	1→5→1	1	144	20	8:00～8:30	7:57	3	—
4	重型车	1→6→1	1	132	48	8:00～8:30	8:11	—	—
5	重型车	1→15→7→1	1	204	61	8:00～8:30	9:48	—	78
6	中型车	1→8→1	1	108	35	8:00～8:30	7:49	11	—
7	重型车	1→4→9→1	1	195	61	8:30～9:00	9:03	—	3
8	中型车	1→10→11→1	1	219	45	8:00～8:30	8:10	—	—
9	中型车	1→10→11→1	1	219	45	8:30～9:00	8:56	—	—
10	中型车	1→12→1	1	186	35	8:30～9:00	8:28	2	—
11	中型车	1→13→1	1	216	35	8:30～9:00	8:13	17	—
12	中型车	1→14→1	1	228	35	8:30～9:00	8:49	—	—
13	重型车	1→15→7→1	1	204	61	8:30～9:00	8:41	—	—

附表 A22　混合型车辆车载重量为 10t 出发时间 6:30 情况下整车部分行驶线路、车辆数量及车辆到达各零售店的时间

零售店编号	车辆情况					时间情况			
	使用车型	行驶线路	用车数量/辆	行驶时间/min	装卸时间/min	时间段	到达时间	提前时间/min	晚到时间/min
8	重型车	1→10→1	1	150	54	8:00～8:30	8:25	—	—

附表 A23　混合型车辆车载重量为 10t 各零售店非整车部分的货物需求量

零售店编号	1	2	3	4	5	6	7
对应位置	③	④	⑤	⑥	⑦	⑧	⑨
W_i/t	6	1	0.5	7	1.5	3.5	8
时间段	8:00～8:30	8:00～8:30	8:00～8:30	8:00～8:30	8:00～8:30	8:00～8:30	8:30～9:00
a/（元/min）	1	1	1	1	1	1	1
b/（元/min）	2	2	2	2	2	2	2
零售店编号	8	9	10	11	12	13	14
对应位置	⑩	⑪	⑫	⑬	⑭	⑮	⑯
W_i/t	0	5	6	3.5	2.5	6.5	9
时间段	8:00～8:30	8:30～9:00	8:30～9:00	8:30～9:00	8:30～9:00	8:30～9:00	8:00～8:30
a/（元/min）	1	1	1	1	1	1	1
b/（元/min）	2	2	2	2	2	2	2

附表 A24 混合型车辆车载重量为 10t 出发时间 6:30 情况下非整车部分行驶线路、车辆数量及车辆到达各零售店的时间

零售店编号	车辆情况					时间情况			
	使用车型	行驶线路	用车数量/辆	行驶时间/min	装卸时间/min	时间段	到达时间	提前时间/min	晚到时间/min
1	中型车	1→3→1	1	120	35	8:00～8:30	7:55	5	—
2	重型车	1→4→9→1	1	195	68	8:00～8:30	8:13	—	—
3	重型车	1→6→5→1	1	156	68	8:00～8:30	8:49	—	—
4	重型车	1→6→5→1	1	156	68	8:00～8:30	8:16	—	—
5	重型车	1→7→8→1	1	120	68	8:00～8:30	8:04	—	—
6	重型车	1→7→8→1	1	120	68	8:00～8:30	8:31	—	1
7	重型车	1→4→9→1	1	195	68	8:30～9:00	9:10	—	10
9	中型车	1→11→1	1	216	35	8:30～9:00	8:43	—	—
10	中型车	1→12→1	1	186	35	8:30～9:00	8:28	—	—
11	中型车	1→13→1	1	216	35	8:30～9:00	8:43	—	—
12	重型车	1→15→14→1	1	219	68	8:30～9:00	9:10	—	10
13	重型车	1→15→14→1	1	219	68	8:30～9:00	8:46	—	—
14	重型车	1→16→1	1	156	54	8:00～8:30	8:28	—	—

附表 A25 混合型车辆车载重量为 12t 出发时间 6:30 情况下行驶线路、车辆数量及车辆到达各零售店的时间

零售店编号	车辆情况					时间情况			
	使用车型	行驶线路	用车数量/辆	行驶时间/min	装卸时间/min	时间段	到达时间	提前时间/min	晚到时间/min
1	重型车	1→3→4→1	1	129	75	8:00～8:30	8:15	—	—
2	重型车	1→3→4→1	1	129	75	8:00～8:30	8:36	—	6
3	重型车	1→6→5→1	1	156	75	8:00～8:30	8:54	—	24
4	重型车	1→6→5→1	1	156	75	8:00～8:30	8:21	—	—
5	重型车	1→7→9→1	1	192	75	8:00～8:30	8:09	—	—
6	中型车	1→8→1	1	108	35	8:00～8:30	7:49	11	—
7	重型车	1→7→9→1		192	75	8:30～9:00	9:12	—	12
8	重型车	1→10→1	1	150	60	8:00～8:30	8:30	—	—
9	中型车	1→11→1	1	216	35	8:30～9:00	9:43	—	43
10	中型车	1→12→1	1	186	35	8:30～9:00	8:58	—	—
11	中型车	1→13→1	1	198	35	8:30～9:00	8:34	—	—
12	重型车	1→16→14→1	1	210	75	8:30～9:00	9:06	—	6
13	重型车	1→15→1	1	192	60	8:30～9:00	8:51	—	—
14	重型车	1→16→14→1	1	210	75	8:00～8:30	8:33	—	3

附录 B　车辆动态配置模型数据

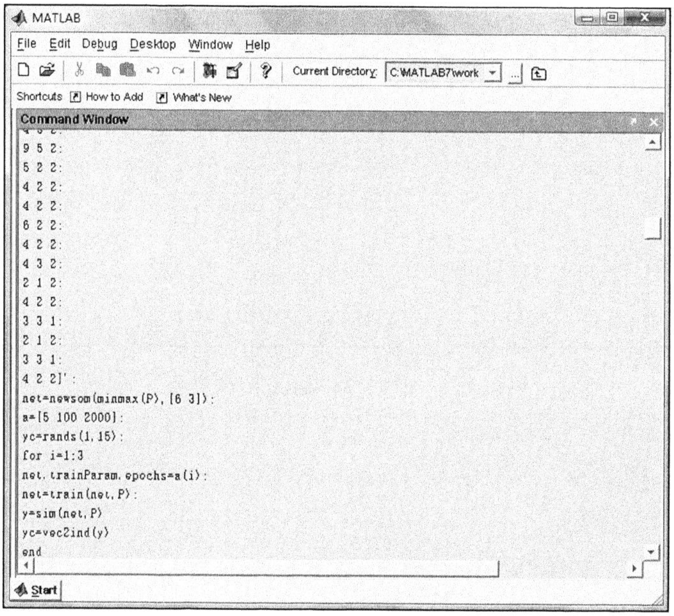

MATLAB
File Edit Debug Desktop Window Help
Current Directory: C:\MATLAB7\work
Shortcuts How to Add What's New
Command Window
9 5 2;
5 2 2;
4 2 2;
4 2 2;
6 2 2;
4 2 2;
4 3 2;
2 1 2;
4 2 2;
3 3 1;
2 1 2;
3 3 1;
4 2 2]';
net=newsom(minmax(P),[6 3]);
a=[5 100 2000];
yc=rands(1,15);
for i=1:3
net.trainParam.epochs=a(i);
net=train(net,P);
y=sim(net,P)
yc=vec2ind(y)
end
Start

附图 B1　需求订单 SOFM 聚类的部分设计代码

MATLAB
File Edit Debug Desktop Window Help
Current Directory: C:\MATLAB7\work
Shortcuts How to Add What's New
Command Window
yc =
Columns 1 through 13
18 1 18 1 1 17 18 18 1 18 18 18 18
Columns 14 through 26
18 12 6 6 12 6 12 12 12 6 12 6 17
Columns 27 through 39
17 17 17 17 17 1 4 11 11 4 11 17 12
Columns 40 through 44
11 18 12 18 11
Start

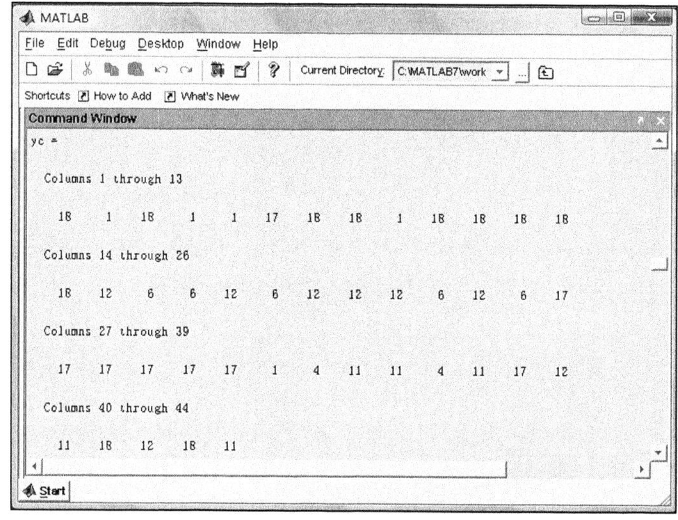

附图 B2　训练步数为 5 的聚类结果

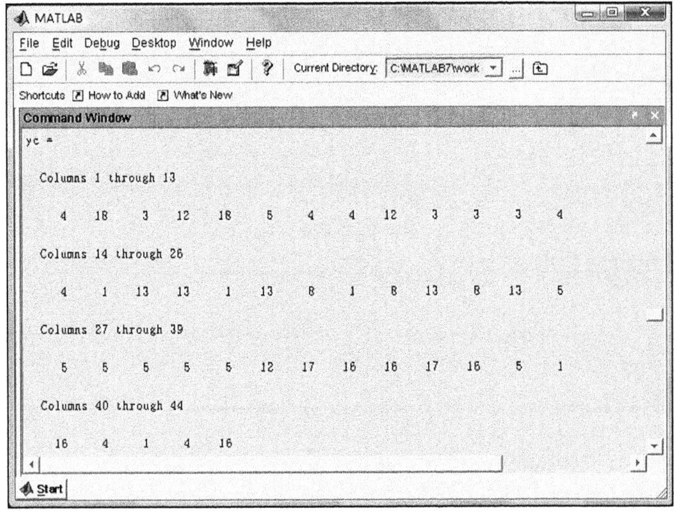

附图 B3 训练步数为 100 的聚类结果

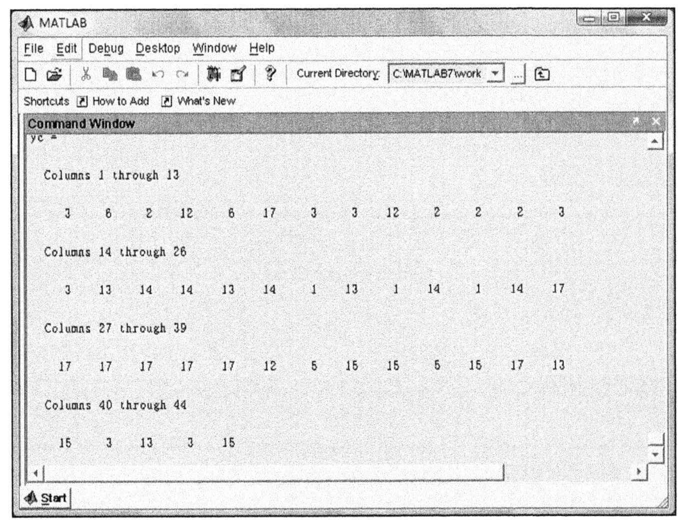

附图 B4 训练步数为 2000 的聚类结果

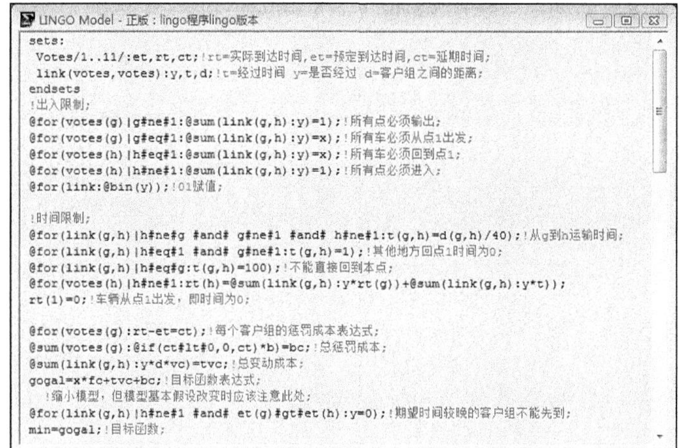


```
sets:
 Votes/1..11/:et,rt,ct;!rt=实际到达时间,et=预定到达时间,ct=延期时间;
 link(votes,votes):y,t,d;!t=经过时间 y=是否经过 d=客户组之间的距离;
endsets
!出入限制;
@for(votes(g)|g#ne#1:@sum(link(g,h):y)=1);!所有点必须输出;
@for(votes(g)|g#eq#1:@sum(link(g,h):y)=x);!所有车必须从点1出发;
@for(votes(h)|h#eq#1:@sum(link(g,h):y)=x);!所有车必须回到点1;
@for(votes(h)|h#ne#1:@sum(link(g,h):y)=1);!所有点必须进入;
@for(link:@bin(y));!01赋值;

!时间限制;
@for(link(g,h)|h#ne#g #and# g#ne#1 #and# h#ne#1:t(g,h)=d(g,h)/40);!从g到h运输时间;
@for(link(g,h)|h#eq#1 #and# g#ne#1:t(g,h)=1);!其他地方回点1时间为0;
@for(link(g,h)|h#eq#g:t(g,h)=100);!不能直接回到本点;
@for(votes(h)|h#ne#1:rt(h)=@sum(link(g,h):y*rt(g))+@sum(link(g,h):y*t));
rt(1)=0;!车辆从点1出发，即时间为0;

@for(votes(g):rt-et=ct);!每个客户组的惩罚成本表达式;
@sum(votes(g):@if(ct#lt#0,0,ct)*b)=bc;!总惩罚成本;
@sum(link(g,h):y*d*vc)=tvc;!总变动成本;
gogal=x*fc+tvc+bc;!目标函数表达式;
  !缩小模型，但模型基本假设改变时应该注意此处;
@for(link(g,h)|h#ne#1 #and# et(g)#gt#et(h):y=0);!期望时间较晚的客户组不能先到;
min=gogal;!目标函数;
```

附图 B5　城市配送车辆动态配置模型的 LINGO 程序